협상교과서

어려운 상대를 내 편으로 만드는

협상 교과서

박노형 지음

랜덤하우스

■ 지은이의 말

　최근 들어 우리 사회는 '성공적인' 협상의 중요성과 필요성을 절실하게 실감하고 있다. 많은 사회적 갈등이 합리적으로 해결되지 못하여 큰 혼란이 생기고 갈등이 증폭되어 이를 해결하는 데 많은 시간과 비용이 소요되기 때문이다. 이 책을 준비하는 기간 중에도 북한의 핵 문제 해결을 위한 제4차 6자회담이 개최된 후 별다른 성과가 없다가, 북한이 미사일 시험 발사 후 핵실험을 하면서 한반도를 둘러싼 긴장이 크게 고조되었다. 자동차 회사는 물론 항공사와 병원도 파업으로 큰 손실을 겪었다. A항공사 조종사 노조의 25일간 파업으로 회사 측과 관련된 화물 운송 및 관광 업계에서 약 4000억 원의 피해가 발생했다고 한다. 한편 경부 고속철도의 경남 천성산 구간 터널 공사를 저지하기 위하여 '도롱뇽과 그의 친구들'이 소송을 제기하였는데, 결국 대법원은 공사의 진행을 결정하였다. 2년 8개월의 논란과 갈등의 결과 2조 원 이상의 막대한 경제적 손실이 발생했다고 한다. 모 대학에서는 직원 노조가 7개월간 파업을 하여, 학교에서의 교육과 연구가 사실상 정지되었다. 이러한 예들은 하나같이 해당 사안에 대한 당사자들의 직접 해결인 협상이 원만히 이루어져 일정한 합의점에 도달하지 못하고 실패한 결과로 생겨난 손실들이다.

전문적인 협상가가 아니더라도 우리는 일상생활을 하면서 싫든 좋든 크고 작은 협상을 하게 된다. 물건을 사고파는 일에서부터 매매협상, 연봉협상, 수출협상, 노사협상 등. 때로는 갑(甲)의 위치에서 때로는 을(乙)의 위치에서 협상에 임하게 된다. 언제, 어느 곳에서 또다시 만나게 될지도 모르는 당신과 상대방은 협상을 하기 전보다 더 나쁜 상황이나 결과를 초래하는 합의 또는 파국을 원하지 않을 것이다. 하지만 현실은 어떤가. 우리 일반인, 기업, 심지어 정부조차도 시간과 공을 들여 한 협상의 결과라고 보기에 허탈할 정도로, 자신의 이익을 침해하거나 훼손하는 합의를 덥석 하는 것을 종종 볼 수 있다.

협상을 잘하지 못하는 이유는 무엇일까? 그 대답은 그렇게 복잡하지 않다. 협상의 개념을 올바로 이해하지 못하고, 성공적인 협상을 이끌어주는 기본 요소를 이해하지 못하고, 협상의 준비부터 종결에 이르기까지 그 과정을 올바르게 이해하지 못하기 때문이다. 또한 섣부르게 자신의 술수가 특효라고 잘못 이해하기 때문이다. 우리 한국인의 더욱 큰 잘못은 종종 협상에서 쉽게 감정적으로 흥분을 하거나 자만 또는 자기도취에 빠지는 것이다. 또한 협상에 대하여 막연히 두려움을 가지거나 근거 없는 자신감을 가지고 있다. 이와 함께 노사협상 등 사회적 협상에서 소위 '떼쓰기' 문화가 극복되지 않고, 정부가 당사자들의 불법적 행위에 대하여 관련 법을 제대로 집행하지 않는 것도 문제이다.

다행스럽게 최근 들어 정부나 기업은 물론 많은 사람들이 협상을 잘 할 수 있는 방법에 관심을 보이고 있다. 이에 부응하여 협상에 대한 다양한 책이 출간되고 여러 기관에서 협상 교육이 실시되고 있다. 그런데 이들 책과 교육은 많은 경우 상대방을 '적'이라고 간주하고 어떻게 효과적으로 제압할 수 있느냐에 지나친 관심을 기울이고 있다. 이런 적대적 시각에서 내가 상대방을 이길 수 있는 협상의 전술이나 술수가 협상의 전략적 기법으로 제시되곤 한다. 이렇게 되면 '나'의 협상 성공은 '상대방'의 협상 실패라는 제로섬 게임(zero-sum game)이 되고 만다. 또한 많은 책들이 다양한 상황과 조건에서 전개되는 실제의 협상에서 효과적으로 적용하기에는 크게 부담이 될 정도의 많은 내용을 담고 있다. 이에 필자는 협상에 관한 기본 요소와 원칙을 간략하고 쉽게 설명한 기본 입문서가 필요하다고 생각하게 되었다.

이 책은 현실적으로 성공적인 협상을 어떻게 수행하는지를 간단하게 그 핵심만을 설명하고자 한다. 여기서 설명된 내용은 지난 10여 년 동안 고려대학교, 사법연수원 및 정부 기관과 기업들에서 교육한 내용을 정리한 것이다. 직장인은 물론 대학생도 협상을 쉽게 이해할 수 있도록 가능한 한 이론적인 접근을 피하고 쉽게 쓰려고 했다. 협상의 기본 원칙은 협상의 인간성 내지 사회성에 바탕을 둔다. 인간은 혼자서 살 수 없고 가정이나 직장 및 사회 단체 등에서 누군가 다른 사람과 함께 살아가야 하기 때문에 협상이 필요하다. 자신이 원하는 삶을 살기 위해서는 성공적인 협상을 해야 할 것이다.

책을 준비하는 과정에서 계명대학교 법학과 이로리 교수와의 토론과 협조가 큰 도움이 되었다. 필자의 협상 교육에서 많은 질문과 코멘트를 통하여 협상에 관해 깊이 생각하게 해준 학생들에게도 감사를 표한다. 특히 고려대학교의 정명현과 조부임 학생에게 고마움을 표시한다. 또한 지난 몇 년 동안 협상 교육에서 많은 생각을 주고받았던 곽노성 교수, 박헌준 교수, 성극제 교수 및 한국협상학회 초대 회장이신 유장희 교수께도 감사드린다. 아울러 협상의 중요함과 즐거움을 일깨워 준 가족에게도 고마움과 사랑을 전한다.

다만, 양해를 구할 사항이 있다. 탁상공론이 아닌 현실적인 도움을 줄 수 있도록 실제 사례들을 언론 보도를 기반으로 소개하였다. 관련 당사자들에게 누가 되지 않도록 최대한 조심스럽게 다루고자 노력하였다.

이 책의 내용을 잘 이해하고 실제의 크고 작은 협상에 적용하게 되면 독자 여러분은 협상을 보다 합리적이며 성공적으로 수행할 수 있을 것이다. 그리고 협상에 대해 보다 큰 자신감을 가지게 될 것이다. 이 책을 통하여 여러분 모두가 협상을 올바로 수행하여 보다 즐거운 생활을 할 수 있기를 바란다. 협상도 배우면 잘할 수 있다.

고려대학교 법과대학 연구실에서
박노형(wtopark@korea.ac.kr)

차례
C·O·N·T·E·N·T·S

지은이의 말

제1장 협상을 잘해야 인생이 즐겁다

⚖ 왜 협상하는가
혼자서는 살 수 없다 ••• 020
협상은 윈-윈이어야 한다 ••• 022
협상은 우리 인간이 한다 ••• 024
● 갈등에 대처하는 유형 019 | 협상자의 어려움 030

⚖ 협상이란 무엇인가
협상은 합의에 도달하기 위한 수단이다 ••• 032
누구와도 어떤 것이든 협상할 수 있다 ••• 042
협상할 때와 협상하지 않을 때 ••• 044
협상의 레버리지와 힘 ••• 049

⚖ **나는 지금 어떤 협상을 하고 있는가**
　파이를 나누기만 할 것인가 ··· 055
　파이를 키우고 나눌 것인가 ··· 064
　협상자의 딜레마 ··· 066
　　● 게임이론 068

⚖ **성공적인 협상을 방해하는 장애물**
　협상자의 비현실적 판단 ··· 073
　협상의 결말이 있어야 한다는 믿음 ··· 075
　위험한 승부 의식 ··· 077

 후회없는 협상을 위한 기본 요소

⚖ **동기가 협상을 움직인다**
　입장과 동기를 구별하라 ··· 084
　동기를 알면 파이를 키울 수 있다 ··· 093

⚖ **생산적 협상을 하려면 창의적으로 옵션을 개발하라**
　옵션은 선택할 가능성이 있는 방안이다 ··· 096
　옵션 개발의 몇 가지 예 ··· 097
　　● 옵션 개발을 위한 브레인스토밍 099

⚖ **공정한 협상을 하려면 객관적 기준을 적용하라**
　기준은 협상자 모두에게 객관적이어야 한다 ··· 104
　객관적 기준을 함께 탐구하라 ··· 109
　객관적 기준은 양날의 칼과 같다 ··· 113

- **최선의 대안보다 더 나은 협상을 하라**
  최선의 대안(BATNA)이란 ··· 117
  최선의 대안은 협상력을 강화시킨다 ··· 119
  - 최선의 대안을 검토하는 방법 119

- **합의 가능 영역을 설정하라**
  개시점・목표점・최종 양보점 ··· 122
  합의 가능 영역의 활용 방법 ··· 124

- **정보는 협상의 기본이다** ··· 130

 협상 수행의 4단계

- **준비는 많이 할수록 좋다**
  치밀한 준비 과정 ··· 140
  - 사안과 쟁점의 구별 145

- **협상을 개시할 때는 이렇게!**
  비공식 협상을 활용하라 ··· 153
  상대방의 협상 권한을 확인하라 ··· 155
  최초 제안은 누가 먼저? ··· 156

- **합의에 이르는 과정**
  협상은 의사소통이다 ··· 159
  협상 수행 중 발생할 수 있는 상황 ··· 172
  - 상대방에게 호감을 주는 태도 161 | 바디 랭귀지 163 | 비밀유지계약 167 |
    실수한 경우의 수습 요령 185

⚖ 섣부르게 마무리하지 마라
   당신이 합의문을 작성하라 ··· 188
   공식적으로 종결하라 ··· 202
   분쟁 해결 방법을 미리 규정하라 ··· 203
    ● 합의문의 기본 형식 196 | 200만 달러짜리 '콤마' 199 | 대한상사중재원 중재 규정 204

협상에도 명품이 있다

⚖ 술수를 간파하고 단호하게 대응하라 ··· 212

⚖ 협상에서 즐겨 사용되는 술수와 대응법
   침묵 기법 ··· 216
   불확실성 기법 ··· 218
   공약 기법 ··· 219
   좋은 사람·나쁜 사람 술수 ··· 221
   하거나 말거나 술수 ··· 222
   "이제 나가겠습니다." 술수 ··· 224
   타결 직전 '조그만' 양보의 요구 술수 ··· 228
   막무가내 술수 ··· 229
   허세 부리기 술수 ··· 231
   화내기 술수 ··· 233
   위협 술수 ··· 235

⚖ 협상 윤리와 나의 정체성
   당신의 협상 윤리 유형은? ··· 240
   그래도 높은 윤리의식이 필요하다 ··· 244
    ● 거짓말 탐지기 242

국제협상과 국내협상은 크게 다르지 않다

⚖ 국제협상은 무엇이 다른가

비공식협상을 활용하라 ··· 254
대외협상을 성공시키기 위한 대내협상 ··· 255
문화적 차이를 이해하라 ··· 257
국제협상의 다양한 결과 ··· 259
국제협상의 10가지 준칙 ··· 260
국제협상의 언어는 협상 결과를 좌우한다 ··· 261
● 국제협상에서 사용되는 언어의 유희 262

⚖ 협상팀의 구성과 운영

협상팀의 구성 ··· 265
수석대표의 지위 ··· 268
협상팀의 사전 준비 ··· 270

 ## 협상의 왕도는 있는가?

성공적인 협상가 ··· 278
성공한 협상의 평가 ··· 280
● 성공하는 협상가의 10가지 관점 282

● 부록 ●

협상의 기본 요소 확인표 ··· 284
협상 단계별 체크리스트 ··· 286

제1장

협상을 잘해야 인생이 즐겁다

협상을 잘해야
인생이 즐겁다

우리는 저마다 생김새가 다르듯이 생각 또한 다르다. 서로 다른 성격과 이해관계 속에서 생활해 나가자면 크고 작은 다양한 다툼 또는 갈등은 어쩌면 당연한 일이다. 학교에서 선생님의 총애를 받는 학생과 그렇지 않은 학생들 사이의 그렇게 심각하지 않은 (물론 당사자들에게는 아주 심각할 수 있지만) 갈등도 있을 수 있고, 동네 축구팀에서 팀 구성을 놓고서 갈등을 느낄 수도 있다. 인사고과에서 더 높은 점수를 받고 싶어하는 부하 직원과 냉정한 결정을 내려야 하는 상사와의 갈등도 있을 수 있고, 경쟁 기업들 사이에서 시장점유율을 놓고 대립하는 갈등도 있을 수 있다. 심지어 국가와 국가 사이의 전쟁처럼 무력 충돌로 인해 사람이 죽고 모든 것이 파괴되는 심각한 갈등도 있다. 이렇게 갈등은 개인, 기업 또는 국가들 사이에서 가치나 목표가 양립할 수 없는 경우에 발생한다.

사실 우리 인간은 물론 기업이나 국가는 갈등을 원하지 않을 것이다. 부부간 갈등은 자칫 이혼으로 이어지고, 국가간 갈등은 자칫 전쟁으로 이어지고, 기업간 갈등은 자칫 적대적인 인수합병(M&A)이나 파산 또는 도산으로 이어질 수 있다. 그렇다고 모든 갈등이 이렇게 파괴적이고 부정적인 것은 아니다. 즉 갈등이 증폭되는 것을 막거나 갈등을 단순하게 감추지만 않는다면, 갈등은 당사자나 그 사회의 발전에 좋은 순기능을 할 수 있다. "비 온 뒤에 땅이 굳는다."는 속담처럼 갈등을 현명하게 잘 처리할 수만 있다면, 갈등은 관련 당사자는 물론 사회에 긍정적인 방향으로 창조와 삶의 활력을 제공할 수 있다.

협상은 갈등을 해결하는 모든 수단들 중에서 가장 기본적이며, 현대 사회에서의 성공에 가장 필요한 요소이다. 따라서 우리가 가정이나 직장, 국제 사회에서 성공하기 위해서는 성공적으로 협상하는 방법을 이해하고 우리 몸에 체화할 필요가 있다.

최근에 한국은 수직적 사회에서 수평적 사회로 변화하고 있고, 권위주의적 문화에서 민주적 문화로 전환되고 있는 과정에서 그동안 억눌려 왔던 다양한 요구가 터져 나오고 있다. 이로 인해 많은 갈등을 경험하고 있다. 사회가 다변화되면서 그만큼 갈등을 효과적으로 관리, 해결할 수 있는 협상 능력이 절실히 요구되는 시점이다.

갈등에 대처하는 유형

사람마다 갈등이 생겼을 때 대처하는 유형도 다르다. 갈등 발생시 자신과 상대방의 필요나 바라는 바를 얼마나 충족시키려고 노력하느냐에 따라 5가지 유형으로 나눌 수 있다.

- **양보형** : 상대방의 필요의 충족도를 높이면서 자신의 필요의 충족도를 낮추는 유형이다. 상대방에게 양보함으로써 분쟁을 피하고 싶어한다.
- **회피형** : 상대방과 자신의 필요의 충족도를 낮추는 유형이다. 분쟁 그 자체로부터 도망가고 싶기 때문이다.
- **타협형** : 상대방과 자신의 필요의 충족도를 중간 지점에서 맞추는 유형이다. 상당히 많은 사람들이 이 유형에 해당할 것이다.
- **경쟁형** : 상대방의 필요의 충족도는 낮추면서 자신의 필요의 충족도를 높이는 유형이다. 소위 협상을 잘한다고 생각하는 사람들이 이 유형이다.
- **협력형** : 상대방과 자신의 필요의 충족도를 높이는 유형이다. 이 책에서 제시하는 성공하는 협상가는 대체로 이 유형에 해당한다.

사람은 각자 자란 배경이나 인생관, 성격 등이 서로 다르기 때문에 갈등에 대한 5가지 대처 유형 중 어느 유형이 반드시 옳고 그르다고 단정할 수는 없다. 상황마다 각각의 유형이 특별히 더 바람직할 수 있기 때문이다. 그럼에도 대체로 성공적인 협상가들은 협력적인 대처 유형에 해당한다. 통합적 유형이라고도 불리는 협력적 유형은 당신과 상대방의 필요나 바라는 바를 높은 수준에서 충족시키는 점에서 서로에게 이익이 되는 소위 윈-윈(win-win) 협상을 지향하게 된다. 협력적 유형은 당신과 상대방이 현재는 갈등하고 있지만, 둘의 관계가 반복적이며 지속적이라는 점을 인식하여 서로에게 도움이 되도록 그 갈등을 해소하고자 노력한다. 사실 우리 생활에서 한 번 만나고 끝나는 일회적인 인간관계는 극히 드물다.

협상에서 당신과 상대방이 모두 협력적 유형이라면 그 협상은 보다 좋은 방향으로 전개될 것이다. 물론 협력적 유형도 모든 상황에서 반드시 바람직하지는 않다. 만일 당신이 중고 자동차를 구입하려고 한다면, 당신과 상대방의 관계는 일회적이어서 다시는 서로 보지 않을 수 있다. 이 경우 자신의 필요나 바라는 바를 최대한 충족시키고 그 결과 상대방의 필요나 바라는 바를 무시하는 경쟁적 유형이 더 바람직할 수도 있다.

왜 협상하는가

혼자서는 살 수 없다

우리들은 일반적으로 협상을 특별하게 생각한다. 한미 FTA협상처럼 거창한 사안을 가지고 외교관이나 정부 대표 등 특별한 사람들이 스포트라이트를 받아가며 특별한 곳에서 하는 것만이 협상이라고 부를 만하다고 생각한다. 하지만 그렇지 않다. 협상은 지극히 일상적이고 일반적인 일이다. 한미 FTA협상에 참여하는 외교부의 김모 외무관이나 산자부의 이모 사무관에게 FTA(Free Trade Agreement, 자유무역협정)나 통상협상은 그들이 해내야 하는 일상 업무이다. 이들의 협상은 가정 주부가 시장에서 야채를 사면서 조금이라도 값을 깎기 위하여 흥정을 하는 일련의 과정과 '협상' 이라는 측면에서 크게 다르지 않다.

　협상은 우리 생활의 일부, 아니 우리 생활의 전부라고 해도 과언이 아니다. 하루 일상은 대체로 가정에서 하루의 반, 직장에서 하루의 삼분의 일, 그리고 나머지 육분의 일에 해당하는 시간에 친구를 만나는 등 이런저런 일을 하게 된다. 우선, 하루 중 절반의 시간을 보내는 집에서 어떤 일이 벌어지는가 생각해 보자. 주5일 근무제가 시행되면서, 아마도 금요일 저녁부터 일요일 저녁(또는 월요일 새벽)까지 어떻게 여가를 보낼지 부부 사이에 또는 부모와 자식 사이에 논의를 할 것이다. 이러한 논의도 당사자간 합의를 도출하기 위한 협상이다. 남편과 부인의 협상력에 따라 친가에는 한 달에 한 번 가면서, 친정에는 두 번 갈 수 있고, 그렇지 않을 수도 있다.

　직장에서는 어떨까? 직장에서 근로의 대가로 얼마를 받아야 하는지를 정하는 연봉협상은 중요한 협상이다. 자기 부서에 똘똘한 신입 사원을 배치시키는 일이나, 승진을 하느냐 하지 못하느냐도 많은 경우에 협상의 결과이다. 회사의 핵심 사업부인 경우 다른 부서보다 더 능력 있는 사원을 요구할 수 있을 것이고, 전년도 실적이 지극히 우수하다면 승진을 요구할 수 있을 것이다. 또한 회사 업무를 이유로 다른 회사나 정부기관 등을 접촉할 터인데, 이러한 활동도 실질에 있어 협상이다. 자기 부서의 저녁 회식을 어느 식당에서 할 것인지, 그리고 2차를 갈 것인지의 논의도 협상이다. 그 이외의 시간도 가만히 따져 보면, 협상이 진행 중이다. 초등학교 친구들과 언제 만날 것인지, 회비는 얼마를 낼 것인지, 매 순간 우리는 자신의 생각을 정리하고 다른이의 의견을 듣고 상황을 참조하여 바람직한 결론을 도출해 내려고 협상하고 있다. 이렇게 우리의 생활은 협상이다. 협상을 잘해야 인생이 즐겁다.

협상은 윈-윈이어야 한다

협상에 대한 강의를 하면서 성공적인 협상의 가장 중요한 요소가 무엇인지를 묻는다. 상대방을 이해하는 것, 주고받는 것, 인내하는 것 등등 다양한 답이 제시된다. 그 중에서도 가장 많이 듣게 되는 것은 윈-윈이다. 실제로 협상에 관한 많은 책들은 협상이 서로에게 득이 될 수 있다는 전제에서 시작한다. 그런데 흥미로운 사실이 발견된다. 윈-윈협상을 주창하는 책들 상당수가 협상의 과정을 설명하기 시작하자마자 곧장 '윈-루즈'(win-lose), 즉 승리와 패배의 협상에 몰입하는 점이다. 입으로는 윈-윈이라 하면서 실제로는 그렇지 못한 것은 협상의 기본 원칙을 올바로 이해하지 못하기 때문일 것이다.

그런데 정말 협상에서 윈-윈이 가능할까? 윈-윈협상은 가능의 문제가 아니라 당위의 문제로 보아야 한다. 서로에게 도움이 되는 만족스런 결과를 이끌어 내야 하는 것이다. 매순간 우리는 협상을 하면서 살고 있다. 곰곰이 생각해 보면, 우리는 협상을, 동일한 사안에 대하여 동일한 상대방과 반복적으로 수행하는 경우가 상당히 많다. 지난 1년 동안 누구와 어떤 협상을 하였는지 떠올려 보자. 전혀 모르는 사람들과 협상을 하였는가? 매번 다른 내용의 협상을 하였는가? 뜻밖에도 거의 대부분의 협상이 반복적일 것이다. 그리고 많은 경우 평소에 알고 있던 사람들 또는 조직과의 협상이다. 우리 생활에서 대부분의 협상은 반복적으로 수행된다. 반복적으로 수행되는 협상에서 윈-윈협상이 가능하지 않다면 또는 윈-루즈협상을 추구한다면, 당신이나 상대방은 결국 소외될 수밖에 없을 것이다. 즉 누구도 이기려고만 드는 당신 또는 상대방과는 협상을 하고자 하지 않을 것이며, 협상을 하더라도 합리적으로 대응하지 않을 것이다.

물론 중국 만리장성에서 기념품을 살 경우에는 가격을 놓고 승리와 패배의 협상을 해야 할지 모른다. 가격을 십분의 일로 대폭 깎아서 일방적인 승리를 했더라도 또는 왕창 바가지를 썼더라도, 당신과 기념품 판매상이 서로 다시 볼 경우는 많지 않을 것이다. 이러한 상황에서는 협상을 윈-윈이 아닌 윈-루즈로 인식할 수 있다.

하지만 만리장성의 기념품 판매상도 (뜨내기) 여행객인 당신이 아니라 기념품을 공급하는 생산자와는 윈-윈협상을 할 것이다. 그들은 기념품의 지속적인 거래를 위하여 협상을 반복적으로 하기 때문이다. 이렇게 서로 반복적으로 협상을 하는 개인들, 기업과 기업은 물론 정부와 정부는 서로 곧 다시 볼 것이기 때문에라도 당장의 협상에서 일방적으로 승리하는 윈-루즈협상은 하지 말아야 한다. 여기서는 일단 협상이 대체로 윈-윈인 당위성에 주목하자. 윈-윈협상은 협상의 개념에서 다시 검토한다.

협상은 우리 인간이 한다

우리는 왜 협상을 해야 하는가? '혼자' 사는 것이 아니기 때문이다. 이 하늘 아래 혼자 살고 있다면 굳이 협상할 필요가 없다. 자신이 원하는 대로 살아가면 된다. 우리 인간에게 협상이 필요한 것은 홀로 살아갈 수 없기 때문이다. 가정에서는 부모와 자식 사이 또는 부부 사이에서, 직장에서는 상사와 부하 또는 동료 사이에서, 사회에서는 교우나 친목회 회원 사이에서 서로 다른 사람들이 부딪히며 살고 있다. 마찬가지로 국제사회에서도 국가들과 국제기구들이 서로 부딪히며 존재하고 있다.

심지어 평생을 같이 살거나 살아야 할 당신의 배우자도 당신과 비슷한 생각과 가치관을 가지지 않을 수 있다. 이렇게 다른 가치관 또는 생각을 가진 다른 사람과 당신은 어떤 일을 하기 위하여 또는 서로 다른 가치관이나 생각을 조화하기 위하여 만나서 상의를 해야 하는데, 이것이 곧 협상이다. 이렇듯 인간은 사회적 동물이기 때문에 협상을 할 수밖에 없다.

인간의 지각과 감정

협상은 우리 인간이 하기 때문에 협상은 쉬울 수도 있고 어려울 수도 있다. 인간은 동물과 달리 지각과 감정을 가지고 있기 때문이다. 어떤 상황에 따라 일어나는 마음의 변화인 인간의 감정은 협상을 어렵게 할 수 있다. 이러한 감정에는 상대방에 대한, 또는 협상의 결과에 대한 두려움 또는 분노가 있을 수 있다. 이러한 감정은 서로 상승 작용을 하여 잘 되던 협상도 한순간에 실패로 이끌 수 있다. 협상 중에 자신의 감정을 슬기롭게 통제할 수 있느냐가 성공적인 협상가와 그렇지 않은 협상자를 구별한다.

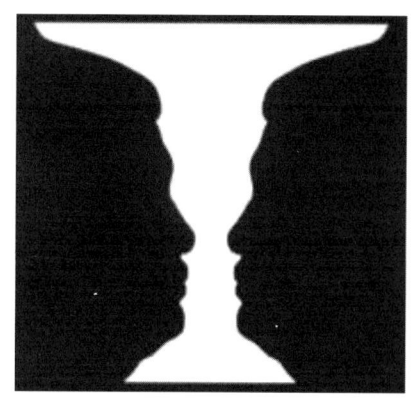

외부의 사물을 인식하는 인간의 지각(perception)의 차이가 협상의 차이를 만들기도 한다. 인간의 지각은 정확할 수도 있고 아닐 수도 있고, 그저 다를 수도 있다. 위에 있는 그림 '루빈의 컵'에서 당신은 지금 무엇을 보고 있는가? 처음에는 언뜻 컵으로 보이던 그림이, 계속 보게 되면, 두 사람이 마주 보고 있는 그림으로 보이기도 한다. 옆에 있는 모래시계를 보고서 반이 비었다고도 볼 수 있고 반만 찼다고 볼 수도 있다. 세 들어 사는 사람은 집 주인이 요구할 때마다 꼬박꼬박 월세를 지불하고 있어 자신이 성실하다고 생각하지만, 집주인은 월세를 달라고 요구하지 않으면 제때에 지불하지 않는 불성실한 사람이라 생각할 수 있다. 어떤 교수는 연구 프로젝트를

수행하여 자신이 지도하는 학생들의 연구 능력을 키우고 생활비도 보조하고 있어 자신이 좋은 지도교수라 생각하지만, 학생들은 자신들이 연구 프로젝트 대부분을 수행하였는데도 그만큼 대우를 받지 못한다고 생각할 수 있다. 이렇게 같은 사물과 현상을 보고 사람마다 다른 생각을 할 수 있다.

의료계에서 잘 알려진 재미있는 예가 있다. 여기 두 가지 고혈압 치료약이 있다. A라는 약은 5년 동안 매일 복용하면 심장마비에 걸릴 가능성을 33%까지 낮출 수 있다고 한다. B라는 약은 5년 동안 매일 복용하면 100명 중 1명은 심장마비에 걸리지 않지만 나머지 중에서 어떤 사람이 심장마비에 걸릴지 모른다고 한다. 이 경우 대부분의 사람들은 A라는 약을 매일 기꺼이 복용하려 들겠지만, B라는 약은 매일 복용하더라도 100명 중 1명을 뺀 99명은 별로 도움을 받지 못할 것이라 생각할 것이다. 그러나 실제로 이들 두 약은 같은 효과를 가진 약이다.

약을 복용하지 않는 고혈압 환자가 5년 이내에 심장마비에 걸릴 가능성은 3%가 되는데, 이 약을 복용하면 2% 정도로 낮출 수 있다고 한다. 결국 이 약의 복용 전후에 심장마비에 걸릴 가능성은 1%의 차이에 불과하다. 약을 복용하면 100명 중 1명의 심장마비를 예방하기 때문이다. 그런데 이를 상대적으로 표시하면, 3%에서 2%로 감소하므로 33%의 감소를 의미하게 된다. 제약 회사는 이 약을 복용하여도 100명 중 2명은 심장마비에 걸린다는 사실 대신에 33%의 상대적 감소를 강조하는 것이다. 이렇게 협상의 인간성 또는 심리적 측면은 종종 협상의 이성적 수행에 영향을 줄 수 있다. 인간의 지각의 차이가 반영되기 때문이다.

지각의 차이는 협상에서 서로 주고받는 양보에 대한 가치를 다르게 평가할 수 있다. 시중에서 같은 값으로 판매되는 코냑과 위스키가 있을 때, 코냑을 즐기는 사람에게 위스키보다는 코냑이 더 높은 가치를 가진다. 같은 값의 주류이지만, 코냑과 위스키의 주관적 가치가 다르기 때문이다. 이러한 가치 내지 지각의 차이 때문에 협상에서 윈-윈협상이 가능하게 된다. 지각의 차이의 영향을 받아 가치의 측면에서 자신이 주는, 즉 포기한 것이 받는, 즉 양보받은 것보다 작다고 생각할 수 있기 때문이다.

협상자들의 좋은 관계는 협상의 성공 요인

협상자들의 좋은 관계는 성공적인 협상에 큰 도움이 된다. 우선 서로가 어떤 협상자인지 알 수 있어 서로의 이해를 위한 추가적인 노력을 기울일 필요가 없다. 보다 중요하게는, 협상자들 사이의 신뢰의 존재는 협상 사안을 공동의 문제로서 함께 협력하여 해결할 수 있게 한다. 이 점에서 협상이 개시되기 전에 협상자들이 서로를 이해하도록 노력하여 나름의 관계를 형성하는 것이 바람직하다. 식사를 한다든지 하는 비공식적 접촉을 하거나, 또는 협상자들 서로를 아는 중간의 제3자가 양측을 인사시켜 주는 것도 좋다. 이도저도 가능하지 않다면, 협상 당일 조금이라도 먼저 와서 자신을 소개하는 등 접촉의 기회를 늘릴 필요가 있다.

2006년 7월 러시아에서 개최된 G8정상회담 하루 전에 미국 부시 대통령 부부는 러시아 푸틴 대통령 부부와 만찬을 가졌다. 부시는 G8정상회담에서 중동 사태 등에 관하여 푸틴 대통령의 지지가 필요하다는 것을 알고, 푸틴과 사이좋게 지낼 수 있기를 바라고 있었다고 한다. 이 만찬은 부시에게 좋은 기회였던 것이다. 부시는 푸틴에게 딸들의 안부를 물었다고 한다. 아버지들이 보통 딸을 더 귀여워한다는 것을 알았기 때문에 푸틴을 즐겁게 해주려고 한 말일 것이다.

협상자 사이의 좋은 관계가 협상에 도움이 되기는 하지만 미국과 같은 서양에서는 그런 관계가 협상의 사안 해결을 좌우할 정도는 아니다. 그러나 우리나라에서는 아직도 그런 관계를 구실로 해결을 기대하는 경우가 많다. 한국에서는 협상자들이 거래의 상담이나 다른 목적으로 만나는 경우에 일차적으로 서로를 탐색한다. 어느 학교를 나왔는지, 어느 고장 출신인지, 혹시 누구 결혼식장에서 만났는가와 같이 무엇인가 관계를 찾으려고 노력한다. 여기까지는 상대방을 이해하려는 노력이라는 점에서 나무랄 것이 없겠다.

그러나 서로의 관계를 보아 일방이 '형님'이 되고 타방이 '아우님'이 되면, 협상 결과에 이러한 관계가 부당하게 개입하게 되는 경우가 종종 있다. 또는 최소한 그들의 그러한 관계에서 협상의 일정한 결과가 기대되기도 한다. 이런 경우 협상 결과가 그러한 기대에 미치지 않는 경우, 그들의 관계는 남남보다 더 어렵게 된다.

　1998년 한일어업협정이 타결된 후 쌍끌이 선단이 일본 측 수역에서 고기잡이를 할 수 없게 된 것이 드러나 큰 파문이 일었다. 이에 담당 장관은 일본 농수산장관과 '형님 동생하는 사이'임을 밝히고 이 문제를 잘 풀겠다고 공언하였다. 그러나 일본 측은 이미 타결된 내용을 건드릴 수 없다고 단호하게 재협상을 거절하였고, 국내외에서 또 다른 파문이 일어났다. 과연 누가 잘못하였는가? 협상자들 사이의 좋은 관계는 성공적인 협상의 수행에 긍정적이지만, 이러한 관계의 유지와 협상 사안의 해결은 그대로 독립되어 다룰 필요가 있다.

협상자와 사안의 구별

협상은 그 대상인 사안을 가지고 그 행위 주체인 인간이 하는 것이다. 사안은 가격, 수량 등의 유형적 요소이며, 일단 이러한 사안에 대하여 이성적 접근이 시도된다. 동시에 협상자들 사이에서 감정적 접근이 이루어진다. 믿음과 심리적 동기와 같은 무형적 부분에서 감정적 접근이 이루어지는 것이다. 이러한 감정적 접근은 그 정도가 지나치면 협상 사안을 합리적으로 해결하기 위한 이성적 접근을 방해한다. 만일 협상 결과를 통하여 무리하게 조직 구성원들에게 잘 보이려 하거나 더 큰 실적을 올리려 하면, 도리어 협상 결과는 반이성적이 될 수 있다.

　협상에서 인간적 측면의 중요성을 고려하여 미국 하버드 법대의 로저 피셔(Roger Fisher) 교수는 협상의 기본 원칙으로서 협상에 참여하

협상자의 어려움

협상자에게는 많은 어려움이 있다. 특히 조직이 원하는 내용의 합의를 하지 못한 경우이다. 상대방과 열심히 협상을 하여 어렵게 합의를 이끌어 냈더라도 자신이 대표하는 조직이 그 합의를 수용하지 않겠다고 한다면 문제가 된다. 이런 경우 협상자가 공식적인 대표권한을 가지고 합의를 하였다면 원칙적으로 그 합의는 성실하게 이행되어야 한다. 합의가 성실하게 이행되지 못한다면 이행책임의 문제가 발생할 것이다. 이 점에서 협상이 수행되는 과정에서 협상자는 자신이 대표하는 조직에게 협상의 진전에 대하여 계속 보고를 하고 그 의견을 협상에 반영하는 것이 좋다. 협상자는 자신의 조직이 협상에 간접적으로라도 참여하게 해야 하는 것이다. 이 점에서 외부와의 협상과 함께 내부의 협상이 중요하고 또한 더 어려울 수 있다.

는 사람과 협상 사안을 구별할 것을 주장한다. 협상을 통하여 해결되어야 할 분쟁이 발생한 경우 이미 협상자들 사이의 신뢰나 믿음은 손상되었을 것이다. 이러한 분쟁이 진실이 아닌 오해로 발생했더라도 협상자들 사이에 존재하는 마음의 벽은 부인할 수 없다. 이러한 상황에서 협상이 진행되는 동안 협상자들은 이성적으로 사안을 해결하기보다는 감정적으로 대립할 가능성이 높다. 자칫 서로간에 분노나 의심과 같은 감정의 골이 더 깊어질 수 있는 상황에서는 당신이나 상대방이 전혀 합리적이지 못한 입장을 고수하여 협상이 더 이상 진전되지 않을 수도 있다.

협상자들 사이에서 생겨나는 인간적 문제를 해결하는 방법은 역설적으로 협상 사안을 객관적이고 합리적으로 해결하는 데서 찾을 수 있다. 다시 말하면 다음에서 설명하는 동기, 옵션, 기준 및 최선의 대안(BATNA: Best Alternative To a Negotiated Agreement)과 같은 협상의 기본 요소를 올바로 이해하여 이성적으로 협상을 하게 되면 자연스럽게 협상의 인간적인 문제가 해소될 수 있다.

물론 협상의 인간적 문제를 해결하기 위하여 협상자들은 서로를 이해하려고 노력해야 한다. 협상자들 서로가 각자 상대방의 위치에 서 보는 것이다. 당신의 주장이나 상대방의 주장을 상대방의 시각에서 바라보게 되면 미처 생각하지 못한 상대방의 사고방식, 감정이나 어려움을 이해할 수 있게 된다. 이렇게 역지사지(易地思之) 해보는 노력만으로도 협상자들 사이의 인간적 문제는 상당히 해소될 수 있다.

협상의 인간적 측면에서 중요한 점은 협상 사안에 직접 관련되는 사람 또는 그 대표가 협상에 참여해야 하는 점이다. 협상 사안에 직접 관련되는 사람이나 기관 등이 배제된다면 그 협상 결과는 부분적인 합의에 불과하게 될 것이다. 따라서 여전히 분쟁 또는 문제는 그대로 남게 된다. 또한 기관이나 조직 등 누군가를 대표하여 협상에 참여하는 경우 자신의 대표성이 공식적으로 확인되어야 한다. 협상자들은 서로 협상을 수행할 수 있는 대표권한이 있음을 확인해야 한다.

협상이란 무엇인가

협상은 합의에 도달하기 위한 수단이다

협상은 협의, 교섭, 상담 또는 담판 등으로 불리기도 한다. 협상의 개념을 정리해 보기 위해 협상이 이루어지는 상황을 그려 보자. 우선 협상이 수행되기 위하여 둘 이상의 사람, 기업, 국가 등이 존재한다. 이들 당사자 사이에서 이익 또는 목적이 충돌하거나 서로 일치하지 않는다. 그리고 이들의 이익 또는 목적의 충돌을 해결하기 위하여 협상자들이 의견을 교환하거나 서로 반응을 한다. 결국 협상은 개인 또는 기업과 국가와 같은 조직인 당사자, 즉 협상자들 사이에서 이익 또는 목적이 충돌하는 쟁점에 대하여 상호 수용할 수 있는 합의에 도달하기 위한 과정 내지 수단이라고 이해할 수 있다.

일반적으로 협상은 분쟁의 해결 수단으로 이해되고 있다. 사실 많은 경우에 협상은 이미 발생한 분쟁을 해결하는 데 사용된다. 북핵 문제의 해결을 위한 6자회담은 이미 발생한 북한의 핵 보유라는 국제적 분쟁을 해결하기 위한 협상이다. 이같이 분쟁의 해결이라는 소극적 의미도 있지만, 협상자 각각이 혼자서는 달성할 수 없는 무엇인가 새로운 것을 창조하는 보다 적극적 개념도 있다. 예컨대 가족 회의에서 어머님 고희를 기념하기 위하여 가족들 사이에서 어떻게 역할을 분담해야 할지에 대한 논의가 적극적 의미의 협상에 해당한다. 또는 기업들의 우호적인 인수와 합병(M&A)을 위한 협상과 한미 FTA협상도 적극적 의미의 협상이다.

 협상이란 용어는 종종 '교섭'이란 용어와 같이 사용되고 있다. 이들 용어는 일반적으로 같은 의미로 사용될 수 있지만, 협상은 보다 일반적이고 다양한 쟁점을 다루는 과정으로서 이해되고, 교섭은 가격의 결정과 같은 구체적인 한 가지 쟁점을 다루는 과정으로서 이해된다. 또한 우리는 종종 협상력(negotiating power)이 부족하다는 표현을 쓴다. 이 경우의 협상력은 자신의 정체성을 유지하면서 상대방의 결정에 영향을 줄 수 있는 능력을 말한다.

협상의 '주고받기' 성격

협상자들은 일반적으로 서로 '주고받기'(give and take)를 기대한다. 협상을 통하여 자신에게 이익이 되는 합의를 도출하려 한다면 상대방도 마찬가지로 자기에게 이익이 되는 합의를 수용하려 할 것이다. 이 과정에서 협상자들은 자신에게 유리한 합의가 되도록 서로에게 영향을 주게 된다. 성공적인 협상가는 협상이 진행되면서 얻게 되는 (새로운) 정보에 기초하여 자신의 입장을 유연하게 변경할 수 있고 또한 상대방이 불쾌하지 않게 자신의 입장을 변경하게 할 수 있다. 이러한 입장의 변경은 양보를 의미한다. 협상이 성공하기 위해서 협상자들은 주고받기, 즉 적절한 시점에서 적절한 양보를 잘해야 한다.

 쟁점이 하나인 경우에 협상자들은 서로 양보하기 어렵다. 한 가지 쟁점에서는 자칫 협상자 일방만 이익을 얻게 되기 때문이다. 그러나 한

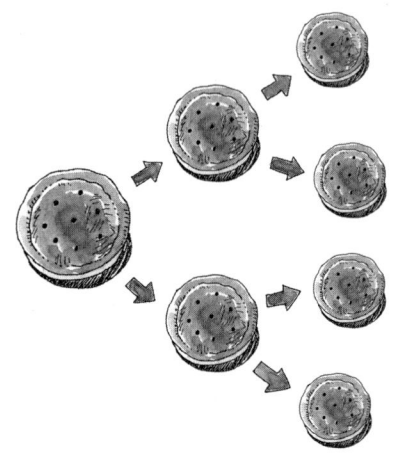
가지 쟁점도 창의력을 발휘하면 둘 이상의 쟁점으로 분해할 수 있다. 하나로 뭉뚱그려진 쟁점을 조금씩 다른 성격을 지닌 여러 가지 쟁점으로 나눈다면 협상자들은 각각 더 중요하게 생각하는 쟁점에 대하여 서로 양보할 수 있게 된다.

물건을 매입하는 경우에 금액의 결정이라는 한 가지 쟁점은 물건의 수량에 따른 대금의 할인, 대금의 지급 시기(할부 또는 일시불), 대금의 지급 방법(현금 또는 어음) 등 여러 쟁점으로 분할할 수 있다. 대금의 지불과 수령은 협상자들 모두에게 중요한 사안이지만, 보다 덜 중요한 사안에 대하여 흔쾌하게 양보할 수 있게 된다. 이 점에서 양보할 수 있는 쟁점을 다양하게 찾아내는 노력과 창의력이 요구된다.

양보는 상대방의 요구에 대한 굴복이 아니다. 당신은 상대방의 양보에 상응하는 적절한 수준의 양보를 하면 될 뿐이다. 이러한 양보의 교환은 협상자들의 상호 의존성을 의미한다. 이러한 상호 의존성은 협상의 특징이다. 서로가 의존할 수 있다고 생각하기 때문에 협상이 가능한 것이다. 즉 서로가 서로에게 도움을 줄 수 있거나 또는 피해를 줄 수 있다고 생각하기 때문에 협상을 하는 것이다. 문제는 이러한 협상자들의 상호 의존적 관계에도 불구하고, 협상을 어떻게 이해하고 접근하느냐에 따라 협력적인 윈-윈 결과가 되기도 하고 아니면 경쟁적인 윈-루즈 결과가 될 수 있다는 점이다.

협상의 어원적 이해

협상을 올바로 이해하는 데 라틴어, 프랑스어 및 한자의 어원이 도움이 된다. 'negotiation'의 라틴어 어원은 *negotium* (*neg+otium*)이며, 'not leisure', 즉 휴식이 아닌 일이나 사업을 의미한다. 따라서 서양에서는 옛날부터 협상은 일 또는 사업이었으며, 사업은 협상이었던 것이다. 또한 'negotiation'의 프랑스 옛말은 'negociacion'이며, 'dealing with people', 우리말로는 사람 다루기 또는 사람과의 거래를 의미한다. 이러한 협상의 의미는 반드시 기업들 사이의 사업에 국한하지 않고, 사람들의 관계를 전반적으로 포괄하는 것으로 이해된다. 협상을 사람 다루기로 이해하는 이 같은 협상의 어원적 의미는 사람이 혼자서 생활할 수 없다는 사회성에 중점을 둔 것으로 보인다. 협상은 사람들을 이어주는 필요 불가결의 매개체이다.

한자의 어원도 협상의 중요한 측면을 보여 준다. '협상'(協商)은 '화할 협'(協)과 '헤아릴 상'(商)으로 구성된다. 화할 협은 '여러 사람이 힘을 합한다'는 뜻이며, 헤아릴 상은 '안에 있는 것을 밖에서 헤아려 안다'는 뜻이다. 협상은 협상자들 서로가 힘을 합하여 서로의 문제나 동기 또는 목적 등을 헤아려 이해하는 것을 뜻한다. 이처럼 동양에서 이해되고 있는 협상의 어원적 의미는 협상에서 상대방에 대한 배려에 중점을 둔 것으로 보인다. 상대방을 이해하며 협상해야 하는 것이다.

윈-윈협상

협상은 협상자들 모두에게 이익이 되는 윈-윈협상이어야 한다. '네가 살고 내가 사는' 협상이 이상적인 협상이다. 말은 이렇게 하지만 사람들은 실제로 협상에 참여하게 되면 어떻게 하든 상대방을 압도하여 자신의 이익을 극대화하려고 노력한다. 이는 윈-루즈협상이다. '네가 살고 내가 죽는' 또는 '네가 죽고 내가 사는' 협상이다. 살신성인하는 성자나 사고 후의 뺑소니 운전자의 경우일 것이다. 흔히 기대할 수 없는 일이다. 그러면서도 자칫 협상자들은 서로 피해를 보는 '루즈-루즈'(lose-lose)협상을 하고 만다. '네가 죽고 내가 죽는' 협상이다. 모두 같이 죽으니(피해를 보니) 공평하기는 하겠지만, 결코 바람직하지 않다. 또는 협상이 결렬되어 결과가 없을 수 있다. 그렇다면 윈-윈은 무엇을 의미하는가?

win-win

윈-윈은 협상자들 각각이 협상이 개시되기 전의 상황과 비교하여 협상 결과를 어떻게 인식하느냐는 차원에서 이해된다. 여기서 'win'(승리)은 협상 결과가 협상 전의 기대보다 좋은 경우를 의미하고, 'lose'(패배)는 협상 결과가 협상 전의 기대보다 나쁜 경우를 의미한다. 협상에서의 윈-윈이나 윈-루즈는 협상 결과의 절대적인 실제 가치를 의미한다기보다는 협상자 각각이 결과에 대하여 가지는 상대적인 기대치를 의미한다. 협상 결과는 개인적이며 그의 만족도는 주관적인 것이다.

윈-윈은 협상자들 모두가 협상 결과가 자신에게 이익이 된다고 '생각' 하는 경우이다. 이러한 경우에 협상자들은 그 결과를 선뜻 받아들일 것이다. 다음에 설명하지만, 협력적 협상 전략은 윈-윈결과를 도출하려고 한다.

윈-루즈는 협상자들 중의 일방, 즉 당신 또는 상대방만이 협상 결과가 이익이 된다고 생각하는 경우이다. 이러한 경우에 협상 결과를 부정적으로 생각하는 당신 또는 상대방은 선뜻 그 결과를 받아들이지 않을 것이다. 경쟁적 협상전략은 윈-루즈의 결과를 도출하게 된다.

루즈-루즈는 협상자들 모두가 협상 결과가 이익이 아니라고 생각하는 경우이다. 예를 들면 대학교의 예산이 삭감되어 모든 부서가 예외 없이 조금씩이라도 예산을 감축해야 하는 경우이다. 이 경우 예산을 부서별로 균등하게 삭감한다면 윈-루즈로 인식할 수도 있다. 물론 대학교 내 모든 조직이 균등하게 비용을 줄이고 덩달아 조직

협상 결과의 5가지 유형

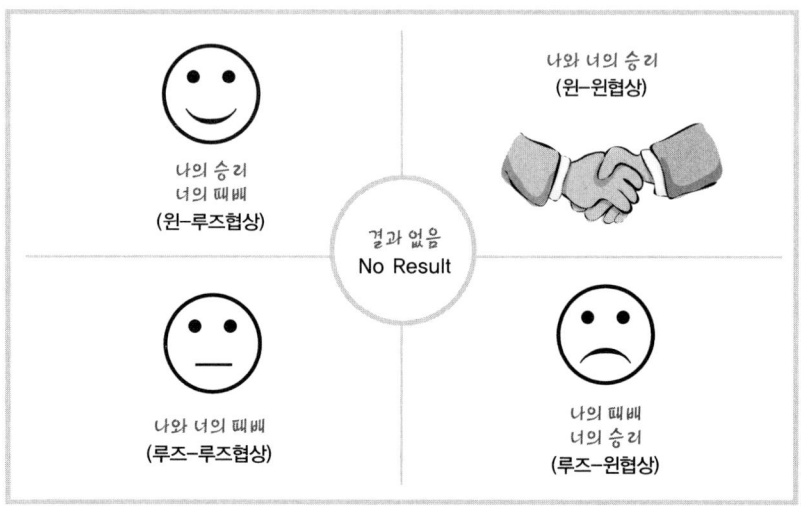

도 줄이게 되는 악순환이 그 대학교에 전체로서 이익이 되는 것인지는 다른 문제이다.

　원-원협상은 협상자 모두가 자신이 바라는 것을 얻거나 협상 결과가 자신에게 이익이 된다고 생각하는 것이다. 이것이 현실적으로 가능할 것인가? 협상자들은 종종 서로 다른 생각과 목적으로 협상에 참여한다. 이러한 차이를 인정하고 협상자들이 둘 이상의 쟁점을 찾아 협력적 협상을 하면 원-원결과가 가능하다.

　어떤 중소기업이 한 대기업에 물품을 납품할 계약을 위하여 협상을 하고 있다. 중소기업은 가능한 한 비싼 값에 판매하기를 바라고, 대기업은 가능한 한 싼 값으로 구매하길 바랄 것이다. 이렇게 대립적인 상황에서도 윈-윈협상이 가능하다. 이 중소기업과 대기업이 납품협상에서 중요하게 생각하는 것이 단순하게 물품 가격만은 아니기 때문이다. 이들은 보다 안정적이고 장기적인 계약 관계를 가지길 바랄 수 있다. 높은 가격이지만 그 대금을 보통의 경우보다 더 늦게 지불할 수도 있고, 또는 낮은 가격이지만 대신에 더 많은 수량으로 판매할 수도 있다. 가격과 대금의 지불 시기 또는 가격과 거래 수량을 맞교환하면 서로에게 만족스런 합의가 가능하게 된다.

그렇다면 왜 우리는 윈-윈협상을 해야 하는가? 여러 대답이 있을 수 있다. 그 중의 하나는 이번 협상이 끝나고 조만간 다음 협상에서 우리는 또 만나게 되기 때문이다. 가정에서는 물론, 직장에서도 그렇고 국가와 국가 사이에서도 그렇다. 이렇게 계속하여 반복적으로 협상을 할 수밖에 없는 현실에서 협상자들 모두가 협상 결과가 자신에게 이익이 된다고 생각해야 한다. 그래야 다시 또 만나서 협상할 수 있다. 다시 말하면, 윈-윈협상을 해야 하는 이유는 상대방과 함께 살아가고 있기 때문이다. 함께 살아가는 이 세상에서 윈-윈협상은 피할 수 없는 생존전략이다.

협상과 다른 분쟁 해결 수단

협상은 당사자들이 자신들의 분쟁이나 문제를 제3자의 도움 없이 스스로 해결하는 것이다. 분쟁 해결의 수단으로서 협상은 가장 기본적이며, 실제로 가장 많이 사용된다. 협상을 통하여 분쟁이 해결되지 못하면 제

3자가 개입한다. 분쟁의 해결 수단 중에서 법원의 재판을 제외한 것을 '대안적 분쟁해결'(ADR : Alternative Dispute Resolution)이라 부르는데, 다음과 같은 방법들이 있다.

　알선 또는 주선(good offices)은 제3자의 개입, 즉 도움으로 분쟁 당사자들이 협상을 수행할 수 있게 되는 것이다. 주선을 수행하는 제3자는 분쟁 당사자들이 신뢰할 수 있는 중립적 인사가 되며, 그의 역할은 분쟁 당사자들이 스스로 협상을 개시하면 종료한다. 2005년 7월 중국은 베이징에서 미국 대표인 크리스토퍼 힐 차관보와 북한 대표인 김계관 부상을 초청하여 만찬을 마련하였다. 이들의 자리가 마련되고 중국 대표는 만찬장에서 사라졌는데, 이렇게 중국은 제3자로서 북한과 미국이 회동할 기회를 마련하였다. 그리고 곧 제4차 북핵 6자회담이 개최되었다.

　중개(mediation)는 주선보다 제3자 개입의 정도가 강하다. 제3자가 개입하여 분쟁 당사자들이 협상을 개시하고, 제3자도 계속 그 협상에 참여하는 것이다. 중개인의 협상 참여는 협상의 직접 수행이 아니라 협상자들이 올바로 협상을 수행할 수 있도록 도와주는 것을 의미한다. 당사자들이 해결해야 하는 쟁점을 찾도록 도와주거나, 해결 방안 또는 옵션을 창의적으로 개발하도록 도와주거나, 당사자들이 격한 감정을 가지게 될 때 이성적으로 협상하도록 도와주는 것이다. 물론 분쟁 해결의 책임은 제3자가 아니라 실제로 협상을 수행하는 분쟁 당사자들이 가진다. 한 예로 1978년 이스라엘 베긴 수상과 이집트 사다트 대통령의 시

분쟁의 평화적 해결 수단

분쟁의 평화적 해결 수단	결과의 법적 구속력	제3자 개입
협상	당사자간 유효	없음
주선	없음 (당사자들의 결정에 따름)	있음
중개		
심사		
조정		
중재	있음	
재판		

나이 반도 반환협상에서 미국의 카터 대통령은 중개 역할을 하였다. 중개의 기본은 협상이며, 중개는 협상의 연장이 된다. 국내에서 중개는 일반적으로 '조정'이라 불린다. 호주 등 선진국에서는 재판의 전 단계로서 중개가 적극 활용되고 있다. 이 경우, 중개로 해결되지 않는 경우에 법원에 소송을 제기할 수 있다.

심사(fact-finding)는 제3자가 분쟁의 원인이 된 사실관계를 객관적이며 공정하게 확인함으로써 분쟁을 해결하는 것이다. 사실의 내용에 대한 분쟁인 경우 단순하게 사실관계를 확인함으로써 그 분쟁은 해결될 수 있다. 국제원자력기구(IAEA : International Atomic Energy Agency)의 이라크 핵무기 사찰도 일종의 심사에 해당한다.

조정(conciliation)은 제3자가 분쟁의 사실관계를 확인하고 쟁점을 검토하여 보다 공식적으로 해결 방안을 제안하여 분쟁을 해결하는 것이다. 국제 사회에서 조정은 중개와 심사가 결합된 방식으로 이해한다.

주선, 중개 및 조정의 결과는 분쟁 당사자들을 법적으로 구속하지 않는다. 법적 성격에서 이들은 중재 및 법원 재판과 구별된다. 중재(arbitration)는 분쟁 당사자들이 선임한 제3자가 사실관계를 확인하고 쟁점을 검토하여 분쟁을 해결하는 것이다. 중재의 결과는 분쟁 당사자들을 법적으로 구속한다. 중재에서도 법적 쟁점에 대하여 법이 적용되어야 하지만, 법원의 재판보다는 절차 등에서 유연하다는 장점이 있다. 재판은 제3자인 법원이 사실관계를 확인하고 관련 법규범을 적용하여 분쟁을 해결하는 것이다. 재판은 법원이라는 국가 공권력에 의한 최종적인 분쟁 해결이기 때문에 다소 경직된 성격을 가진다.

참고로 우리나라에서 중재의 용어가 잘못 사용되고 있다. 언론 보도에서 가끔 한국 대통령이 북한과 미국의 관계 정상화를 위하여 '중재'에 나서겠다 또는 UN 사무총장이 한반도 긴장 완화를 위하여 한국과 북한 사이에서 '중재' 할 것이라고 표현한다. 이러한 경우는 '중재'가 아니라 '주선' 이나 '중개'가 보다 정확할 것이다. 한국 대통령이나 UN 사무총장이 법적 구속력을 가지는 결정을 할 권한을 가진 것은 아니기 때문이다.

누구와도 어떤 것이든 협상할 수 있다

협상에서는 협상의 대상, 즉 무엇을 협상할 수 있는지에 대한 검토가 필요하다. 협상의 대상이 되지 못하는 분쟁이나 사안이 있는가이다. 이를테면 인간과 같은 생명체의 죽음이나 빛의 빠르기와 같은 자연의 법칙 또는 부모와 자식 (또는 스승과 제자) 사이의 도리는 협상의 대상이 될 수 없을 것이다. 세상의 그 어느 뛰어난 협상가라도 자연의 법칙이나 인류의 도리를 수정하기 위하여 협상을 수행할 수 없기 때문이다.

자연의 법칙이나 인류의 도리와 같이 절대적 가치에 해당하지 않지만, 협상자에 따라 협상의 대상이 될 수 없는 개인적인 인생관이나 세계관에 해당하는 가치가 있을 수 있다. 예를 들면 낙태의 허용 여부는 협상의 대상이 되기 어려울 것이다. 당신이 낙태를 또 다른 유형의 살인이라고 생각하는데 그렇지 않다는 상대방과는 낙태에 관하여 어떤 합의도 도출하기 어렵기 때문이다.

세상에서 발생하는 대부분의 분쟁이나 사안은 협상의 대상이 될 수 있다. 2001년 대통령 선거에서 민주당과 국민통합21의 두 후보가 협상을 통하여 후보 단일화를 이루었다. 이 합의는 결국 파기되었지만, 정강정책의 차이에 관계없이 당선을 목적으로 협상을 통한 대통령 후보 단일화의 가능성을 사실로 보여 주었다. 아직 국내에서 활성화되지 않고 있지만, 미국에서는 범죄자의 수사 협조에 따라 검찰이 보다 가볍게 구형을 할 수 있는 유죄인정교섭(plea bargaining)이 시행되고 있다. 이렇게 범죄에 대한 처벌의 수준까지 협상의 대상이 되고 있으니 어찌 보면 이 세상 거의 모든 사안에 대하여 협상이 가능하다고 볼 수 있다.

협상에서 정말 중요한 문제는 객관적인 의미에서 협상할 수 있는 사안이냐의 문제가 아니다. 그보다는 당신이 어느 특정 사안에 대하여 협상할 수 있다고 생각하느냐 안 하느냐의 문제이다. 당신이 협상할 수 없는 사안이라고 생각한다면, 적어도 당신에게는 협상의 대상이 될 수 없다. 레스토랑마다 세트메뉴라는 것이 있다. 양식당의 세트메뉴는 대체로 수프, 샐러드, 주요리 등으로 구성되는데, 마침 당신은 세트메뉴에 마련된 오늘의 샐러드 대신에 다른 특별한 샐러드를 원할 수 있다. 비록 당신이 원하는 샐러드가 세트메뉴에 마련된 샐러드보다 비싸더라도, 실제로 식당에서 이러한 교체는 허용될 수 있다. 하지만 당신이 세트메뉴는 고정된 것이라 바꿀 수 없다고 생각한다면 적어도 당신에게 샐러드의 교체는 협상이 가능한 사안이 아니고, 당신이 원하는 샐러드를 포기해야 한다.

협상의 대상이 되느냐의 판단은 우리의 생활 자세와 비슷하다. 미리 되지 않는다고 단념하기보다는 일단 도전 또는 시도를 하는 것이다. 무엇인가 해보지 않고 후회하지 말고, 일단 도전하는 정신이 협상에서도 중요하다. 협상의 대상이 되느냐는 협상을 통하여 이익을 얻고 무엇인가 성취할 의지가 있느냐를 의미한다. 따라서 성공적인 협상은 '누구와도 어떤 것이든 협상을 할 수 있다.'라는 생각에서 시작한다. 마음가짐의 문제이다.

협상할 때와 협상하지 않을 때

당신이 가지고 있는 문제가 협상의 대상이 된다고 생각하더라도, 실제로 협상할 시점인지 아닌지의 판단이 요구된다. 협상할 때와 협상하지 않을 때를 구별해야 하기 때문이다. 위의 음식점의 예에서 저녁의 가장 바쁜 시간대라면 웨이터나 주방장이 당신의 특별한 요청을 들어 주기 어려울 것이다. 그 시간에는 음식점이 세트메뉴를 그대로 유지하여도 별로 아쉬울 것이 없기 때문이다.

협상은 협상자들이 자신들의 문제, 즉 분쟁을 해결하거나 협력을 추구할 때 가능하다. 당신 또는 상대방이 협상의 수행에 소극적이거나 협상할 필요가 없다거나 서로 얼굴조차 보고 싶지 않다고 생각하면 협상은 개시될 수 없다. 따라서 협상의 시점과 관련하여 중요한 점은 당신과 상대방 모두 협상이 필요하고 이제 협상할 시점이 되었다라는 공동의 인식이다. 협상자들 모두가 협상을 통하여 자신의 문제를 해결할 수 있다는 긍정적인 생각을 하게 되면 이 협상은 성공의 방향에 놓이게 된다.

미국 존스홉킨스대학의 윌리엄 자르트만(William Zartman) 교수는 협상자들 모두가 협상을 개시하는 것이 좋다고 생각할 때 관련 분쟁이 협상의 개시를 위하여 '무르익었다'고 표현한다. 또는 협상자들이 협상을 통하여 해결이 가능한 상황에 있을 때 '합의 가능 영역'(ZOPA : Zone of Possible Agreement)에 있다고 한다. 2005년 7월 북경에서 북핵 제4차 6자회담이 개최되었는데, 제3차 6자회담이 개최된 후 13개월 만에 재개된 것이다. 한국과 북한 및 미국을 포함한 6개 국가가 이제서야 협상 개시를 위하여 관련 분쟁이 무르익었다고 생각한 결과일 것이다.

원칙적으로 다음과 같은 경우에는 당신이 협상을 하는 좋은 시점이 아니다. 당신에게 위험한 상황이거나, 당신이 투입할 노력에 비교하여 그렇게 중요한 사안이 아닐 때, 당신이 많이 피곤하거나 지쳐 있을 때, 다른 사람이 당신보다 협상을 더 잘 수행할 수 있을 때, 당신이 필요로 하는 것을 얻을 수 없음이 분명할 때, 당신이 얻기보다는 잃기만 할 때, 상대방이 합리적이지 않을 때 등이다. 따라서 협상할 수 있는 사안을 가지고 있더라도, 그 시점을 현명하게 선택해야 한다.

예를 들면 2003년 은행 노사협상에 사용자 측 교섭 위원으로 은행협회 회장 등 은행장들이 참여하고 노조 측 교섭 위원으로 금융노조 위원장 등이 참여하였다. 당시 사용자 측 은행장들의 연배는 60대가 3명, 50대가 4명이었고, 노조 측은 30대가 4명이나 되었다. 이렇게 양측의 나이 차가 평균 20세가 되었는데, 이들은 자정을 넘어 새벽까지 또는 연 이틀 협상을 강행하였다. 훨씬 젊은 노조 측을 상대하는 사용자 측의 은행장들이 주간에 일상적인 업무를 수행하고 나서 밤새 노조와 협상을 수행한 것은 적어도 협상 시점의 측면에서 바람직하지는 않았다.

협상을 개시할 시점인지의 판단에 협상의 기본 요소인 최선의 대안(BATNA)이 활용될 수 있다. 개시할 협상이 아니라도 달리 활용할 수 있는 더 좋은 대안, 즉 최선의 대안이 있다면 협상을 개시할 필요가 없다. 만일 부서 회식을 위하여 음식점을 정해야 한다면 당연히 밥값을 할인받으려 할 것이다. 이 경우 식사 전에 예약할 때와 식사 후 정산할 때 중에서 어느 시점이 밥값의 할인을 위한 협상에 좋은 때인가? 아마도 음식점은 당신 부서의 회식을 유치하고자 예약할 때 하는 할인 요청에 보다 호의적으로 대응할 것이다. 당신은 회식 장소로 다른 음식점이라는 최선의 대안을 가지고 있기 때문이다. 식사 후에는 일단 상황이 종료된 입장에서 음식점은 당신의 밥값 할인 제의에 그렇게 호의적이지 않을 수 있다.

협상 시한의 설정

협상의 시점과 관련하여 협상의 시한도 중요한 문제이다. 협상이 수행되는 시간은 협상자들에게 종종 중요한 자산이 된다. 그런데 협상이 종료되어야 할 시점을 미리 못 박는 경우가 많다. 많은 경우 협상의 시한은 협상 결과에 상당한 영향을 미칠 수 있다. 특히 최선의 대안이 없어서 바로 앞의 상대방과 협상을 할 수밖에 없는 처지에서 협상 시한이 설정된 경우, 상대방은 느긋하지만 당신은 조급하게 협상에 임하게 된다. 또한 협상을 어느 시점까지 종료하도록 지시를 받은 경우, 이러한 시한이 외부에 노출된다면, 이러한 시점의 설정은 (협상의 술수로 하는 공약이 아니라면) 일반적으로 불리하게 작용할 것이다.

1999년 외환위기 극복 차원에서 J은행을 매각하는 협상이 진행되었다. 당시 최고위층은 J은행의 조기 매각을 정부에 지시하고 미국 측 인사들에게 천명한 것으로 전해진다. 외환위기의 조속한 극복에 대한 최고위층의 의지로 이해될 수 있지만, 최고위층의 조기 매각 방침은 협상 시한을 공개하여 협상 실무자들에게 큰 부담이 되고 협상 결과에도 좋지 않은 영향을 주었을 것이다.

협상의 종료 시점이 법으로 규정된 경우도 있다. 2006년 초부터 한국과 미국 사이에 FTA협상이 수행되었는데, 양국 정부는 2006년 말까지 이 협상이 완료되어야 한다고 인식하였다. 미국 의회가 행정부에게 부여한 무역촉진권한(TPA)이 2007년 6월 말까지이고, 의회의 동의 절차를 감안하면, 협상이 사실상 2006년 연말까지 마무리되어야 한다는 것이다. 이렇게 법으로 협상의 완료 시점이 사실상 정해진 경우에는 이러한 시한이 준수되어야 한다. 만일 그때까지 한미 FTA협상이 마무리되지 않는 경우에는 양국 정부가 결단을 내려야 할 것이다. 미국의 무역촉진권한을 시한부로 연장하는 방법도 생각해 볼 수 있다. 이 경우는 연말까지 한미 FTA협상이 상당한 수준으로 진행되어 협상 완료에 약간의 시간이 더 필요하다는 판단을 전제로 할 것이다. 이렇게 협상 시한의 설정은 양국 정부로 하여금 협상을 보다 신속하게 수행하고 완료하는 데 자극이 될 수도 있다. 다만, 양국 정부가 이러한 협상 시한을 사전에 충분히 이해하여 주어진 기간 내에 협상을 성공적으로 수행할 수 있을 것이라는 합의 또는 기대가 있었을 것이라 믿고 싶다.

협상은 일정한 목적을 달성하기 위한 수단이다. 그러한 목적이 시의성이 있어서 어느 시한 내에 달성되어야 한다면, 그러한 협상에 시한이 설정될 수 있겠다. 그러나 협상의 사안이 협상자 및 관련 이해당사자들에게 아주 중요하고, 협상자들 이외의 많은 변수를 가지고 있는 경우라면, 시한의 설정은 신중해야 한다.

협상이 종료되어야 하는 시한이 정해지면, 협상자는 협상의 수행에 큰 부담을 가지게 된다. 물론 어느 협상이든 특정 문제의 해결을 위한 것이라 나름의 시한이 존재한다고 볼 수 있다. 그럼에도 시한이 협상 수행 및 그 결과에 큰 영향을 줄 수 있기 때문에 시한은 중요하게 다루어져야 한다. 내부적인 사정으로 협상이 완료되어야 할 시한이 존재하는 경우에도, 상대방이 당신의 협상 시한을 알게 하는 것은 바람직하지 않다. 특히 경쟁적 협상에서 상대방은 당신의 협상 시한을 자신에게 유리하게 활용하려 할 것이기 때문이다. 또한 상대방이 협상 수행 중에 내내 느긋하다고 하여 상대방이 협상 시한에 대한 부담을 가지고 있지 않다고는 생각할 수 없다. 협상이 목적 달성을 위한 수단인 점에서 상대방도 협상을 통하여 목적이 달성되어야 하는 시점은 있을 것이기 때문이다. 따라서 당신이 최선의 대안을 가지고 있는 경우에는 협상이 완료되어야 할 시한을 미리 밝히는 것도 협상력을 높이는 방법이 될 것이다. 또한 협상의 종료 시간에 임박하여 다른 일정을 잡지 않는 것이 좋다. 다른 일정이 잇달아 계획되어 있으면 당신은 아무래도 협상을 가능한 한 일찍 끝내려고 서두르게 되기 때문이다.

협상의 레버리지와 힘

협상의 과정에서 협상자 일방은 자신에게 유리한 합의를 이끌어 내기 위하여 상대방에게 일종의 영향력을 행사한다. 일반인은 물론 전문가들도 이러한 영향력 행사의 중요성을 강조하고 있다. 협상은 협상자들 사이의 돈, 권력 또는 이에 상응하는 시간을 포함한 힘(power)에 좌우된다고 믿기 때문이다. 실제로 어떤 협상에서든 한쪽은 다른쪽보다 힘이 세거나 돈 또는 권력이 많은 것이 현실이다. 국내 대기업과 그 기업에 물건을 납품하는 중소기업, 미국이나 중국과 한국의 관계가 그런 예가 된다.

그런데 힘이 세거나 돈이 많은 쪽은 그렇지 않은 쪽보다 대체로 협상의 결과에 덜 영향을 받게 된다. 대기업에 좋은 가격과 많은 수량으로 납품을 해야 하는 중소기업이 협상에 실패를 하게 되면 큰 손실이 발생하거나 잘못 하다가는 부도가 날 수 있다. 이와 달리 대기업은 다른 중소기업들로부터 비슷한 품질과 조건으로 쉽게 납품을 받을 수 있다. 이런 경우 대기업은 상대방인 중소기업에게 구매 조건이 신통치 않으면 협상을 그만두겠다고 엄포를 놓을 수 있지만, 중소기업은 극히 예외적인 경우가 아니면 대기업에게 똑같이 할 수는 없다. 이런 상황일 때 대기업은 중소기업에 대하여 소위 협상의 레버리지(negotiating leverage)를 가지고 있다고 표현한다.

하지만 힘에 의한 협상 레버리지도 바뀔 수 있다. 힘을 모을 수 있기 때문이다. 위의 예에서 중소기업은 비슷한 처지의 다른 중소기업과 컨소시엄을 결성하여 대기업과 상대하면 협상의 레버리지를 높일 수 있다. 실제로 독일에서는 자동차 부품을 생산하는 7개 중소기업이 컨소시엄(AKKU)을 형성하였다. 이 컨소시엄 대표가 대기업인 자동차 회사와 납품협상을 하여 해당 기업들의 매출이 신장되었다고 한다. 대기업 처지에서도 부품 여러 개를 모아 만든 모듈을 일괄 구매하는 것이 개별 업체에서 구매하여 조립하는 경우보다 공정 단계를 줄이는 등 이익이 되었다고 한다.

그러나 현실에서 돈을 포함한 정치적 또는 경제적 힘을 부당하게 행사하거나 달리 위협을 주는 것은 결코 바람직하지 않다. 국가와 국가 사이의 협상을 포함하여 실제로 협상을 하는 주체는 인간이기 때문이다. 힘 또는 그러한 위협의 사용은 힘이 약한 상대방에게 인간적인 분노와 화를 불러일으키고 결국 협상자들 사이의 관계를 악화시킨다. 협상에서 사용될 수 있는 원칙적인 방법을 모두 활용하지 않고서 상대방을 위협하는 것은 큰 실수가 된다. 차라리 힘이나 위협보다는 정직함이나 공정함과 같은 좋은 명성을 가지는 것이 상대방에게 더 큰 영향을 줄 수 있을 것이다.

국내 일부 대학의 교수 임용에서 교수들에게 상당히 불리한 내용의 임용 계약이 체결되고 있다고 알려져 있다. 학교법인이 일방적으로 계약 조건을 제시하고 해당 교수는 이를 수용할 수밖에 없어 '협상'이란 존재하지 않는다는 것이다. 그 결과 일부 교수들은 불안정한 상태에서 강의와 연구에 종사한다고 한다. 이러한 현실은 교수들의 대학간 이동이 적어 수요공급의 원칙이 사실상 적용되지 않는 교수 시장의 특수한 상황에 기인할 것이다. 그럼에도 과연 이렇게 불안정한 지위의 교수들에 대하여 막강한 힘을 행사하는 해당 대학은 자신의 설립 목적에 비추어 무슨 큰 이익을 얻을 수 있을지 자못 궁금하다.

협상에서 힘은 물론 위협의 사용은 바람직하지 않다. 협상의 성공 요인은 힘이고 힘이 우월한 쪽이 열악한 쪽보다 더 유리한 합의를 한다면 윈-윈협상은 존재하지 않을 것이다. 한국은 보다 강력한 국가와의 협상에서 항상 굴복하게 될 것이며, 작은 기업은 보다 큰 기업에게 항상 굴복할 것이다. 협상의 결과가 이렇게 힘의 논리에 의해서만 결정된다면 협상을 행할 하등의 이유가 없으며 성공적인 협상의 방법을 배울 필요도 없다. 하지만 현실에서는 다양한 이해관계와 관점과 가치가 있다. 그러므로 협상의 기본 원칙에 따른 올바른 협상은 상대방보다 힘이 약하거나 돈이 적은 당신에게 상대방과 적절하게 대응할 수 있게 하고, 당신은 물론 상대방에게도 유리한 결과를 주게 된다.

나는 지금 어떤 협상을 하고 있는가

전문가들은 협상의 유형을 협력적 또는 통합적 협상과 경쟁적 또는 배분적 협상으로 나눈다. '경쟁적 협상'에서는 나누어야 할 파이를 고정된 것으로 보고, 이 고정된 파이를 나누는 방안을 모색한다. '협력적 협상'에서는 나누어야 할 파이를 고정된 것으로 보지 않고 이 파이를 확대할 수 있는 방안을 먼저 모색한다. 이렇게 파이를 확대하여 분배하면 단순히 제로섬 게임에 따르는 경우보다 당신은 물론 상대방도 각각 자신이 처음에 기대하였던 몫만큼 또는 그 이상 가질 수 있게 된다는 것이다.

경쟁적 협상은 협상자들 서로를 적대적으로 이해하여 서로에게 대립적이지만, 협력적 협상은 협상자들 서로를 동반자로 이해하고 서로에게 이익이 되도록 문제 해결에 협력하는 것이다. 경쟁적 협상은 눈에 보이는 것을 쟁취하는 데 급급하지만, 협력적 협상은 서로가 진정으로 바라는 것이 무엇인지 검토하고 그것을 충족하는 방법을 모색한다. 이 점에서 경쟁적 협상은 윈-루즈협상으로 이해되고, 협력적 협상은 윈-윈협상으로 이해된다.

미국 하버드 법대의 피셔 교수는 극단적으로 경쟁적인 협상 전략을 '강경하다'(hard)고 하고, 극단적으로 협력적인 협상 전략은 '유약하다'(soft)고 표현한다. 강경한 협상 전략은 상대방의 필요를 무시하는 점에서 갈등에 대한 대처 유형으로 보아 경쟁형에 해당한다. 유약한 협상 전략은 상대방의 필요를 충족시키기 위하여 자신의 필요를 무시하는 점에서 양보형에 해당한다. 피셔 교수는 이렇게 강경한 전략(극단적으로 경쟁적인 전략)과 유약한 전략(극단적으로 협력적인 전략)의 중간에 해당하는, 실제로는 다소 유연한 협력적인 협상을 '원칙 있는 협상'(principled negotiation)이라고 부른다. 일부 전문가들은 피셔 교수의 원칙 있는 협력적 협상이 미국적 문화에만 맞는 것이라 주장한다. 그러나 이러한 원칙 있는 협력적 협상은 미국은 물론 한국에서도 타당하며, 현재의 북한과 같은 상대에게도 유용하게 활용될 여지가 있다.

우리가 일반적인 협상 행태로 이해하고 있는 것은 경쟁적 협상이다. '당신'이 더 많이 가지면 '상대방'은 더 적게 가지는 것으로 이해하기 때문이다. 그럼에도 우리의 협상은 모르는 사람·조직과의 일회적이 아니라 아는 사람·조직과의 반복적이라는 사실에서 경쟁적 협상보다는 협력적 협상이 보다 바람직하다. 협상을 할 때마다 승부를 가리려는 경쟁적 협상은 장기적인 건전한 관계의 발전 및 유지에 적합하지 않기 때문이다.

미국 브리검영대학교의 제럴드 윌리엄스(Gerald Williams) 교수는 협상을 많이 담당하는 콜로라도 주의 덴버 시 변호사들의 협상 유형을 분석하였다. 그 결과, 대체로 협력적 협상 유형과 경쟁적 또는 공격적 협상 유형으로 구별됨을 확인하였다. 조사 대상 변호사들은 이들 두 가지 유형의 협상자들의 효과를 평가하였다. 협력적 협상 유형 변호사들의 59%를 효과적인 협상자, 38%를 평균적인 협상자라 인식하였고, 경쟁적 협상 유형의 25%를 효과적인 협상자, 42%를 평균적인 협상자, 33%를 효과적이지 않은 협상자라 인식하였다. 즉, 두 가지 유형 중에서 어느 특정 협상 유형만이 성공적이라 인식된 것은 아니지만, 협력적 협상자가 보다 효과적인 협상자로서 인식되었음을 알 수 있다.

그러나 협력적 협상을 수행하는 경우에도 결국 당신과 상대방이 배분을 할 필요가 있다. 따라서 미국 하버드 경영대학의 제임스 세베니우스(James Sebenius) 교수 등이 주장하듯이, 협력적 협상을 통하여 협상의 전체 이익을 크게 하고서(가치창조, value creation), 그후에 경쟁적 협상을 통하여 당신의 이익을 크게 하는 것(가치배분, value claiming)이 현실적인 협상 전략일 것이다.

파이를 나누기만 할 것인가

경쟁적 협상은 (가치) 배분적 협상, 제로섬 협상(zero-sum bargaining), 또는 윈-루즈협상이라고 부른다. 경쟁적 협상에서 협상자들은 협상의 이익이 협상자 모두에게 돌아갈 정도로 충분하지 않거나 협상의 대상인 파이를 확대할 수 없다고 생각한다. 파이의 크기가 이미 정해져 있다면 똑같이 배분하지 않는 이상 당신 또는 상대방 중의 누군가가 더 큰 파이 조각을 가지게 된다. 당신이 이익(큰 파이)을 얻은 만큼 상대방이 손해(작은 파이)를 보거나, 당신이 손해를 본 만큼 상대방이 이익을 얻게 된다.

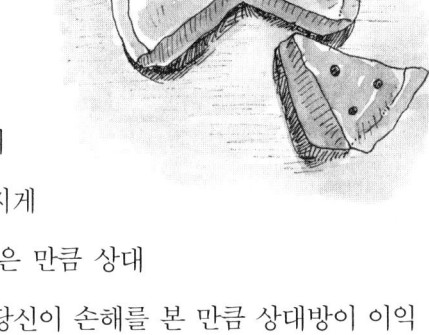

 협상 교육을 올바로 받지 않은 일반인들의 상당수는 물론 협상 경험이 많은 협상자들도 경쟁적 협상을 정상으로 생각한다. 협상을 한다면 상대방을 이겨야 한다는 것이다. 그런데 우리의 협상은 대체로 경쟁적 협상에 적합하지 않아 보인다. 많은 경우 협상은 동일한 협상자들 사이에서 반복적으로 수행되기 때문이다. 국제 사회에서도 200개가 채 되지 않는 국가들이 거의 비슷한 사안을 가지고 반복적으로 협상을 수행한다. 적대 관계인 미국과 북한도 이런저런 문제로 반복하여 접촉할 수밖에 없는 현실이다. 기업과 기업도 마찬가지이고 가정에서 가족도 마찬가지이다. 우리가 경험하는 상당수의 협상은 반복적이며, 동시에 이들 협상은 모르지 않는 사람, 회사, 국가와의 사이에서 수행된다. 이러한 현실에서 누군가는 승리하고 패배하는 경쟁적 협상은 바람직하지 않다. 또한 경쟁적 협상은 파이를 나누기만 하는 과정에서 협상자들 사이의 관계를 해칠 수 있다. 이러한 경쟁적 협상의 부정적 측면을 해소하는 것이 다음에서 설명되는 협력적 협상이다.

그럼에도 협력적 협상 등 다른 전략이 활용될 수 없는 경우에 경쟁적 협상이 필요하게 된다. 어느 대학교에서 학생 정원이 25% 감소되어 내년도 예산이 30% 감축되는 경우에 어느 부서 또는 용도의 비용이 감축되어야 하는지는 근본적으로 제로섬(zero-sum)으로서 경쟁적 협상이 된다. 즉, 교무처의 예산이 감축되지 않는다면 그만큼 학생처나 관리처의 예산이 감축되어야 할 것이다.

협상자들 사이의 관계 유지가 별로 중요하지 않고 단 하나의 쟁점에 대하여 단 한 번의 협상인 경우에도 경쟁적 협상이 유용할 수 있다. 중국 만리장성을 방문하여 그곳의 토산 기념품을 구입하려고 한다. 아마도 가까운 미래에 당신은 그곳에서 이 기념품을 또다시 구입하지 않을 것이다. 이 경우에 본능적으로 당신은 가능한 한 싸게, 상인은 가능한 한 비싸게 기념품을 사고 팔고자 할 것이다. 이 경우에 당신의 손해는 상대방(상인)의 이익이 된다.

경쟁적 협상에서 협상자들이 각각 자신의 목표를 달성하느냐 여부는 상당 부분 각자가 사용하는 전술이나 술수에 달려 있다. 경쟁적 협상에서 협상자는 일반적으로 지나친 수준의 제안을 하고, 양보는 천천히 하며, 자신의 양보 수준을 과장하고, 상대방의 양보 수준을 과소평가하며, 자신에게 유리한 원칙을 강조하고, 자신에게 이익이 되는 약속 또는 합의만을 하려 한다.

경쟁적 협상에 능숙한 협상자는 이유 없이 양보를 하지 않는다. 당신이 협상 중에 이유 없이 첫 제안, 즉 개시점(starting point)을 포함한 앞서의 입장을 쉽게 포기한다면, 상대방은 당신이 앞으로도 계속 양보할 것이라 생각하게 된다. 따라서 양보는 마지못하여 그리고 상대방이 제공하는 양보를 고려하여 신중하게 이루어져야 한다. 예컨대 오디오시스템의 구입에서 할인을 포함하여 어느 정도 합의가 된 후에 구매자가 추가 할인을 요구한다. 이 경우 판매자는 신용카드 대신에 현금을 지불한다면 5% 정도 할인하겠다고 양보할 수 있다. 이렇게 상대방이 양보하지 않는 경우 일방적인 양보는 하지 않는다.

경쟁적 협상에서는 정보의 처리가 특히 중요하다. 경쟁적 협상의 성공을 위하여 상대방의 중요한 정보를 가능한 한 많이 입수하면서 상대방에게 자신의 중요한 정보를 가능한 한 적게 노출하는 것이 유리하다. 결국 경쟁적 협상에서 상대방에게 승리하기 위해서는 자신과 상대방의 협상 목표, 최종 양보점 및 대안을 보다 명확하게 인식해야 한다. 이러한 인식으로 상대방에게 거세게 나갈 경우와 양보할 경우가 분명해지기 때문이다.

첫 제안

경쟁적 협상에서는 첫 제안이 특히 중요하다. 일반적으로 상대방이 먼저 제안하게 하는 것이 유리하다고 한다. 협상에서 상대방이 먼저 제안하는 경우에 다음과 같이 대처할 수 있기 때문이다. 상대방의 첫 제안이 기대보다 좋은 경우 이를 기초로 당신은 협상의 개시부터 보다 우월한 처지에서 협상을 진행할 수 있다. 또는 상대방의 첫 제안이 합리적이지 않고 비현실적인 경우 그 제안을 수정하도록 요구하면 된다. 현실적으로 상대방에 대한 신뢰할 수 있는 정보가 부족한 경우, 또는 상대방이 협상 사안에 대한 정보를 더 많이 가지고 있는 경우 상대방이 먼저 제안하는 것이 안전할 수 있다.

그러나 상대방이 당신보다 먼저 제안한 경우에는 상대방이 협상을 주도할 가능성이 있다. 이를 협상론에서 '닻'(anchor)의 효과라고 부른다. 협상자들이 첫 제안에서 심리적으로 멀리 벗어나기 어려운 점에서 첫 제안은 종국적인 합의에 상당한 영향을 미칠 수 있다. 따라서 첫 제안을 하는 것이 협상에서 항상 불리한 것은 아니다. 당신이 경험이 많고 상대방의 의도를 잘 읽을 수 있다면, 당신이 먼저 제안을 해도 괜찮다. 또한 상대방이 당신과의 관계를 중요하게 생각한다면 당신이 먼저 제안을 하는 것도 무방하다. 상대방은 가능한 한 당신을 따를 것이기 때문이다.

당신이 먼저 제안을 하는 것이 좋을지의 결정은 당신이 가지고 있는 정보에 달려 있다. 당신의 첫 제안은 상대방의 최선의 대안(BATNA)에 가까울수록 유리하기 때문이다. 따라서 당신이 상대방의 최선의 대안, 즉 상대방이 당신과 협상을 하지 않을 경우 달리 취할 수 있는 대안을 어느 정도 정확하게 예상할 수 있다면 제안을 먼저 해도 된다. 예를 들어 당신이 친구에게 오랫동안 사용하던 MP3를 팔려는 경우, 친구가 또 다른 친구에게서 비슷한 MP3를 5만 원에 사라고 제안을 받았다고 하자. 이 경우 당신과의 협상에서 친구의 최선의 대안은, 즉 친구가 당신과의 협상이 실패하는 경우에 달리 취할 수 있는 대안은 또 다른 친구에게서 5만 원에 사는 것이다. 이 경우 당신이 첫 제안을 8만 원 대신에 5만 원에 보다 가까운 6만 원으로 한다면, 친구의 최선의 대안에 더 가까이 접근함으로써 협상은 일단 순조롭게 개시될 수 있다.

먼저 제안을 하는 경우, 그 제안은 다소 과감하고 의욕적인 것이 좋다. 그러나 동시에 첫 제안은 현실적이어야 한다. 새로 출시된 자동차를 구입할 때 제조사가 제시한 차량 가격의 20% 할인된 가격의 구입을 제안한다면, 판매 대리점은 협상의 개시점으로서 수용하기 어려울 것이다. 대신에 5% 정도의 할인된 가격으로 요청하면 20%보다는 현실적인 제안이 될 것이다.

무리하거나 비현실적인 첫 제안을 하게 되면, 당신과의 협상을 진지하게 고려하고 있던 상대방은 당신의 협상에 대한 진지함에 대하여 의심을 품을 수 있다. 이럴 경우 당신이 경험이 많지 않다면, 상대방이 협상에서 도망가지 않도록 바로 상당한 양보를 할 수 있다. 그러나 상대방의 반응에 즉각 반응을 보일 필요는 없다. 반대로, 상대방이 당신에게 무리한 첫 제안을 하면 당신도 상당히 당황스럽게 된다. 물론 당신은 바로 대응을 할 필요가 없다. 상대방의 무리한 첫 제안은 당신을 시험하기 위한 술수일 수 있기 때문이다. 당신이 바로 대응을 하게 되면 상대방의 무리한 첫 제안과 당신의 섣부른 대응으로 당신에게 불리하게 협상의 범위가 잘못 설정될 수 있다. 이 경우 상대방의 제안에 대응하기보다는 침착하게 상대방에게 다시 제안하도록, 즉 첫 제안을 수정하도록 권유하는 것이 한 방법이다.

협상 전략으로서 당신은 상대방에게 하나가 아니라 여러 개의 제안을 동시에 할 수 있다. 예를 들어 상대방에게 물건을 판매할 때 판매 가격, 인도 일자 및 지불 조건 등에 관하여 서로 다른 내용의 두세 가지 제안을 동시에 할 수 있다. 물론 이들 서로 다른 제안은 당신에게 전체로서 비슷한 이익이나 의미를 가져야 할 것이다. 이러한 다양한 제안에 대한 상대방의 반응에서 상대방의 필요나 최선의 대안 등 중요한 정보를 확인할 수 있다. 또한 당신의 이렇게 다양한 제안은 상대방과의 창의적 옵션 개발에 기폭제가 될 수 있다.

입장 중심의 협상

경쟁적 협상은 종종 '입장 중심의 협상'(positional bargaining)에서 부각된다. 입장 중심의 협상에서 협상자는 일정한 입장이나 주장을 고수하려 한다. 예를 들면 친구에게 10년 동안 소중하게 사용하던 몽블랑 만년필을 팔려고 한다. 입장 중심의 협상에서 당신은 10만 원에 팔겠다고 제안하고 친구는 5만 원에 사겠다고 제안하면, 당신은 9만 원, 8만 원으로 점점 가격을 낮추어 가고 친구는 6만 원, 7만 원으로 점점 가격을 높여 가서 궁극적으로 7만 5000원 정도에서 타협하게 된다. 쌍방의 첫 제안의 중간에서 합의가 되었기 때문에 서로 '공평한' 합의를 했다고 만족할 수도 있다.

입장 중심의 경쟁적 협상에서 타협은 서로의 최종 양보점이 중복되는 범위에서 이루어지는데, 대체로 당신과 상대방의 첫 제안(개시점)의 중간 지점에서 합의를 하게 된다. 위의 만년필의 예에서 당신의 10만 원과 친구의 5만 원의 첫 제안에서 그 중간 지점은 7만 5000원이 된다. 이러한 결과가 나오는 것은 당신과 상대방이 '서로 양보한 만큼 양보하는' 상호성의 원칙이 작용하기 때문이다. 당신이 조금 양보하면 상대방도 조금 양보하고, 당신이 크게 양보하면 상대방도 크게 양보하게 된다. 이렇게 서로 상대방이 양보한 만큼 양보를 하다 보면 서로의 개시점의 중간 지점에서 타협하게 된다.

처음 제시된 입장의 중간 지점에서 하는 합의는 언뜻 합리적으로 보인다. 협상자들은 잘 된 협상이라고 서로 만족할 수도 있다. 그러나 입장 중심의 협상에서 협상자들은 서로의 진정한 필요가 무엇인지를 잊어버린 채 자신이 제시한 입장만을 생각하는 우를 범할 수 있다. 이 경우 협상자들이 제시한 첫 제안이 지나치게 높거나 낮은 경우 그 중간 지점의 타협은 결코 합리적이라고 볼 수 없다. 예를 들어 미국에 유학을 가게 되어 중고차를 사려 한다. 이웃집이 마침 5년 된 승용차를 팔려고 한다. 이웃집 중고차의 표준 가격은 5000달러이다. (당신은 미처 신문의 광고나 편의점에서 구할 수 있는 중고차 표준 가격 일람표를 참조하지 않았다.) 상대방이 7000달러에 팔겠다고 제안하고 당신이 4000달러에 사겠다고 제안하면, 그 중간 지점인 5500달러에서 합의될 수 있다. 그러나 상대방이 1만 달러에 팔겠다고 제안하면 그 중간 지점은 7000달러가 될 것이다. 상대방의 첫 제안이 높아지게 되어 그 중간 지점에서의 타협이 상대방에게 지나치게 유리하게 된 것이다. 비록 당신과 상대방의 입장의 중간 지점이지만, 당신에게 '공평한' 결과라고 볼 수 없다.

입장 중심의 협상에 익숙한 협상자들은 처음에 지나친 내용을 제안하고 점차 그 내용을 완화하는 것이 협상의 성공 비결이라고 생각한다. 이에 따라 첫 제안은 지나치게 무리한 경우가 많기 때문에, 전문가들은 경쟁적 협상에서 첫 제안을 바로 수용해선 안 된다고 한다. 상대방의 첫 제안은 거부하라는 것이 협상의 기본 원칙이 된 것이다. 만일 당신과 상대방 모두가 무리한 첫 제안을 한 경우에는 그 중간 지점에서 타협이 이루어지기까지 상당한 요청과 양보를 거듭함으로써 불필요한 노력과 시간을 낭비하게 된다. 그렇게 바람직한 일은 아니다.

이렇게 입장 중심의 협상은 당신과 상대방의 '강경함'과 '유약함'이라는 대립적 구도를 통하여 윈-루즈협상이 될 것이다. 또는 서로의 입장만을 고수한다면 전혀 타협을 이루지 못할 수도 있다. 그럼에도 아래에서 설명하는 입장의 뒤에 숨어 있는 동기에 중점을 두는 협력적 협상이 전혀 가능하지 않은 경우 입장 중심의 경쟁적 협상이 불가피하게 활용될 수 있을 것이다. 협상을 전혀 하지 않고 문제를 그대로 놔 두어 분쟁이 지속되고 악화되는 것보다 이렇게라도 해결하는 것이 차선의 방법이 될 수 있기 때문이다.

경쟁적 협상에서 협력적 협상으로의 전환
전문가들은 경쟁적 협상이 가능한 상황에서도 협력적 협상이 가능하다고 한다. 현실적으로 협상자들이 상상력을 가지고 인내하여 협상을 수행한다면 파이, 즉 그들의 공동의 가치를 확대할 수 있기 때문이다. 위의 예산 감축의 예에서 대학교의 모든 부서에서 동일한 수준의 예산 감축이 합의될 수 있지만, 또는 부서마다 다른 수준에서도 예산 감축이 합의될 수 있다. 예컨대 학생처와 교무처의 업무가 중복되는 부분이 있다면, 학생처의 업무 일부를 교무처로 이관하면서 학생처에 대하여 보다 큰 수준으로 예산을 감축할 수 있다.

또한 한 가지 쟁점에 대한 경쟁적 협상도 추가적인 쟁점의 발견으로 협력적 협상으로 전환될 수 있다. 예컨대 당신과 부인이 오랜만에 영화를 보기로 했다. 당신은 007영화를 보고 싶은데 부인은 뮤지컬 영화를 보자고 한다. 이 경우 부부가 같이 둘 중의 어느 한 영화를 보아야 하는 점에서 경쟁적 협상이 된다. 만일 당신 부부가 영화의 선택이라는 하나의 쟁점에 추가하여 어떤 영화관에서 볼 것인가, 영화를 보기 전에 저녁을 같이 할 것인가 등의 쟁점을 발굴한다면, 결과적으로 서로에게 만족스러운 윈-윈의 합의가 가능하게 된다. 예를 들어 당신이 원하는 007 영화를 보기 전에 부인이 원하는 파스타 집에서 저녁을 하는 것이다.

파이를 키우고 나눌 것인가

협력적 협상은 통합적 협상, 가치 창조적 협상, 이해관계 중심의 협상, 또는 윈-윈협상이라고 부른다. 협력적 협상에서 협상자들은 서로의 이해(interests)에 기초하여 협력하고 서로에게 이익이 되는 윈-윈해법을 찾으려 한다. 경쟁적 협상과 달리 협력적 협상을 하게 되면 협상자들이 나눌 수 있는 파이의 크기를 크게 할 수 있다. 협상을 통하여 협상 전의 파이를 더 크게 하면, 궁극적으로 협상자들 사이에서 크고 작은 배분이 이루어지더라도 협상자 각각은 처음 기대했던 것보다 더 큰 만족을 얻을 수 있다는 것이다.

협력적 협상은 어떻게 '가치 창조적'(value creating)이 되는가? 첫째, 협상에서 다룰 수 있는 쟁점의 범위를 확대하여 협상의 결과를 더 크게 더 좋게 할 수 있다. 둘째, 협상자들이 서로 다르게 평가하는 쟁점들을 확인 또는 통합함으로써 협상의 결과를 더 크게 더 좋게 할 수 있다. 협상자들이 서로 다른 시각이나 가치를 가지고 있을 때 자신이 덜 중요하다고 생각하는 쟁점에 대하여 양보를 하는 대신, 더 중요하다고 생각하는 쟁점에 대하여 상대방의 양보를 얻을 수 있게 된다. 이렇게 협상자들은 서로의 파이를 키울 수 있다.

협력적 협상이 되게 하려면 협상의 쟁점이 둘 이상 되는 것이 바람직

하다. 여러 가지 쟁점에 대하여 동시에 협상을 수행하는 것은 분명 복잡한 일이다. 그러나 협상자들이 다양한 쟁점들에 대하여 맞교환(trade-off) 또는 양보의 가능성을 높이는 점에서 협상자 모두를 만족시키는 가치 창조적 합의를 할 수 있게 된다. 이 점에서 한 가지 쟁점에 대한 경쟁적 협상도 추가적인 쟁점의 발견으로 협력적 협상으로 전환될 수 있다.

협력적 협상은 대체로 경쟁적 협상보다 협상자들 모두에게 보다 만족스러운 결과를 도출할 수 있다. 경쟁적 협상에서 협상자들이 제시한 입장의 중간 지점에서 타협하여 각자가 원한 것의 반만을 가지는 것과는 달리 협력적 협상에서는 협상자들 모두 각자 원한 것 전부를 가질 수 있기 때문이다. 특히 힘이나 돈과 같은 협상력에서 약세인 경우에 경쟁적 협상보다는 협력적 협상이 더 유리하다. 경쟁적 협상의 경우 협

경쟁적 협상과 협력적 협상의 비교

경쟁적(배분적) 협상	협력적(통합적) 협상
협상자들이 나누어야 할 재원(파이)이 고정됨	협상자들이 나누어야 할 재원(파이)이 증대될 수 있음
주된 전략은 정보의 독점 및 상대방 조종, 강요	주된 전략은 정보의 공유 및 공동의 문제 해결
협상자들의 대립적 관계	협상자들의 동반자적 관계
협상자 일방의 타방에 대한 승리(윈-루즈협상)	협상자들 모두에 이익이 되는 합의(윈-윈협상)
일방적 양보 요구	양보의 맞교환
협상자들 각자의 입장 고수	입장 뒤의 동기에 집중
협상자들 각자의 주관적 기준 주장	객관적 기준 활용
힘, 시간 등 압력 행사	압력이 아닌 합리성 추구
술수 사용으로 상대방을 오도	윤리적 협상 추구

상력이 더 센 협상자가 더 약한 상대방을 압박하여 더 큰 이익을 탈취하게 마련이다. 미국과 같은 강대국과 아프리카의 약소국 사이에서 경쟁적 협상은 자칫 정보 등 협상력이 보다 강한 강대국의 이익만을 추구하고 약소국의 희생만을 강요할 수 있게 된다. 이럴 때 가치 창조적 협력적 협상을 하면 강대국과 약소국 모두에게 이익이 되는 합의가 가능하게 된다.

협상자의 딜레마

협상자들은 대체로 경쟁적이거나 협력적인 협상을 수행하게 된다. 협력적인 협상이 서로의 이익을 공동으로 추구하는 점에서 경쟁적 협상보다 더 바람직하다. 그러나 상대방이 어떤 협상 전략을 사용하느냐에 따라 당신이 선택할 협상 전략도 달라지게 된다. 이러한 고민을 미국 하버드 경영대학의 세베니우스 교수 등은 '협상자의 딜레마'(negotiator's dilemma)라고 부른다.

어떤 협상 전략을 선택할 것인지를 고민하는 이유는 각 전략이 추구하는 목표와 방법이 다르기 때문이다. 협력적 협상에서는 공동의 이익을 찾기 위하여 협상자들이 서로 정보를 공유하려 하지만, 경쟁적 협상에서는 보다 우월적인 경쟁을 위하여 정보를 과장하거나 은폐하게 된다. 따라서 협상자들 모두가 협력적(상호 정보 공개 및 공유)이면 협상 결과는 일반적으로 좋을 것이다. 협상자 일방이 협력적(정보 공개)이고 그 상대방이 경쟁적(정보 은폐 또는 과장)이면 협상 결과는 상대방에게 더 유리하게 될 수 있다. 또한 협상자들 모두가 경쟁적(정보 은폐 또는 과장)이면 협상은 자칫 실패하거나 누구도 이익을 얻지 못할 수 있다. 이는 유명한 게임이론인 '죄수의 딜레마'(prisoners' dilemma)와 유사하다.

이렇게 보면 상대방이 어떤 협상 전략을 사용할지 모르는 불확실한 상황에서 당신은 경쟁적 협상을 수행해야 할지 모른다. 그러나 이 경우 협상 결과가 협상자들 모두에게 결코 바람직하다고 볼 수 없다. '협상자의 딜레마'는 당신과 상대방이 협상에서 서로의 카드를 보여 주어 협상 파이를 확대함으로써 서로가 얻을 수 있는 이익과, 서로가 자신의 카드를 숨기거나 자신의 카드를 부풀려서 협상 파이의 크기에 관계없이 최대로 추구하는 이익 사이의 갈등이다.

이러한 협상자의 딜레마에 대한 시원한 해결책은 없지만, 협상자의

게임이론

2005년 이스라엘 헤브류대학교의 로버트 오먼(Robert Aumann) 교수와 미국 메릴랜드대학교의 토머스 셸링(Thomas Schelling) 교수가 갈등이 협력을 통하여 해결되는 '협조적 (무한반복) 게임이론'으로 노벨 경제학상을 받으면서 사회경제적 갈등과 협력에 적용되는 게임이론이 큰 관심을 끌었다. 특히 셸링 교수는 1960년 '갈등의 전략'에서 냉전 시대에 미국과 소련이 핵무기 경쟁을 함에도 핵전쟁을 피하게 된 이유를 게임이론으로 설명하였다. 양국은 핵무기를 사용하면 서로 보복할 것이라 주장하였고 선제 공격을 하더라도 뒤따르는 보복 조치로 큰 피해를 입게 될 가능성이 크기 때문에 전쟁을 피할 수 있었다는 것이다. 만일 전투가 단 한 번 전개된다면 먼저 공격하는 쪽이 유리하겠지만, 반복적인 현실은 그렇지 않다.

지연, 혈연, 학연 등으로 얽혀 있는 인간 사회는 언제든지 보복이 가능한 게임 상황이다. 이 점에서 오먼 교수는 무한히 반복되는 게임을 통해 생존하기 위하여 불가피하게 협력할 수밖에 없음을 확인하였다.

게임이론은 방사능 폐기물 처리장과 같은 혐오 시설의 건설로 야기된 사회 갈등을 다음과 같이 설명할 수 있다. 사회 전체적으로 원자력 발전의 혜택을 향유하기 위하여 이러한 처리장 건설이라는 비용을 감당해야 한다. 하지만 개별적으로는 원자력 발전의 혜택은 향유하지만 처리장은 자신이 사는 지역에 설치되지 않는 것이 가장 바람직하다. 모든 지역이 이렇게 행동한다면, 결국 시설을 갖추기는커녕 사회 전체적으로 비용만 증가하게 된다. 사회적 갈등이 유발되는 것이다. 게임이론에 따르면 혜택을 받는 지역의 사람들이 피해를 보는 특정 지역에 대하여 적절한 보상을 하라고 한다.

게임이론은 현실 사회에서 '또라이' 전략으로 설명된다고 한다. 예컨대 부부

> 관계에서 배우자의 잔소리가 심하다면, 잔소리할 때마다 머리를 벽에 부딪히면 된다. 이렇게 무모한 짓으로 자신이 '모자라는 사람'임을 알리는 것이다. 이렇게 되면 당신을 건드리지 않을 것이다. 당신이 이렇게 모자란 행동을 하는 사람을 만나게 되면 똑같이 모자란 행동을 하면 된다. 결국, 누가 더 모자란 사람이 되느냐가 승리의 관건이 된다.

딜레마에 내재된 위험을 최소화할 방법은 있다고 한다. 협상자 서로에 대한 신뢰를 확립하는 것이다. 지역 신문을 통한 중고차의 구입과 같이 낯선 사람과의 한 번뿐인 거래에서 당신이 상대방을 신뢰할 수 있는가의 여부는 당신의 직관에 따라야 할지 모른다. 당신은 상대방이 경쟁적 협상을 하고 있는지 또는 협력적 협상을 하고 있는지 판단해야 한다.

그러나 많은 경우의 협상에서 당신은 당신이 알고 있는 사람, 당신이 알고 있는 사람이 소개한 사람, 당신과 인연을 맺어 지속적인 우호 관계를 맺고 싶은 사람, 업계나 지역에서 나쁜 평판을 얻고 싶지 않은 사람들과 협상하게 된다. 이렇듯 적지 않은 경우에 협상 상대방은 결코 당신이 전혀 모르는 사람이 아니며, 당신과 반복적으로 협상을 수행하는 것이다. 당신이 상대방과의 관계에서 신뢰를 쌓기 바라듯이, 상대방도 당신을 상대로 일회적으로 사술적인 이익을 추구하는 대신 장기적 관점에서 당신과 신뢰를 쌓기 바랄 것이다. 이러한 신뢰 형성의 가능성은 협상자의 딜레마로 초래되는 위험을 어느 정도 감소시킬 수 있다.

북핵 문제의 해결을 위한 6자회담이 어렵게 수행되면서, 미국은 북한과 직접적인 양자협상을 하자고 요구받고 있다. 그러나 미국은 북한과의 양자협상을 주저한다. 왜일까? 1차 북핵 위기 때 미국은 북한과 직접 협상을 하여 1994년 제네바합의를 하였다. 그런데 북한이 이 합의를 어기고 핵개발을 시작하여 2차 북핵 위기가 발생하였다. 이제 미국은 똑같은 실수를 반복하고 싶지 않은 것이다. 북한은 미국의 신뢰를 저버린 것이다.

그렇다면 당신이 전혀 모르는 낯선 사람과의 협상에서 어떻게 신뢰를 쌓을 수 있을까? 협상 과정의 각 단계에서 당신이나 상대방은 서로에게 신뢰를 주고받을 수 있는지 탐색할 수 있다. 예를 들어 협상을 시작하기 전에 당신은 상대방과 점심이나 저녁을 같이 할 수 있다. 일종의 비공식 접촉 또는 협상이다. 이때 "요즘 경기가 어떤가요?"라는 질문과 "금년의 경영 실적이 상당히 좋다."라는 대답이 오고 갈 수 있다. 또는 당신은 '왜 이런 질문을 하는 것이지? 금년도 경영실적이 좋다고 솔직히 말하면 혹시 내가 돈이 많다고 생각하지 않을까? 어쩌면 우리의 재정 상황이 넉넉하지 않게 보이는 것이 좋을지 몰라.'라고 생각하여, 대답을 정확하게 하지 않고 화제를 돌릴 수도 있다. 별로 중요할 것 같지 않은 문제에 대하여 당신은 짧은 시간에 '협상자의 딜레마'를 어떻게 해결할 것인지 결정한 것이다. 그러는 사이 상대방도 당신에 대한 신뢰의 수준을 결정하기 위하여 당신의 대답을 면밀하게 평가하고 있을 것이다. 이도저도 아니면 그저 심심풀이로 던진 질문일 수도 있겠지만…….

협상 전후의 접촉 중에 또는 협상의 과정에서 각각의 질문과 이에 대한 대답은 의례적인 사소한 대화일 수 있고 또는 당신이 어떤 유형의 협상자인지를 확인하는 작업일 수 있다. 상대방은 당신이 협상 파이를 확대하려는 협력적 협상자인지 아니면 단지 협상 파이를 최대한 탈취하려는 경쟁적 협상자인지 파악하고자 할 것이다. 이러한 과정을 거쳐 당신과 상대방은 서로에게 자신을 공개해도 좋을지 판단하게 된다. 상대방이 개방적으로 나온다면 당신도 협력적으로 다소 개방적으로 대응할 수 있다. 그런데 경험이 많은 노련한 경쟁적 협상자는 상대방을 안심시켜서 협력적인 상대로 믿게 한 후 나중에 보다 큰 이익을 얻기도 한다. 이 점에서 당신이 상대방의 협력적 태도의 첫 사인에 대하여 즉각 협력적으로 대응할 필요는 없다. 상대방이 신뢰할 수 있어 보여도 경계를 늦추어서는 안 된다. 협상은 위험이 상존하는 현실이기 때문이다.

협력적 협상과 경쟁적 협상의 공존

일반적으로 협력적 협상 전략과 경쟁적 협상 전략은 대립적으로 보인다. 그럼에도 실제의 협상에서 협력적 협상 전략과 경쟁적 협상 전략이 항상 배타적이지만은 않다. 협력적 협상을 통한 윈-윈협상을 추구하는 경우에도 경쟁적 협상이 필요할 수 있기 때문이다. 협력적 협상에서 협상자들은 서로 정보를 교환하여 공유함으로써 서로의 입장에 대한 동기를 이해하고, 결국 공동의 가치를 창출하여 협상 시작 전의 파이를 확대하게 된다. 이러한 가치의 확대를 통하여 협상자들 모두가 서로 원하는 것을 얻게 되는 것이다. 그렇지만 협력적 협상자들도 결국에는 이렇게 확대된 가치를 배분해야 한다.

　물론 협상자들 사이의 파이 즉, 공동의 가치가 충분하게 크게 확대된 경우에 이들 사이의 배분은 그렇게 어렵지 않을 것이다. 이 경우에 이미 협력적 협상을 통하여 서로가 가질 수 있는 파이 전체를 키워서, 즉 서로가 기대한 만큼 가질 수 있게 되었기 때문에 똑같이 나누지 않더라도 당신이나 상대방 각각에게 반드시 불합리한 결과가 되지는 않을 것이다. 또한 공동의 가치를 확대하기 위한 노력을 통하여 협상자들이 협력적인 관계를 형성하였기 때문에 경쟁적 협상이 큰 문제가 되지 않을 수도 있다.

　협상자들은 서로의 협상 목적 또는 입장에 대한 동기를 비롯한 정보를 공유하고 있으며 보다 편하게 의사소통을 하고 있을 것이다. 이런 결과 적어도 이론적으로는 협력적 협상에 이은 경쟁적 협상의 단계에서 협상자들이 각자 원하는 것이 무엇인지 구체적으로 알 수 있게 된다. 그러나 반대로 공동의 가치가 그렇게 크게 확대되지 않은 경우에 협상자들 사이의 파이를 나누는 경쟁적 협상은 그렇게 쉽지 않을 수 있다. 이는 협상의 현실이다.

성공적인 협상을 방해하는 장애물

협력적 협상자로서 당신은 두 가지 목적을 가지고 있다. 첫째, 협상의 대상인 파이를 키우는 것이다. 둘째, 당신 자신의 몫을 최대화하는 것이다. 그런데 협상의 이러한 두 가지 목적의 달성을 방해하는 일반적인 장애물이 있다.

협상자의 비현실적 판단

협상에서 협상자들은 종종 비현실적 판단을 한다. 협상자들은 자신의 협상 능력을 과신한다. 자신이 협상을 아주 잘한다고 생각한다. 이렇게 자신을 과신하는 협상자들은 협상의 결말이 어떨 것이라고 미리 알고 있다고 생각한다. 따라서 올바른 협상의 수행에 필요한 정보를 입수하는 데 게을리하거나 다른 대안이나 보다 창조적인 옵션을 개발하려 하지 않는다.

2006년 7월 북한의 미사일 시험 발사와 관련하여 한국 정부의 반응은 문제가 있다고 볼 수 있다. 미국과 일본은 물론 중국 등 주변 국가들이 북한의 위험한 행동을 크게 우려하여 국제연합(UN)을 중심으로 공조 체제를 유지하였다. 그럼에도 한국은 놀랍게도 북한의 이런 행동에 태연하게 대처하였다. 또한 미사일 사태를 포함하여 지난 수년간 북한의 바람직하지 않은 행동에도 불구하고 한국은 경제 지원 등 따스한 대응을 계속했다. 일부 전문가들은 북한이 한국의 이러한 구도를 간파하였다고 본다. 이들 전문가의 지적을 받아들인다면, 이 같은 상황에서 한국의 북한과의 협상 행태는 비현실적이라고 볼 수 있다. 결과적으로 북한의 미사일 발사 직후 개최한 남북장관급회담에서 북한 측이 '선군

종종 협상자의 비현실적 판단이 협상력을 떨어뜨린다.
(2006년 7월 20일. 중앙일보)

정치'의 혜택을 운운한 것도 이러한 평가에서 벗어나지 않는 것으로 보인다. 결국 2006년 10월 북한은 핵실험을 하였다고 선언하였다.

반대로 자신의 협상 능력에 자신이 없다고 생각하는 협상자들도 많다. 자신이 상대방과 비교하여 협상에서 이길 수 있는 능력이 없다고 생각한다. 이렇게 자신이 없는 협상자는 상대방에게서 적절한 대가를 받지 못하고 상대방에게 양보만 한다. 상대방은 이러한 당신에게서 더 큰 양보를 얻어 내려 할 것이다.

당신은 협상에 대한 섣부른 자신감을 가져서도 안 되고, 또한 자신

없어 할 필요도 없다. 당신이 똑같은 사람과 똑같은 문제에 대하여 이전에 협상을 한 적이 있더라도 이번 협상에서 똑같은 결과가 나올 것이라 생각할 수 없다. 당신과 상대방 사이에 새로운 상황 또는 정보가 발생할 수 있기 때문이다. 또한 당신이 상대방에 대하여 결코 부담을 가질 필요도 없다. 아무리 상대방이 당신보다 힘이나 돈이 더 많다 하여도 당신과 협상하는 상대방도 나름대로 당신에게서 무엇인가 얻을 것이 있기 때문에 또는 그렇게 생각하기 때문에 당신과 협상을 하는 것이다. 적어도 인격체인 당신과 같은 인격체인 상대방이 인간적으로 동등하다고 생각할 필요가 있다. 일단 당당한 협상 태도를 견지한다면 상대방은 쉽사리 보다 큰 이익을 탈취하려고 들지 못할 것이다.

협상의 결말이 있어야 한다는 믿음

종종 협상자들은 일단 협상을 시작하면 무엇인가 약속을 하고 협상을 종결해야 한다고 생각한다. 일단 시작한 협상에서 무엇인가 합의를 하지 않으면 실패라고 생각한다. 아무리 자신에게 불리한 내용이라도, 무엇인가 합의를 해서 협상을 완수하려고 한다. 이렇게 협상자들은 종종 합의하지 말았어야 할 합의도 하게 된다. 특히 회사나 조직의 대표가 직접 협상을 수행하는 경우에는 책임감 또는 위신 때문에 무리해서 협상을 종결하려 한다. 또는 회사나 조직의 대표는 자신을 대리하는 협상자가 무엇인가 결과를 만들어 오기를 기대한다. 이렇게 되면 협상자는 무리해서라도, 즉 자신의 조직에 이익이 되는지 그 여부에 관계없이 협상에서 상대방에게 합의를 '해 주려' 할 것이다.

　2001년 11월 금강산에서 열린 제6차 남북장관급회담에서 당시 통일부 장관은 협상 결렬을 선언하고 '빈 손으로' 귀국하였다. 이에 당시 최고위층이 분노하여, 그 분의 얼굴조차 보지 못하고 통일특보를 통하여 사표를 제출했다고 한다. 남북장관급회담을 비롯한 한국과 북한 사이의 협상은 한동안 밀고 땡기면서 진행할 수밖에 없다. 이렇게 지속적으로 수행될 일련의 개별적인 협상마다 합의를 해야 하고, 최고위층이 이러한 합의 도출을 협상의 성공이라고 평가하려 든다면, 더군다나 이러한 사정을 북한이 잘 알고 있다면, 한국의 대북협상은 어려울 수밖에 없을 것이다.

　협상을 하는 이유는 협상을 통하여 무엇인가 얻을 수 있다고 기대하기 때문이다. 협상은 당신이 필요로 하는 것을 얻기 위한 수단이다. 그런데 종종 협상이 목적 자체로서 인식된다. 따라서 분명 자신에게 손해가 되는 내용인데도 합의를 하는 것이다. 협상을 목적 달성을 위한 하나의 수단으로서 인식한다면, 그 목적의 달성을 위하여 두 번 이상의 협상이 필요할 수 있다. 또는 당신 바로 앞에 있는 상대방과의 협상이 기대하였던 목적의 달성에 전혀 기여하지 않을 수 있다. 이번 협상에서 합의를 이루지 못했지만 상대방과의 협상이 필요한 것이라면, 다음에 협상을 하면 그만이다. 따라서 바로 당장의 협상이 매번 어떤 결말을 내야 한다고 믿는 것은 협상의 현실을 올바로 이해하지 못한 것이다.

위험한 승부 의식

바둑은 물론 사이버 게임과 같은 오락이나 축구와 같은 스포츠도 게임이다. 이러한 게임에는 승부가 있다. 즉 이기는 사람과 지는 사람이 있다. 마찬가지로 협상을 게임으로 인식하면 협상에서 당신이 이기면 상대방은 지는 것이고 당신이 지게 되면 상대방이 이기는 것이다. 이렇게 협상을 게임으로 인식하면 협력적 협상을 하기가 어렵다. 당신은 물론 상대방도 협상에서 얻는 것이 있어야 하는데, 승부욕을 가지게 되면 당신은 상대방에게 이익이 되는 합의는 하지 않을 것이다. 마찬가지로 상대방도 자신이 손해를 보는 것이 분명한, 즉 당신에게 이익이 되는 합의는 하지 않을 것이다. 결국 당신과 상대방의 협상은 그 자체로서 실패할 것이다.

협상은 당신과 상대방의 존재를 전제로 하는 상대적인 접촉이다. 당신이 협상을 통하여 얻는 것이 있는 만큼 상대방도 협상을 통하여 얻는 것이 있어야 합의가 이루어진다. 결코 당신만을 위한 협상을 생각할 수는 없다. 상대방을 배려하여 상대방도 얻는 것이 있을 때 당신을 위한 협상이 타결되기 때문이다. 성공적인 협상가는 상대방에 대한 배려의 방법이나 배려의 포인트를 잘 찾을 수 있는 사람이다. 이 점에서 승부의식을 버리고, 역지사지(易地思之)를 실현하는 것이 바람직하다.

협상테이블 커피브레이크

성공적인 협상을 하기 위한 첫 과제는 우리의 생활이 협상의 연속인 사실을 인식하는 것이다. 가정에서도, 직장에서도, 친구들과의 관계에서도 크고 작은 다양한 협상이 있게 마련이다. 그리고 이런 협상을 '성공적으로' 한다는 것은 모두가 말하듯이 협상자들 모두가 윈-윈하는 것이다. 속된 말로 '너 죽고 나 살기', '나 죽고 너 살기' 또는 '너 죽고 나 죽기'의 협상은 협상자들에게 바람직하지 않기 때문이다.

그렇다면 윈-윈협상을 어떻게 할 것인가? 그렇게 어려운 일이 아니다. 협상에 대한 인식을 긍정적으로 할 필요가 있다. 많은 사람들이 윈-윈협상이 정답이라 하면서도 실제로는 상대방을 이기려고만 하는 경쟁적 협상을 하고 있는데, 협상을 경쟁적이기보다 협력적으로 이해해야 한다. 이를 위해 협상의 대상인 사안을 함께 해결해야 할 공동의 문제로 인식해야 한다. 함께 해결하는 것이니 서로 협력해야 할 것이다.

대립적인 관계에 따라 경쟁적 협상을 추구하는 경우도 있겠지만, 당신이 협상을 하게 되는 상대방은 대체로 이미 알고 있거나 앞으로 계속 알고 있어야 하기 때문에 그 관계가 항상 대립적일 필요는 없다. 또한 당신의 상대방과의 협상은 반복적인 경우가 많다. 따라서 당신과 상대방은 협력을 추구하거나 분쟁을 해결하는 경우에서도 그렇고 대부분 공동으로 '우리의' 문제를 해결하는 것이 바람직하다. 당신은 '협력적 협상'을 추구해야 한다.

그런데 협력적 협상을 통하여 얻게 되는 윈-윈의 결과가 물리적으로 동일한 결과를 의미하는 것은 아니다. 당신과 상대방이 협력하여 서로 나눌 수 있는 전체의 몫을 키운 뒤에 그 몫을 나누는 점에서 분명 당신이 상대방보다 더 작은 몫을 가지게 될 수도 있다. 하지만 협력적 협상을 하면 대체로 협상의 개시 시점에서 기대한 결과보다 더 높은 수준에서 만족할 수 있는 결과를 도출할 수 있다. 당신과 상대방 모두 협상의 개시 시점에서보다 더 크게 만족할 수 있는 결과를 얻기 때문에 윈-윈인 것이다. 그럼에도 협력적 협상에서 전체적으로 윈-윈을 하면서도 상대방보다 더 나은 몫을 얻고 싶다면, 다음의 장에서 설명하는 협상의 기본 요소를 잘 이해하고 활용해야 한다.

하지만 모든 협상이 협력적으로 수행되는 것은 아니다. 부득이 경쟁적 협상이 필요한 경우가 있다. 이번 협상을 끝내고 앞으로 다시 만나서 협상을 하지 않게 되는 경우라면, 아마도 상대방은 당신에게서 가능한 한 큰 몫을 얻으려 할 것이다. 이런 경우에 당신은 최소한 상대방과의 협상에서 피해를 입지 말아야 할 것이다. 상대방에게 중요한 정보를 함부로 주지 말아야 할 것이고,

상대방의 첫 제안을 포함하여 상대방이 주는 정보를 함부로 신뢰해서도 안 된다. 또한 경쟁적 협상에서는 이 책의 말미에 소개되는 술수가 적극적으로 활용될 가능성이 높으니, 이에 대하여 경계해야 한다.

● 이것만은 챙깁시다 ●

1. 우리의 생활은 곧 협상이다.
2. 협력적 협상으로 윈-윈협상이 가능하다.
3. 상대방과의 좋은 관계가 협상에 좋은 영향을 줄 수 있지만, 협상 결과가 이런 관계의 지배를 받아서는 안 된다.
4. 어떤 사안이든 누구와도 협상을 잘 할 수 있다는 긍정적 생각과 자신감을 갖자.
5. 협상을 수행할 시점, 하지 말아야 할 시점이 있다.
6. 경쟁적, 즉 대립적 협상이 필요한 경우도 있다.
7. 이번 협상에서 꼭 결말이 있어야 될 필요는 없다.

제2장

후회없는 협상을 위한 기본 요소

후회없는 협상을
위한 기본 요소

     협상은 사안의 해결이라는 객관적인 부분과 인간이 수행한다는 주관적인 부분으로 구성된다. 그런데 우리 인간은 저마다 서로 다른 생각과 가치관 및 행태를 가지고 있다. 이렇게 서로 다른 사람들이 수행하는 협상은 자칫 비합리적으로 감정적이 되고 결국 기대한 성과를 얻지 못할 수 있다. 이 장에서는 성공적인 협상을 위하여 반드시 고려해야 할 몇 가지 기본 요소를 검토한다. 최소한 이러한 기본 요소를 충분히 고려한다면, 성공적인 협상의 절반은 달성할 수 있다.

동기가 협상을 움직인다

당신과 상대방은 협상에서 서로에게 무엇인가 요구를 한다. 그리고 일반적으로 이러한 요구들 사이에서 타협을 한다. 예컨대 청과 시장에서 오렌지 한 상자를 주인은 10만 원에 팔겠다고 하고 당신은 8만 원에 사겠다고 하면, 십중팔구 거래는 10만 원과 8만 원의 중간인 9만 원에서 이루어진다. 정부 부처 사이와 기업과 기업 사이의 복잡한 경우는 물론 친구와 친구 사이와 가족 사이의 비교적 간단한 경우에도 서로의 요구 중간 지점에서 타협을 이루는 협상을 흔히 볼 수 있다.

대체로 협상자들은 각자 처음에 제시한 입장의 중간에서 타협을 통하여 해결하는 것이 서로에게 공평하다고 생각한다. 이러한 협상은 소위 '입장 중심의 협상'이라 부른다. 입장 중심의 협상은 사안이 간단하거나 일상적인 경우에 그럭저럭 수용될 수 있다. 그러나 기업의 인수합병이나 국가간 차관 제공 등 상당히 중요한 사안에 대한 협상 또는 셋 이상의 다수가 참여하는 다자협상인 경우에 문제가 될 수 있다. 따라서 전문가들은 협상자들의 겉으로 드러난 요구 또는 주장인 입장에 집착하지 말고 대신에 협상자들이 입장을 가지게 된 이유인 동기에 주목하라고 한다.

입장과 동기를 구별하라

성공적인 협상을 위하여 가장 필요한 것은 협상자들의 입장과 그 동기를 구별하는 것이다. 입장(position)은 협상자의 드러난 요구(사항)이다. 10만 원에 팔겠다 또는 8만 원에 사겠다는 것이 입장이다. 여름 휴가를 7월에 가겠다 또는 8월에 가겠다는 것이 입장이다. 이러한 협상자의 입장에는 그러한 입장을 갖게 된 이유, 즉 동기(motivation)가 존재한다. 걱정, 희망, 두려움, 경제적 복지, 소속감, 인정받기, 안전, 안보 등의 이유 말이다.

다음 해에 받게 될 연봉에 대한 협상을 하고 있다고 치자. 당신은 회사에 금년보다 20% 이상의 연봉 인상을 요구한다. 이러한 요구는 입장이다. 그리고 이러한 20% 봉급 인상 요구의 이유가 그 동기이다. 즉, 올해 당신이 회사의 골칫거리인 문제를 해결하여 회사에 큰 이익을 주었으므로 이에 대한 보상을 받아야 한다는 것이 연봉 20% 인상 요구에 대한 동기가 된다. 당신과 같은 학교를 나와 같은 업종의 회사에 근무하는 친구가 최근의 연봉협상에서 20% 인상을 약속 받았다고 들었다면 당신도 비슷한 대우를 받아야 한다는 것이 연봉 20% 인상의 동기가 된다. 이렇게 협상에서 겉으로 드러난 협상자의 요구나 주장의 뒤에 숨어 있는 내면적 욕구 또는 이유를 동기라고 한다. 동기는 분쟁이나 갈등의 궁극적인 이유가 된다.

협상은 인간, 기업 또는 국가 등 협상에 참여하는 협상자들의 내면적 동기를 파악하여 이를 충족시키는 수단이다. 협상에서 당신과 상대방이 주장하는 요구 뒤에 숨어 있는 이유, 즉 동기를 잘 충족시키면 윈-윈협상이 된다. 이 점에서 당신은 자신의 주장에 대한 동기는 물론 상대방의 주장에 대한 동기를 올바로 파악하면 성공적인 협상에 진입하게 된다. 따라서 협상의 준비는 물론 개시와 진행 과정에서 당신은 자신과 상대방이 가지고 있는 입장 뒤에 숨어 있는 동기를 잘 탐구해야 한다. 당신과 상대방이 서로 신뢰하고 있다면, 서로가 자신의 주장에 대한 동기를 공개하여 서로 공유할 수 있고, 더 좋은 합의를 더 빨리 얻을 수 있다.

여기 오렌지 하나가 있다. 당신과 친구가 이를 두고 서로 자기 것이라 주장한다. 입장 중심의 경쟁적 협상에 따라 타협을 하게 되면, 오렌지를 정확하게 이등분하여 당신과 친구가 반쪽씩 가지면 해결될 것이다. 그런데 당신이 오렌지를 원하는 이유가 무엇인지 그리고 친구가 오렌지를 원하는 이유가 무엇인지 그 동기를 생각해 본다. 당신은 오렌지의 과육을 시원하게 먹고 싶고 친구는 오렌지향이 나는 과자를 만들기 위하여 껍질이 필요한 것이다. 이 경우 오렌지를 정확하게 이등분하는 것보다는 과육과 껍질로 분리하면 당신과 친구가 오렌지를 필요로 하는 이유, 즉 동기를 잘 충족시킬 수 있다. 당신은 오렌지의 과육을 가지고 친구는 오렌지 껍질을 가지는 것이다.

국제 사회에서 요구, 즉 입장에 대한 동기를 이해하고 서로 공유함으로써 협력적 협상을 통하여 분쟁을 성공적으로 해결한 사례가 있다. 1978년 미국 대통령의 별장 캠프데이비드(Camp David)에서 이집트의 사다트 대통령과 이스라엘의 베긴 수상이 카터 대통령의 도움을 받아 협상을 수행하였다. 이 분쟁의 해결 방식은 이스라엘과 이집트의 협상에 미국이 제3자로서 깊이 참여하였기 때문에 중개 또는 조정

(mediation)이 된다. 이들의 협상 대상은 시나이 반도(Sinai Peninsula) 반환이었다. 원래 이집트 영토인 시나이 반도를 이스라엘이 1967년 제3차 중동전쟁에서 점령하였다. 이후 이집트는 시나이 반도를 돌려받기를 원하고 이스라엘은 돌려주기를 거부하고 있었다. 이집트의 시나이 반도 반환 요구라는 입장과 이스라엘의 반환 거부라는 입장은 팽팽히 맞서서 해소될 가능성이 없어 보였다.

그런데 이스라엘과 이집트의 입장 뒤에 숨어 있는 이유, 즉 동기는 이들에게 분쟁 해결의 가능성을 제공하였다. 이집트가 시나이 반도를 돌려받기를 원하는 가장 중요한 이유는 시나이 반도에 대한 자신의 주권을 회복하는 것이었다. 이스라엘이 시나이 반도를 돌려주기를 거부하는 가장 중요한 이유는 이집트의 불시 침공으로 야기될 안보의 불안이었다. 이렇게 서로의 입장에 대한 이유 즉, 동기가 파악되고 공유되면서, 협상은 이들 동기를 충족시킬 수 있는 방향으로 진행되었다.

결국 이스라엘과 이집트는 시나이 반도를 이집트에게 반환하고 동시

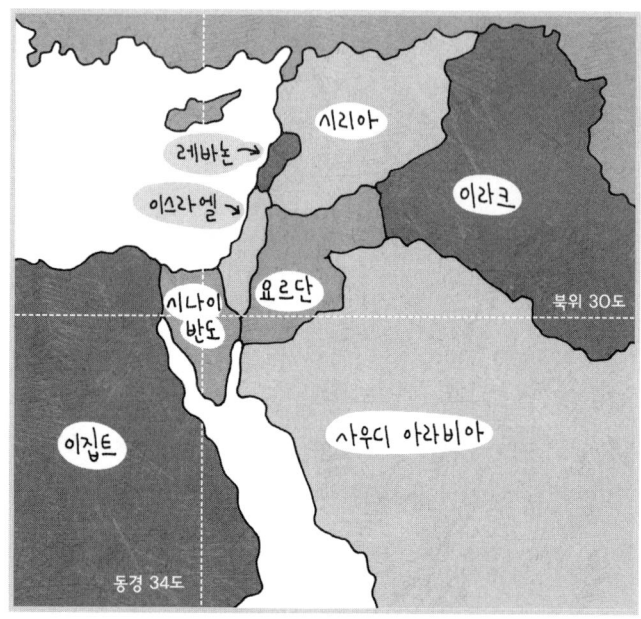

1978년 이루어진 시나이 반도 반환협상은 입장 뒤에 숨어 있는 동기를 이해하고 충족시킨 탁월한 국제협상이다.

에 시나이 반도를 무장해제하기로 합의하였다. 이러한 합의로 이집트는 시나이 반도에 대한 주권 회복이라는 동기를 충족하였고, 이스라엘은 시나이 반도 반환으로 야기될 안보 불안의 제거라는 동기를 충족하였다. 일반적인 입장 중심의 협상이 수행되었다면 어떤 결과가 나왔을까? 이스라엘과 이집트는 시나이 반도를 두고 "반환하라!", "못한다!"라고 대치하다가 국제 사회의 여론에 못 이겨, 이를테면 동경 34도 또는 북위 30도를 중심으로 분할하였을지 모른다. 이렇게 입장 중심으로 합의하였다면 이집트는 시나이 반도에 대한 주권을 부분적으로 회복하게 되고 이스라엘은 여전히 이집트의 침공으로 야기될 안보의 위협에서 벗어나지 못하여, 계속 군사적 긴장 관계에 있었을 것이다.

2006년 여름 전시 작전통제권의 단독행사를 두고 국내에서 뜨거운 태양보다 더 뜨거운 논란이 일었다. 전시 작전통제권을 한국이 먼저 요구했다고 하는데, 오히려 미국이 더 서두르는 모양을 보여서 많은 사람들이 의아해 했다. 미국이 한국에게 작전통제권의 조속한 단독행사를 요구하는 입장의 이유, 즉 그 동기는 무엇일까? 아마도 다음의 몇 가지 동기를 생각할 수 있을 것이다. 일본이 한국 대신에 동아시아에서 미국의 충실한 동맹 파트너가 되었으니 한국에서 미국이 발을 빼도 미국의 국익이 훼손되지 않을 것이다가 첫 동기가 될 것이다. 한국이 작전통제권을 단독으로 행사하면 미국이 한국에서의 방위 책임의 부담을 덜게 되는 것이 둘째 동기가 될 것이다. 미국이 추구하는 전략적 유연성 정책에 따라 중동 문제의 해결에 전념할 수 있게 되는 것이 셋째 동기가 될 것이다. 한국의 자주국방으로 보충하게 될 다양한 무기를 미국 군수회사들이 판매하게 되는 것이 넷째 동기가 될 것이다. 더구나 작전통제권의 단독행사 시점이 확정됨으로써 그 짧은 시한에 미국으로부터 무기를 도입해야 하는 한국은 가격협상에서 우위에 있기 어려울 것이다. 작전통제권 문제를 조기에 해결함으로써 다음에 있을 한국 대통령 선거에서의 '반미' 격랑을 사전에 차단할 수 있는 것이 다섯째 동기가 될 것이다. 좀 더 고민하면, 미국의 동기를 더 파악할 수 있을 것이다.

한국의 전시 작전통제권 단독행사를 서두르는 미국의 동기를 몇 가지로 추측해 볼 수 있다.(2006년 8월 28일. 부산일보)

동기의 파악 방법

입장은 협상자들이 겉으로 주장하는 것이니 쉽게 알 수 있다. 그러나 입장 뒤에 숨어 있는 이유인 동기는 파악하기 쉽지 않다. 그럼에도 입장에 대한 동기를 파악해야 현명한 협상을 할 수 있다. 동기는 어떻게 파악할 수 있을까? 동기를 찾아내는 간단한 방법은 스스로 다음과 같은 질문을 던지는 것이다. 이러한 질문은 크게 3단계로 진행된다. 그리고 이러한 질문은 당신에게는 물론 상대방에게도 던져 본다고 가정해야 한다. 상대방에 대한 질문의 답은 당신의 추측이기 때문에, 실제 협상 과정에서 상대방이 하는 말을 듣고 종합하여 당신이 미리 추측한 상대방의 동기가 여전히 맞는지 확인해야 한다. 당신의 추측이 맞지 않다면, 상대방의 진술 등을 통하여 상대방의 동기를 분별해 내야 한다.

첫째 질문은 "왜 나는(상대방은) 그런 입장을 가지고 있는가?" 또는 "왜 나는(상대방은) 이 입장을 거부하는가?"이다. 나와 상대방의 입장에 대한 이유를 찾아내는 질문이다. 위의 시나이 반도의 반환 여부에 관하여, 이스라엘은 '왜' 이집트가 시나이 반도를 돌려달라고 하는가를 또한 자신이 '왜' 이집트에 시나이 반도를 돌려주지 못하는가를 질문해야 한다. 마찬가지로 이집트도 '왜' 이스라엘이 시나이 반도를 돌려주기 거부하는가 또한 '왜' 자신이 시나이 반도를 돌려받아야 하는가에 대하여 질문해야 한다. 문제는 이러한 질문에 대한 답이 하나만 있는 것이 아니다. 창의력을 가지고 계속 고민을 한다면 더 많은 답을 찾을 수 있다.

둘째 질문은 "그밖에 또 다른 답(이유)이 있을까?"이다. 즉, 이스라엘과 이집트는 각각 안보 불안의 해소와 주권 회복의 욕구라는 답을 찾았다. 이외에도 시나이 반도에 소장된 지하자원을 개발하고 싶을 수 있고, 수에즈 운하를 포함한 시나이 반도의 전략적 가치를 보유하고 싶을 수 있고, 모세가 십계명을 받은 성스러운 시나이산을 보존하고 싶을 수 있다. 이렇게 상대방의 첫 제안이나 협상 중의 진술을 통하여 상대방의 입장을 분석하고 상대방의 동기를 파악할 때까지 '왜?'라는 질문을 계속해야 한다. '도요타자동차 생산방식'(TPS: Toyota Production System)

의 아버지로 불리는 오노 다이이치는 문제가 생기면 '왜?'를 다섯 번만 반복하면 해답이 나온다고 하였다. 협상에서도 마찬가지이다.

셋째 질문은 "이들 다양한 동기 중에서 무엇이 더 중요한가?" 또는 "이들 동기의 중요한 순서는 무엇인가?"이다. 위의 시나이 반도 예에서 확인된 동기들 중에서 무엇이 가장 중요할까? 아마도 이집트에게는 다른 어떤 경제적 이익보다 주권 회복의 욕구가 가장 중요할 것이다. 이스라엘에게는 다른 어떤 경제적 이익보다 안보 불안의 해소가 가장 중요할 것이다. 따라서 다양하게 확인된 동기들 중에서 주권 회복과 안보 불안의 해소라는 동기가 우선적으로 해소되어야 이스라엘과 이집트의 협상이 성공하게 된다. 결국 이스라엘은 시나이 반도를 이집트에게 돌려주고, 이집트는 시나이 반도의 무장을 해제하기로 합의하였다.

이렇게 하나의 입장에 대한 이유, 즉 동기는 결코 하나가 아니다. 생각하면 할수록 동기는 다양하게 찾을 수 있다. 또한 당신이 여러 명으로 구성된 팀을 이루어 협상을 하는 경우 협상팀의 구성원 각각이 저마다 다른 동기를 가질 수 있다. 한미 FTA협상의 경우 한국 정부 내에서도 하나의 사안에 대한 입장에서 농림부, 산자부, 외교부의 동기가 다를 수 있다.

입장에 대한 동기가 여러 가지인 경우 이들 동기가 각각 똑같이 중요하지는 않을 것이다. 더 중요한 동기도 있고, 보다 사소한 동기도 있는 것이다. 이는 당신이나 상대방에게 마찬가지이다. 그렇다면 당신은 상대방과의 협상에서 사소한 동기보다 더 중요한 동기를 충족시킬 수 있어야 한다. 일반적으로 안전, 경제적 복지, 소속감, 상대방에게서 인정 받기 등 인간의 기본적 필요가 보다 중요한 동기가 될 것이다.

동기를 알면 파이를 키울 수 있다

앞에서 협력적 협상을 통하여 당신과 상대방이 윈-윈합의를 얻을 수 있다고 설명하였다. 협력적 협상으로 당신과 상대방이 협상 대상인 파이를 확대할 수 있기 때문이다. 그런데 어떻게 파이를 확대할 수 있을 것인가? 물론 상대방과의 분쟁이나 갈등을 제거하기에 충분할 정도로 파이를 확대하기는 어려울 것이다. 그렇다 하더라도 처음의 처지보다 나은 방향으로 상대방과의 분쟁을 해결하는 노력은 해야 한다.

협상에 임할 때 파이를 어떻게 하면 확대할 수 있을까? 그 첫 작업은 당신과 상대방이 비슷한 것이 아니라 서로 다르다는 사실을 인식하는 데서 출발한다. 당신과 상대방은 집안 내력, 출신 지방의 특색, 교육 내용이나 수준 등에서의 차이로 말미암아 각자 서로 다른 가치관과 세계관을 가지고 있다. 당신은 금전적 이익이 최고라고 생각할 수 있고, 또는 마음의 여유가 최고라고 생각할 수 있다. 반대로 상대방은 세상의 일을 투쟁으로 이해하여 사사건건 승리해야 한다고 생각할 수 있고, 또는 투쟁보다는 화합의 차원에서 양보의 미덕이 더 중요하다고 생각할 수 있다. 이렇게 다른 배경과 가치관에 따른 서로 다른 인간적 욕구는 당신과 상대방의 협상에서 서로 만족할 수 있는 타결을 가능하게 한다.

앞에서 협상자들의 요구 사항인 입장 뒤에 숨어 있는 이유인 동기를 충족시키는 것이 성공적인 협상이라고 했다. 협상자들의 동기에 해당하는 경제적 복지, 평화, 안전, 존중받기, 승리의 만족감 등은 그들의 가치관에 직결된다. 가치관이 다르기 때문에 한쪽에게 중요한 동기이지만 다른쪽에게는 그렇게 중요하지 않을 수 있다. 또는 당신과 상대방의 동기가 동일하거나 양립할 수 있다고 하더라도 이들 동기에 대한 당신과 상대방의 태도나 이해는 각자의 가치관에 따라 다를 수밖에 없다.

바로 이러한 가치관의 차이에 따른 동기의 인식 차이가 협상에서 분쟁을 해결하고 합의를 도출할 수 있는 기회를 제공한다. 이러한 차이의 조정 과정에서 당신은 상대방이 중요하게 생각하는 것이지만 당신이 중요하게 생각하지 않는 것을 상대방에게 양보할 수 있다. 마찬가지로 상대방은 당신이 중요하게 생각하는 것이지만 자신이 중요하게 생각하지 않는 것을 당신에게 양보할 수 있다.

예를 들어 어떤 협상에서 당신이 곰곰이 생각해 본 결과 동기로서 경제적 안정, 지속적 관계 유지, 명예의 실추 우려를 찾아내었다. 이들 동기 중에서 당신은 명예의 실추 우려를 가장 중요하게 생각한다. 이 경우 이들 동기 모두를 충족시키기 어렵다면, 당신은 최소한 명예의 실추 우려라는 동기를 해소하는 것이 그나마 성공적인 협상일 것이다.

협상에서 파이의 확대를 가능하게 하는 협상자들 사이의 차이는 많다. 지불 능력과 현금유동성 등의 경제적 차이, 위험 부담, 평판, 명예 등이다. 아무래도 교수는 학문적 명성을 더 중요하게 생각할 것이고, 기업인은 경제적 이익을 더 중요하게 생각할 것이고, 국회의원은 자신에 대한 선거구민의 평판을 더 중요하게 생각할 것이고, 군인은 국가 방위를 위한 희생을 더 중요하게 생각할 것이다. 이런 식으로 협상자들 사이에 일일이 거론할 수 없을 만큼의 많은 차이가 있다.

 국가와 국가 사이에서도 이러한 차이는 많다. 영토에 대한 주권이 더욱 중요할 수 있고, 그보다는 안보의 보장이 더욱 중요할 수 있다. 예컨대 유럽연합(EU)에 가입하고자 하는 터키는 인접한 독일과 긴밀한 관계를 형성해야 한다. 터키에게는 독일의 지원을 통한 경제 발전이 보다 중요할 것이고, 독일에게는 터키 국민들의 독일로의 유입에 대한 우려가 보다 중요할 것이다. 이같이 독일은 터키에게 보다 중요한 쟁점(경제적 지원)에 대하여 양보하고 자신에게 더욱 중요한 쟁점(이민 정책)에 대하여 양보를 받을 수 있어 합의를 이룰 수 있게 된다.

생산적 협상을 하려면 창의적으로 옵션을 개발하라

당신과 상대방의 입장에 대한 이유인 동기가 파악되면, 성공적인 협상의 다음 단계는 서로의 동기를 충족시킬 수 있는 옵션(option)을 개발하는 일이다. 다양한 옵션의 창의적 개발은 협력적 협상의 기본 요소이다. 윈-윈협상을 위한 파이의 확대를 위하여 협상자들 서로가 합의할 수 있는 옵션이 창의적으로 다양하게 개발되어야 한다. 당신과 상대방 서로에게 이익이 되는 옵션은 객관적이고 공정한 기준에 합치하면 최종적으로 합의될 수 있다.

옵션은 선택할 가능성이 있는 방안이다

협상자들이 자신들의 문제를 해결하는 데 여러 가지 방안이 있을 수 있다. 이들 방안 중에서 서로에게 이익이 되는 것이 최종적으로 선택된다. 옵션은 협상자들이 합의하여 최종적으로 선택할 가능성이 있는 방안을 의미한다. 따라서 협상자들이 다양한 내용의 옵션을 많이 개발하면 협상이 성공할 가능성이 높아진다.

대학에 개설되어 있는 협상론 시간에 학생들은 옵션을 개발하는 연습을 한다. 가장 많은 수의 옵션을 개발한 학생들이 칭찬을 받는데 이들 옵션 중에는 뚱딴지 같은 내용도 있다. 그럼에도 다양하게 제시된 옵션은 협상의 성공 가능성을 높여 준다. 다양한 옵션의 존재로 선택의 가능성이 커지는 것이다.

1994년 미국과 북한은 북한의 핵프로그램을 동결하기로 합의하는 제네바 기본합의(Framework Agreement)를 채택하였다. 미국은 한국 및 일본과 함께 북한에게 경수로 발전소를 지어줄 것을 약속하였다. 그런데 미국은 한국형 경수로의 채택을 주장하였고, 북한은 러시아나 미국형 경수로를 요구하였다.

미국은 한국형 경수로를 채택하여 북한의 비핵화 사업에 한국이 주도적으로 참여하길 바랐고, 북한은 한국의 참여를 북한의 흡수-통일 가능성으로 극심하게 우려하였다. 결국 1995년 6월 쿠알라룸푸르에서 북한은 한국형 경수로의 채택이라는 미국의 요구를 수용하였다. 대신에 미국과 북한은 '한국 표준형 원자로'의 명칭을 삭제하기로 합의하였다. 이렇게 미국과 북한은 서로에게 이익이 되는 창조적인 옵션 개발에 성공하였다.

옵션은 협상자들 서로에게 이익이 되도록 개발되어야 한다. 당신에게만 유리한 옵션은 상대방이 수락하지 않을 것이다. 이 점에서 상대방이 큰 어려움 없이 수용할 수 있도록 상대방에게 호감을 주는 옵션이 개발될 필요가 있다. 그러나 어느 일방에게만 유리하더라도 그 옵션이 객관적이고 공정한 기준에 부합하는 유일한 것이라면 사정은 다르다. 이 경우 당신은 자신에게는 불리한 옵션이라고 생각하는 상대방을 잘 설득해야 할 것이다. 설득이 되지 않는다면, 이 협상은 결렬될 수밖에 없을 것이다.

옵션 개발의 몇 가지 예

옵션은 다양하게 창의적으로 개발될 수 있다. 다양하고 창의적인 옵션의 개발은 성공적인 협상을 위한 중요한 과정이다. 그런데 옵션을 개발하면서 종종 다음과 같은 잘못을 저지르게 된다. 첫째, 옵션을 개발하는 데 있어 인내가 부족하다. 좀 더 인내하고 노력하면 보다 훌륭하고 다양한 옵션이 창의적으로 개발될 수 있는데, 하나, 둘 또는 '적당한' 수의 옵션이 개발되면 그것으로 쉽게 만족하는 것이다. 둘째, 옵션을 개발하기 위해 서로 협력하려 하지 않는다. 많은 경우에 당신과 상대방은 각자 제시한 옵션을 자신의 것이라고 생각한다. 그리고 서로 상대방이 제시한 옵션은 자신의 것이 아니므로, 그 옵션을 선택하거나 말거나 하면 그만이라고 생각한다. 셋째, '훌륭한' 옵션만 제안하려고 노력한다. 이는 야구에서 홈런만 치려고 덤비는 것과 마찬가지이다. 협상에서 당신과 상대방이 각각 시시하지 않고 딱 들어맞는 옵션만 제시하려는 태도는 큰 잘못이다.

다음에서 옵션 개발의 몇 가지 방법을 검토해 보자. 여기 IT 업종에 종사하는 맞벌이 부부가 있다. 이들은 똑같이 열심히 일한 결과 평일에 포상 휴가를 받았다. 강화도에 가서 즐거운 하루를 보내고, 이제 저녁 시간이 남았다. 남편은 얼큰한 매운탕을 먹고 협상의 과정을 잘 보여 주는 영화인 〈에린브로코비치〉를 보자고 하고, 부인은 파스타를 먹고 〈터미네이터〉를 보자고 한다. 이 경우 남편과 부인이 저녁 시간에 대한 합의를 잘하지 못하면 그동안 잘 지낸 휴가를 망칠 상황이다.

이 경우 남편과 부인이 할 수 있는 가장 간단한 방법은 협상 파이를 확대하는 것이다. 즉 남편이 원하는 대로 매운탕을 먹고 〈에린브로코비치〉 영화를 보고, 또한 부인이 원하는 대로 파스타를 먹고 〈터미네이터〉를 보는 것이다. 이를 위하여 연차나 월차 등 휴가를 하루 더 사용할 수 있을 것이다. 시간이라는 재원을 확대함으로써 서로에게 이익이 되는 옵션을 개발할 수 있게 된다. 물론 남편과 부인이 서로 상대방이 원하는 것을 수용할 수 있어야 한다. 예컨대 남편도 부인과 같이 파스타를 먹고 〈터미네이터〉를 볼 수 있어야 할 것이다. 남편의 성격이 섬세하여

옵션 개발을 위한 브레인스토밍

미국 광고업계의 알렉스 오스본(Alex Osborn)이 창안한 브레인스토밍 (brainstorming)은 아이디어 창출과 아이디어 평가를 분리하여 자유로운 분위기에서 협력하여 새로운 아이디어를 창출하는 창조성 기법이다. 브레인스토밍에서는 제안된 아이디어에 대하여 비판하지 않고 열린 마음을 가질 것이 요구된다. 제안된 아이디어의 질이 중요한 것이 아니라, 참여한 사람들이 가능한 한 많은 아이디어를 제안하게 하는 것이 목적이다. 심지어 자신이 제안할 때에 자신의 제안이 '형편없는 것이 아닐까' 하고 비판을 해서도 아니된다.

효과적인 브레인스토밍을 위하여 대상이 되는 문제, 즉 쟁점이 확인되고, 리더와 기록자가 결정되고, 제안된 아이디어를 기록할 (종이)차트가 필요하다. 브레인스토밍에 참여하는 사람의 수가 너무 많으면 곤란하다.

이렇게 다양한 아이디어가 창출되면, 평가의 단계로 진행한다. 참여자들이 자신이 제안한 아이디어를 포함하여 모든 제안에 대하여 의견을 제시한다. 이러한 평가의 결과 만장일치 내지 가장 많이 지지를 받은 몇 가지 아이디어가 채택될 수 있다. 평가의 단계에서 각 참여자의 동기나 바라는 바가 반영될 수 있다. 이 단계에서 채택된 몇 가지 아이디어는 잠정적으로 채택된 것으로 볼 수 있으며, 참여자들의 협력으로 더 좋은 아이디어로 발전될 수 있다. 이러한 브레인스토밍은 협상에서 옵션 개발을 위하여 활용될 수 있는데 협상이 개시되기 전의 시뮬레이션에서 미리 가상 옵션을 개발하는 데 활용될 수 있다. 또한 협상 중에 상대방과 함께 브레인스토밍을 통하여 공동으로 옵션을 개발할 수도 있다. 이러한 브레인스토밍을 통한 옵션 개발은 협력적 협상에서 유용하게 활용된다.

다양하고 창의적인 옵션의 개발은 성공적인 협상을 위한 중요한 과정이다.
(2006년 8월 27일. 일요신문)

〈터미네이터〉와 같은 영화를 전혀 보지 못한다거나, 밀가루 알러지를 가지고 있다면 이러한 방식의 파이 확대는 가능하지 않게 된다.

옵션 개발의 두 번째 방법은 협상의 쟁점들 사이에서 맞교환(trade-off)을 시도하는 것이다. 위의 예에서 저녁 식사와 영화라는 두 가지 쟁점이 있으므로, 남편은 저녁 식사를 양보하고 부인은 영화를 양보하는 것이다. 남편은 저녁 식사로 무엇을 하여도 상관이 없으나 〈터미네이터〉와 같은 영화는 생리적으로 혐오한다. 부인은 오늘만큼은 우아한 분위기에서 파스타를 꼭 먹고 싶다. 이 경우 이들은 두 가지 쟁점에서 맞교환 내지 타협을 할 수 있다. 이렇게 협상에서 해결되어야 할 쟁점들의 중요성이나 가치에 대하여 협상자들 각자가 서로 다르게 평가한다면, 각자 더 중요하거나 더 나은 가치의 쟁점에서 보다 나은 만족을 얻을 수 있도록 옵션을 개발할 수 있다.

다양한 옵션의 개발을 통한 협상의 성공 가능성을 높이기 위하여, 여러 쟁점을 만들거나 찾는 것도 좋은 방법이 된다. 〈에린브로코비치〉를 볼 것이라 하였지만, 집 근처에서 볼 것인지 또는 시내의 번화가에서 볼 것인지, 저녁을 먹고 볼 것인지 또는 저녁을 먹기 전에 볼 것인지의 보다 작은 쟁점의 발견이 가능하다. 또한 파스타를 먹기로 하였지만, 호텔의 식당이나 파스타 전문점에서 먹을 것인지, 아니면 다소 대중적인 음식백화점에서 먹을 것인지의 보다 작은 쟁점을 더 찾을 수 있다. 둘이 오붓하게 저녁식사를 할 것인지 아니면 부모님(양가 또는 일가)을 초대할 것인지도 좋은 쟁점이 된다. 이렇게 쟁점이 다양할수록 협상자들 사이에 맞교환을 통한 옵션 개발의 가능성이 높아지게 된다. 이 점에서 협상자들의 창의성이 요구된다.

옵션 개발의 세번째 방법은 상대방에게 보상을 하는 것이다. 이러한 보상은 반드시 협상의 사안과 관계가 있을 필요는 없다. 위의 예에서 남편은 부인에게 남편이 원하는 대로 매운탕을 먹고 〈에린브로코비치〉를 보면 다음 달 결혼기념일에 근사한 선물을 주겠다고 제안할 수 있다. 부인은 자신이 원하는 데이트 코스를 포기하는 대가로 결혼기념일의 근사한 선물이라는 보상을 받는 것이다. 다만 어떤 내용의 선물이어야 하는지, 즉 보상의 내용을 합의하는 과정에서 자칫 경쟁적 협상이 발생할 수 있다. 남편은 가능한 저렴한 선물을 주려고 할지 모르며, 부인은 가능한 비싸고 근사한 선물을 요구할 수 있기 때문이다.

이외에도 옵션의 개발을 위한 다양한 방법이 있을 것이다. 위의 예에서 부인이 원하는 파스타를 먹더라도 그렇게 비싸지 않은 파스타를 먹고 〈터미네이터〉를 볼 때 귀마개를 하기로 합의할 수 있다. 남편이 가능한 한 데이트 비용을 아끼고 금속성의 시끄러운 소리를 피할 수 있기 때문이다. 또는 자신들이 처음에 가지고 있던 입장을 완전하게 바꿀 수 있다. 예컨대, 남편이 데이트 비용을 아끼고 조용하게 영화를 보고 싶고 부인이 뭔가 새로운 음식을 먹고 SF영화를 보고 싶은 것이라면, SF영화 중에서 보다 조용한 'ET' 같은 영화를 보면서 영화관에 붙어 있는 음식백화점에서 값은 싸지만 이국적인 음식을 선택할 수 있을 것이다.

공정한 협상을 하려면 객관적 기준을 적용하라

협상을 종결하고 상대방과 악수를 하고 돌아서는데 등이 허전하다고 느끼거나 달리 찜찜한 기분이 들 경우가 있다. 당신은 분명 상대방과 우호적으로 동기와 옵션을 협력하여 찾아내고 창의적으로 어려운 문제를 풀었는데, 시간이 지날수록 느낌이 좋지 않다. 이런 느낌은 혹시 내가 '당하지 않았을까?' 라는 불안에서 나온다. 이런 불안을 해소하는 것이, 아니 미연에 방지할 수 있게 하는 것이 객관적 기준이다.

협상은 당신이 상대방과 공동으로 문제를 해결하는 수단에 불과하다. 앞에서 설명했듯이, 당신은 상대방과 옵션을 다양하게 창의적으로 개발하여 서로의 동기를 최대한 충족시킬 수 있어야 한다. 당신과 상대방은 다양한 옵션 중에서 최선의 옵션을 선택해야 한다. 이 과정에서 종종 협상자나 협상자의 소속 기업이나 국가의 힘이나 영향력이 행사되기 쉽다. 소비자와 기업, 하청 업체와 대기업, 부하와 상사, 자식과 부모, 약소국과 강대국 등의 관계에서와 같이 돈이나 군사력과 같은 힘이나 영향력에서 차이가 나는 경우에 특히 그러하다. 이런 관계에서 채택되는 최종적인 합의는 그 힘이나 영향력의 차이를 반영할 수 있고, 공정하지 않을 수 있다. 하지만 협상자들 사이의 이러한 힘의 차이에도 불구하고, 협상 결과를 공정하게 하는 기본 요소가 객관적 기준이다.

협력적 협상에서 당신은 협상 파이를 확대하여 서로의 동기를 충족시키려고 노력한다. 당신과 상대방의 우호적인 관계를 고려할 때 당신은 상대방과 서로에게 득이 되는 합의를 도출해야 한다. 그럼에도 당신은 상대방과의 협상에서 당신에게 가장 최선의 결과를 얻어야 한다. 협상 파이를 확대하고서 당신의 이익이 부당하게 무시될 수는 없다. 당신은 상대방과의 관계에서 당신에게 보다 유리한 협상을 수행해야 하기 때문이다. 이 경우에 당신의 이익 추구는 상대방의 이익 포기가 될 수 있다. 경쟁적 협상 전략을 사용하게 되는 것이다. 여기서 당신과 상대방의 이익이 직접적으로 상반되는 경우, 이러한 충돌을 공정하고 합리적으로 해소하기 위하여 무엇인가가 요구된다. 당신은 상대방의 이익이 포기되거나 제한되지만 동시에 '공정하다'(fair)는 것을 상대방에게 보여 주어야 한다.

  협상의 과정에서 당신은 단지 당신에게 유리한 것만을 상대방에게 요구할 수는 없다. 상대방은 단지 당신에게 유리하다고 생각하는 것에 관심을 가지지 않을 것이다. 이러한 당신과 상대방은 서로의 입장을 내세워 대립하게 된다. 이렇게 되면 현명한 협상은 가능하지 않게 된다. 또한 자칫 당신과 상대방의 관계가 훼손될 수 있다. 당신과 상대방은 합의를 이루더라도 서로의 좋은 관계를 유지할 수 있어야 한다. 협상이 객관적이고 공정한 기준에 기초하여 수행될 때, 당신과 상대방은 합의가 정당하다고 느끼게 된다. 객관적이고 공정한 기준에 따르게 되면 1차적으로 협상이 정당성을 가지고 종료될 수 있고, 2차적으로 협상의 결과인 합의가 큰 문제 없이 이행될 수 있다.

기준은 협상자 모두에게 객관적이어야 한다

객관적이고 공정한 기준은 협상자 일방의 의지와 관계없는 독립적인 지표, 기준, 원칙을 말한다. 당신 또는 상대방 일방만이 공정하거나 객관적이라고 생각하는 것은 결코 객관적이고 공정한 기준이 될 수 없다. 당신과 상대방이 공정하고 객관적이라고 생각해야 함은 물론, 실제로도 공정하고 객관적이어야 한다. 객관적이고 공정한 기준에는 도덕성, 국제 사회와 국내 사회의 법규범, 업계의 관행과 기준, 선례, 전문가의 판단 등이 있다.

두 국가가 국경을 같이 하고 있는 바다의 경계를 정할 때, UN해양법 협약의 관련 규정이 객관적 기준이 될 수 있다. 또는 부동산 매매에서 중개인의 수수료는 정부에서 정한 공시 기준에 따르면 된다. 주택의 매매 가격 기준은 동일한 지역의 유사한 주택의 가격이 될 것이다. 자동차 사고에 따른 손해의 배상액을 산정할 때는 해당 손해 범위의 확정에 있어 관련 전문가의 의견을 따르면 된다. 이같이 당신과 상대방이 모두 이해하고 따를 수 있는 기준이 객관적이고 공정한 기준이 된다. 이러한 기준은 최소한 합법적, 즉 법에 일치하고, 또한 실용적이어야 한다. 당신과 상대방이 자유로운 의사에 따라 합의를 해도 그 내용이 강행법규나 선량한 풍속, 기타 사회 질서를 위반할 때에 그 합의는 무효이다. 임대차계약에서 임차인의 보호를 위한 규정이 강행법규의 예가 된다.

협상에서는 객관적이고 공정한 기준이 되어야 함에도 한국은 씁쓸한 기억을 가지고 있다. 한국은 2000년 이런저런 국내 사정으로 마늘에 대하여 세이프가드조치를 발동하였다. 세이프가드조치는 예상치 못한 많은 양의 수입 증가에 대하여 수입 제한 조치를 발동할 수 있도록 세계무역기구(WTO)가 인정한 회원국의 권리이다. 그런데 중국은 한국이 세이프가드조치를 발동한 마늘 총액 1500만 달러에 대해 5억 달러 규모의 휴대전화기 및 폴리에틸렌 제품에 대한 수입 중단 조치를 내렸다. 중국의 지나치게 무리한 수준의 보복으로 한국은 중국과 마늘 관련 분쟁을 조속히 해결할 수밖에 없었다. 그런데 그 해결에서 일반 국제법은

중국의 고구려 역사 왜곡에 대한 '구두양해'가 일본의 역사 왜곡에 대한 선례(객관적 기준)가 될 수 있을까? (2004년 8월 28일, 조선일보)

물론 WTO법이나 한국 국내법이라는 객관적이고 공정한 기준이 신중하게 고려되지 못하였다.

이 분쟁이 발생한 당시 중국은 아직 WTO 회원국이 아니었다. 만일 중국이 WTO 회원국이었다면 중국은 WTO 규범에 따라서 한국에 보복조치를 발동했어야 할 것이다. WTO 회원국은 세이프가드조치에 '실질적으로 동등한' 수준으로 보복할 수 있게 되어 있다. 그러나 중국은 2001년 12월 11일 WTO에 가입하였으므로 이러한 WTO 규범이 적용될 수 없었다. 그런데 중국과 한국은 국제 사회의 일원으로서 일반 국제법을 준수해야 한다. 국제법상 보복의 실행에서 '비례성의 원칙'

이 적용된다. 따라서 한국과 중국의 마늘 분쟁에서 WTO 규범이 적용되지 못하더라도 일반 국제법 규범이 해결의 기준이 되었어야 한다. 더욱이 당시 한국은 중국에게 2003년 이후 마늘에 대한 세이프가드조치의 연장이 없다고 합의한 것이 밝혀졌다. 이는 세이프가드조치의 연장에 관한 무역위원회의 권한을 규정한 한국의 산업피해구제법과 상충하는 것이었다. 이 점에서 한국과 중국의 마늘 분쟁이 협상을 통하여 해결되기는 하였지만, 관련된 국내법과 국제법이라는 객관적이고 공정한 기준이 무시되었다고 볼 수 있다.

이번에는 선례가 객관적이고 공정한 기준이 될 가능성에 대한 예를 살펴보자. 한국과 칠레는 2002년 10월 24일 제네바에서 자유무역협정(FTA)의 협상을 타결하였다. 원래 FTA협상은 그보다 3일 전인 10월 21일 타결될 예정이었고, 그렇게 크게 보도되었다. 그런데 돌발 사태가 발생하였다. 재경부가 칠레 금융 시장의 개방을 요구하고, 칠레가 이 요구를 받아들일 수 없다고 선언하였기 때문이다. 재경부는 칠레가 유럽공동체(EC)와의 FTA에서 EC에게 금융 시장을 개방하였으니, 한국에게도 금융 시장을 개방하는 것이 타당하다고 주장하였다고 한다. 또한 한국의 첫 FTA에서 상대 국가의 금융 시장 개방이 포함되어야 다음의 FTA에서도 금융 시장이 개방될 수 있다는 것이다.

재경부의 입장에서는 칠레와 EC의 FTA에서의 금융 시장 개방이 한국과 칠레의 FTA에서 선례가 되고, 한국과 칠레의 FTA가 한국과 다른 국가와의 FTA에서 선례가 될 수 있음을 고려한 것이다. 협상 차원에서 재경부의 이러한 고려는 결코 잘못된 것이라 볼 수 없다. 그럼에도, 언론 보도에 의하면, 칠레와의 마지막 협상을 준비한 국내 회의에서 확실하게 논의되어 채택되지 않은 이 문제가 협상에서 불쑥 튀어 나왔다고 한다. 칠레라는 상대방 앞에서 우리 정부가 분열된 모습을 보인 것은 잘못이라 할 것이다.

또 다른 흥미로운 사례가 있다. 2009년에 개통되는 서울-춘천 고속도로의 통행료가 정부의 잘못으로 비싸게 계산되었다고 감사원이 밝혔다. 건교부가 민간 컨소시엄에게 투자수익률을 보장하기로 합의하였는데, 투자수익률의 중요한 기준이 되는 차입이자율이 잘못 책정되었다는 것이다. 민간 컨소시엄이 차입이자율을 10%로 제안하였는데, 이 10%는 2000년의 기준으로는 타당할 수 있다고 한다. 하지만 건교부가 민간 컨소시엄과 건설협약을 체결한 2004년 당시의 이자율이 많이 떨어져 있었기 때문에 타당하지 않다는 것이다. 2002년을 기준으로 하여도 차입이자율은 7%로 낮아진다고 밝혀졌다. 적정한 차입이자율을 합의 시점 또는 이행 시점의 어느 시점으로 결정할지는 현실적으로 어렵다. 분명한 것은 이러한 기준의 결정이 전체 협상의 공정성에 대한 판단에 직접적인 영향을 주는 점이다.

한국에서는 노사협상과 사회적 갈등의 협상에서 폭력 시위나 불법적 파업 등이 일방의 협상력을 강화시켜 주는 걱정스러운 상황이 만연하고 있다. 당사자들의 일방이 불법적 행위를 해도, 결국 이러한 불법적 행위가 중단된 후에 '좋은 것이 좋은 것'이라는 미명 아래 아무런 처벌도 이루어지지 않는 것이 관행이 되었다. 그런데 이러한 불법적 행위에 대하여는 「폭력행위등처벌에관한법률」과 「집회및시위에관한법률」 등 사회의 기본 질서를 유지하는 법들이 존재한다. 이러한 법들이 제대로 집행되지 않아 공권력이 제대로 행사되지 않음으로써 평화롭고 합리적인 협상이 가능하지 않게 되는 것이다.

객관적 기준은 협상 사안의 전문성과 직접 연결된다. 협상 사안에 대한 지식과 전문성이 많을수록 관련된 객관적 기준을 많이 알 수 있기 때문이다. 따라서 협상이 개시되기 전은 물론이고 협상이 진행되는 중에도 적용되어야 할 객관적 기준을 찾고 합의하기 위해 노력해야 한다.

객관적 기준을 함께 탐구하라

협상에서, 동기와 옵션과 같이, 객관적이고 공정한 기준은 하나만 존재하는 것은 아니다. 객관적 기준도 다양하게 존재할 수 있다. 또한 당신과 상대방의 협상 상황은 구체적이며 특이한 것이다. 다양한 옵션의 창의적 개발과 마찬가지로, 당신과 상대방은 객관적이고 공정한 기준을 탐구하고 확인하기 위해 노력해야 한다. 그리고 다양한 기준 중에서 당신과 상대방의 협상 상황에 가장 잘 맞는 기준을 채택해야 한다. 객관적이고 공정한 기준은 당신과 상대방 모두에게 정당해야 한다. 즉 객관적이고 공정한 기준의 채택도 협상이 될 수 있다.

협상을 준비하는 단계에서 당신은 상대방을 설득할 수 있는 여러 수준의 객관적이고 공정한 기준을 미리 확보하는 것이 바람직하다.

이를 위하여 당신이 협상할 사안과 유사한 앞서의 협상이 존재하였는지 확인하고, 그러한 선례를 검토해야 한다. 올바른 정보를 수집하는 것이다. 이러한 과정에서 자신의 처지는 물론 상대방의 처지에서도 검토해야 한다. 상대방이 제시할 수 있는 그러한 기준이 무엇일지 미리 예상하고, 그 기준을 당신이 수용할 수 있는 것인지도 미리 판단해야 한다.

객관적이고 공정한 기준인지 확인하는 방법은 당신과 상대방이 모두 그 기준에 따를 수 있는지 확인하는 것이다. 당신은 객관적이고 공정한 기준이라 생각하지만, 상대방이 그렇지 않다고 생각한다면 일단 그 기준은 객관적이고 공정하다고 할 수 없다. 당신과 상대방이 모두 객관적이고 공정한 기준이라고 생각할 때, 그 기준은 정당하다고 느낄 수 있는 합의의 근거가 되는 것이다. 그러나 당신과 상대방이 모두 객관적이고 공정한 기준이라고 생각한다고 그것이 곧 정당한 것이라 말할 수는 없다.

WTO의 분쟁 해결에서는 패널이나 상소기관의 제3자가 개입하기 전에 분쟁 당사국들 사이의 협의(협상)에 의한 해결이 우선적으로 요구된다. 협상을 통하여 분쟁 당사국들이 그들의 분쟁을 해결하는 것이 바람직하지만, 이러한 해결은 WTO의 관련 협정, 즉 WTO 규범에 일치해야 하고 이들 협정의 목적 달성을 저해하지 않도록 요구된다. 이렇게 WTO 회원국들이 협상으로 자신들의 분쟁을 원만하게 해결했더라도 그 내용은 WTO 규범이라는 객관적이고 공정한 기준에서 벗어날 수 없는 것이다.

객관적이고 공정한 기준은 협상 사안의 실체적 해결의 기초가 되는 것이지만, 이러한 기준을 합의하는 것이 어려울 수 있다. 이런 경우에는 실체적 기준을 합의하기보다는 그 사안의 해결을 위한 공정한 절차를 합의하는 것이 바람직할 수 있다. 만일 당신과 동생이 토지를 증여받아 정확하게 반으로 나누어야 한다면, 당신과 동생 중의 일방이 경계를 정하고 타방이 선택하는 것이다. 당신과 동생이 토지를 정확하게 반으로 나누는 실체적 기준에 합의하지 못하더라도, 일단 당신과 동생 중의 일방이 결정하고 그 결과를 타방이 선택하는 것은 공정한 절차라 할 수 있다.

객관적이고 공정한 기준을 탐구하기 위하여 당신과 상대방은 서로에게 유연하고 개방적 태도를 가져야 한다. 이는 옵션 개발의 경우와 마찬가지이다. 당신과 상대방이 함께 하는 검토 과정에서 당신이 제시한 기준이 그렇게 객관적이고 공정한 것이 아니라고 판단되면, 당신은 그 기준을 의연하게 철회하는 것이 좋다. 서로가 노력하여 보다 나은 기준을 탐구할수록 합의의 정당성은 그만큼 강화되고, 실행 단계에서 문제가 발생하지 않을 것이기 때문이다.

당신이 애써 준비하여 제시한 기준을 포기하는 것이 결코 상대방에게 당신의 약하거나 굴복한 모습을 보이는 것은 아니다. 오히려 이러한 당신의 태도는 합리적이며, 상대방은 이러한 당신을 신뢰하게 된다. 상대방도 자신이 제시한 기준이 그렇게 객관적이고 공정한 것이 아니라고 판단될 때 기꺼이 자신의 기준을 포기하고 당신이 제시한 기준을 수용할 수 있을 것이다.

다만 객관적이고 공정한 기준으로서 선례나 관행은 변경될 수 없는 것이 아님에 유의해야 한다. 필요하다면, 정당성을 얻는 데 있어 선례나 관행을 부정할 수 있다. 선례나 관행은 "이런 식으로 해 왔다."라는 것인데, 비록 오랜 기간에 걸쳐 형성되었을 선례나 관행이더라도 '공정하지' 않을 수 있고, 당신과 상대방의 현재의 협상에 맞지 않을 수 있다. 21세기 현재의 화두가 '변화'임을 잊지 말자. 따라서 정당성이 결여된 선례나 관례를 변경하여 새로운 기준을 만드는 것도 가능하다.

국내 노동조합의 파업은 대체로 집행부서 간부의 형법이나 민법상의 불법행위를 수반한다. 사용자 측은 파업 기간 중에 노조의 관련 간부를 해고하고 민사 및 형사상의 책임을 지우게 할 것이라 공언하는 것이 보통이다. 그리고 파업이 종결되면, 대부분의 경우 이들 노조 간부는 (해고되지도 않거나) 복직되고, 사용자 측은 이들의 법적 책임을 추구하지 않는다. 이러한 해직 및 복직, 형사상 고발 및 취하 등은 국내 노사 관계에서 관행이 되고 있다. 심지어 무노동 무임금의 원칙이 실제로는 지켜지지 않는 것이 하나의 관행으로 자리 잡고 있다.

거의 매년 파업을 하고 있는 국내 한 대기업의 노조는 금년(2006년) 여름에도 파업을 하였고, 무노동 무임금 원칙에 따라 임금을 받지 못하였다. 그 대신 일인당 임금을 상회하는 수준의 격려금을 지급받아 노조원들은 '남는 장사'를 하였다고 보도되었다. 더욱이 파업으로 밀린 작업을 하기 위하여 잔업과 심야 근무를 하게 되어 평일의 150%에서 350%까지 더 받는 수당도 받을 것이라 하였다.

노사관계의 발전을 위하여 이러한 불법적 관행이 여전히 객관적 기준이 되어야 하는지 곰곰이 생각해 볼 일이다. 회사가 앞장 서서 이러한 파업 처리에 관한 관행을 법과 원칙에 따라 고치지 않으면 앞으로도 계속 이러한 파업이 되풀이 될 것이다. 잘못된 관행이 그들의 협상 기준으로 작용하기 때문이다. 노조는 물론 회사도 노사관계의 법과 원칙을 준수할 때 노사관계가 건전하게 발전할 수 있다.

객관적 기준은 양날의 칼과 같다

당신이 옵션을 제안할 때는 그 제안의 이유, 즉 객관적이고 공정한 기준을 설명하는 것이 바람직하다. 에컨대 당신이 주택을 3억 원에 매입하겠다고 제안할 때, 얼마 전에 거래된 근처의 비슷한 주택이 3억 원에 거래되었다는 등의 설명을 하는 것이 좋다. 필요하다면, 근처의 부동산 중개인을 데리고 올 수 있다. 또는 부동산의 시세를 밝히는 전문 잡지의 내용을 제시할 수 있다.

상대방도 당신에게 다른 옵션의 채택을 제안할 수 있다. 이 경우 당신은 그 제안을 듣고서 바로 거부하지 않는 것이 좋다. 상대방의 제안이나 설득에 유연한 태도를 가지는 것이 좋다. 당신에게 별로 유쾌하지 않는 제안이라도, 일단 상대방에게 그 제안에 대한 나름의 이유, 즉 기준을 설명하도록 요청하는 것이 바람직하다. 상대방의 설명을 듣고 당신은 그 기준의 정당성에 공감을 표시할 수 있다. 그러면서 당신은 상대방이 제시한 기준을 좀 더 검토해 보겠다고 제안할 수 있다. 물론 합의의 기초가 되는 기준이 한 가지만 있는 것은 아니다. 서로가 보다 나은 보다 객관적이고 공정한 기준을 다양하게 제시할수록 보다 합리적이고 객관적인 기준이 채택될 수 있다. 그만큼 현명한 협상이 가능하게 된다.

상대방이 당신에게 어떤 제안을 하는 경우, 그 제안은 당신에게 유리하게 활용될 수 있다. 만일 상대방이 당신에게 객관적이고 공정한 기준이라는 것을 제시했지만 그 쟁점에서는 수용하고 싶지 않을 수 있다. 하지만 상대방이 제시한 이 기준이 다른 쟁점의 논의에는 타당할 수 있다. 이럴 때 상대방은 자신이 이미 제시한 기준이므로 그 적용을 거부하지 못할 것이다. 기준은 아코디온처럼 들쑥날쑥 적용될 수 없으며, 칼의 '양쪽 날' 기능을 한다. 기준은 편의적으로 적용될 수 없다.

당신은 협상을 준비하면서 상대방을 설득하기 위하여 미리 염두에 둔 객관적 기준을 가지고 있을 것이다. 이러한 기준 중에서 당신에게 가장 유리한 기준을 먼저 상대방에게 제시할 필요가 있다. 상대방이 당신이 제시한 기준의 타당성을 인정하여 수용하게 되면, 협상은 당신이 의도한 대로 상대방도 정당하다고 느끼는 방향으로 진행될 수 있다.

하지만 당신은 객관적이고 공정한 기준을 따르지 못할 상황에 직면할 수도 있다. 객관적이고 공정한 기준을 찾아내어 이 기준에 따라 합의를 해야 하는데, 상대방이 결코 공정하지 않은 기준을 수용하도록 압력이나 위협 또는 유혹(뇌물)을 행사할 수 있다. 만에 하나, 위협이나 유혹에 굴복하는 경우, 상대방과의 관계에서 당신에게는 불리하지만 상대방에게는 유리한 '비합리적' 선례를 만들게 된다. 따라서 이런 경우에는 단호하게 이러한 위협이나 뇌물을 거부해야 한다.

또한 당신은 상대방에게 그가 제시한 불합리한 제안의 이유를 설명하도록 요구해야 한다. 그 이유가 정당한 것인지 당연히 물어볼 수 있다. 그리고 상대방이 당신의 입장이라면 그 불합리한 제안을 수용할 수 있을지 물어볼 수 있다. 또는 당신이 당신의 상사에게 그 제안의 수용을 어떻게 정당화할 수 있을지 좋은 의견을 달라고 요청할 수 있다. 이렇게 당신은 상대방에게 객관적이고 공정한 기준의 사용을 의연하게 요구해야 한다. 그럼에도 계속 상대방이 위협이나 유혹을 행사하려 한다면, 당신은 더 이상 협상을 수행할 수 없는 상황에 있는 것이다. 합리적인 당신은 협상을 중단해야 할 것이다.

상대방이 당신의 설명과 설득에도 불구하고 객관적이고 공정한 기준을 수용하지 않으려고 할 수 있다. 성의껏 노력하였음에도 이 기준을 수용하지 않으려 한다면, 일단 해당 쟁점의 논의에서 벗어나는 것이 좋다. 해당 사안에 대한 실체적 기준의 논의 대신 절차적 기준을 논의하자고 제안할 수 있다. 또는 당신은 아예 다른 쟁점을 논의해 보자고 제안할 수 있다. 더 나아가 변호사 등 전문적인 의견을 줄 수 있는 제3자를 활용하여 당신의 객관적이고 공정한 기준을 사용할 수 있다.

추석 연휴에 온천에서 친구와 같이 지내기 위하여 신용카드 회사의 여행팀을 통하여 호텔을 예약한 K씨의 사례를 살펴보자. 중부 고속도로를 타고 내려가는데, 이미 정체와 지체가 반복되었고, 평상시에 10분이면 지날 길을 이미 2시간이 지나고 있었다. K씨와 친구는 서울로 돌아오기로 하고, 호텔의 예약을 취소하기 위하여 신용카드 회사에 전화를 하였다. 그런데 담당자는 "당일 취소에는 하루의 숙박비를 패널티로 부과한다."고 한다. 그러면서 예약 당시 이러한 패널티의 설명을 했다고 덧붙였다. K씨는 아직 하루의 시간이 반나절 이상이나 남았고, 사전에 예약을 취소함에도 하루 숙박비 전액을 내야 하는 것이 정당하지 않다고 생각하였다. 이에 이같은 패널티의 기준이 무엇인지를 물었으나, 담당자는 회사의 내부규정이라고 답할 뿐이다. 이후 이제 막 변호사가 된 지인 S씨에게 이 문제의 해결을 부탁하였다. 다음의 경과에서 밝혀졌듯이, S변호사가 약관이라는 객관적이고 공정한 기준을 제시하자 신용카드 회사는 자신의 잘못을 인정하였다. 다음은 S변호사가 처리한 과정의 설명이다.

날짜	경과
월요일	S변호사는 사실관계를 설명한 후 신용카드 회사에게 패널티의 근거 조항을 명시하여 줄 것을 요청함.
화요일	신용카드 회사는 여행약관과 통상적으로 업계에서 적용되고 있다는 수수료 기준표를 보내옴.
수요일 오전	S변호사는 약관에서 정한 손해배상률이 당일 취소시 최고 30%임을 확인하고, 약관의 규정에 반하여 100%의 패널티를 부과하는 관행이 잘못된 것임을 지적함.
수요일 오후	신용카드 회사는 해당 패널티의 법적 근거가 없음을 인정하고, 이미 청구된 패널티 전액을 환불하겠다고 약속함.

최선의 대안보다 더 나은 협상을 하라

우리는 종종 협상을 목적으로 인식한다. 일단 협상이 개시되면 무엇인가 합의를 이루어 결론을 내야 한다고 생각할 정도이다. 그러나 협상은 수단에 불과하다. 협상은 당신이 추구하는 목적을 달성하기 위한 수단이다. 협상을 하는 이유는 상대방에게서 당신이 필요로 하는 것을 얻을 수 있다고 생각하기 때문이다. 이 점에서 지금 당신이 바로 앞의 상대방과 협상을 하고 있다면, 이 협상의 결과는 당신이 다른 수단을 통하여 얻을 수 있는 결과보다 좋아야 한다. 이 협상보다 다른 수단을 통하여 더 좋은 결과를 얻을 수 있다면, 굳이 이 협상을 수행할 필요가 없는 것이다.

최선의 대안(BATNA)이란

최선의 대안은 미국 하버드 법대의 로저 피셔(Roger Fisher) 교수 등이 고안한 개념이다. 영어로는 간략히 BATNA(Best Alternative To a Negotiated Agreement)라고 불린다. 우리말로 풀어 보면, 협상에서 합의될 수 있는 것에 대한 대안(alternative) 중에서 제일 좋은 즉, 최선의 대안을 의미한다. 지금 협상을 하고 있다면 그 결과 어떤 합의를 할 터인데, 이 합의는 당신이 다른 수단을 통하여 얻을 수 있는 결과보다 더 좋아야 한다는 것이다. 지금 당신이 수행 중인 협상에 대한 대안 중에는 바로 앞에 있는 상대방 대신에 다른 상대를 찾아 협상을 새롭게 하는 것을 포함한다.

대기업에 다니는 J씨는 서울 본사에서 근무 중인데 부산 지사에서 5년간 근무하라는 발령이 났다. 그는 아파트를 한 채 가지고 있어, 이 아파트를 팔려고 C씨와 협상을 하고 있다. 이 경우 최선의 대안은 C씨를 상대로 아파트를 매도하는 협상을 하지 않고 달리 아파트를 처리할 수 있는 최선의 방법을 말한다. 우선 J씨는 C씨가 아닌 P씨에게 아파트를 매도하는 협상을 생각할 수 있다. 또는 아파트를 매도하지 않고 전세를 줄 수 있고, 또는 기업형 부동산 업자에게 5년간 위탁 관리를 하게 할 수 있고, 또는 아파트를 팔지 않고 J씨 혼자 부산에 내려가 주말부부 생활을 할 수도 있다. 이러한 대안들 중에서 가장 좋은 대안보다 아파트를 C씨에게 매도하는 경우가 더 좋을 때 J씨는 C씨와 협상을 하여 매도하는 것이다.

그런데 아파트를 C씨에게 매도하는 것 말고 다른 수단이 없을 수 있다. 즉 J씨는 C씨와의 협상 이외의 다른 최선의 수단이 없을 수 있다. P씨가 C씨보다 더 까다롭거나, 전세값이 너무 낮아서 달리 활용할 수 없거나, 아파트가 너무 낡아서 부동산 신탁을 하기 어렵거나, 부인이 주말부부를 결사 반대하는 경우이다. 이런 경우 J씨는 C씨와의 아파트 매도협상에 매달릴 수밖에 없다. 이런 경우 J씨의 최선의 대안은 '좋지 않다' 또는 '매우 낮다'라고 말할 수 있다. 이를테면 J씨는 을(乙)의 지위에 있고 C씨는 갑(甲)의 지위에 있는 것이다. 만일 C씨가 J씨의 최선의 대안이 좋지 않다는 사실을 알게 되면, 그는 가격을 낮추는 등 자신의 이익을 극대화하도록 더 거세게 나올 수 있다. 만일 J씨가 제시한 값으

최선의 대안을 검토하는 방법

최선의 대안을 어떻게 확인할 수 있는가? 미국 하버드 법대의 피셔 교수는 다음과 같은 세 단계를 제시한다. 첫째, 당신이 상대방과 협상하여 합의에 이르지 못할 경우 취할 수 있는 대안, 즉 행동의 목록을 작성하는 것이다. 둘째, 이렇게 작성된 대안들을 실제 사용할 수 있도록 개선하는 것이다. 셋째, 이렇게 실제 사용할 수 있는 여러 대안들 중에서 가장 좋은 대안을 선택한다.

로 살 수 있는 더 좋은 동네의 보다 좋은 상태의 아파트가 매물로 나온다면, 즉 C씨에게 더 나은 대안이 있다면 J씨는 정말 어려운 처지에 놓이게 된다.

최선의 대안을 확인하는 과정에서 가장 중요한 것은 상상력과 인내일 것이다. 협상의 일반적인 측면에서도 그렇지만, 좋은 대안을 찾기 위하여 창조적인 머리와 끈기 있게 그런 대안을 찾아내려는 인내가 필요하다.

최선의 대안은 협상력을 강화시킨다

협상에서 최선의 대안은 다음과 같이 활용될 수 있다. 첫째, 최선의 대안은 협상에서의 분명한 목표를 설정할 수 있도록 도와준다. 어쩌면 당신이 협상 목표를 분명하게 인식하지 못할 수 있다. 이때 당신의 목적을 달리 달성할 수 있는 대안을 찾아보게 됨으로써 당신이 협상에서 당면한 목표를 다시 생각하게 된다. 이 점에서 최선의 대안은 협상에서 당신의 목표를 분명하게 설정하도록 도와준다. 둘째, 최선의 대안은 협상에서의 최종 양보점을 설정하도록 도와준다. 협상에서 합의될 결과는 최선의 대안보다 좋아야 한다. 만일 협상하는 중에 도출될 합의가 최선의 대안보다 좋지 않다면 그 협상을 중단해야 한다. 대신 최선의 대안을 추구하면 될 것이다. 이 점에서 협상을 계속 수행해야 하는지 중단해야 하는지를 판단하는 기준이 최선의 대안이다. 이렇게 최선의 대안은 협상의 최종 양보점의 설정에 도움이 된다.

최선의 대안은 협상자 모두에게 있을 수 있다. 당신에게 최선의 대안이 있듯이, 상대방에게도 최선의 대안이 있다. 따라서 당신은 자신의 최선의 대안은 물론 상대방의 최선의 대안도 판단할 필요가 있다. 상대방의 최선의 대안이 좋다면, 즉 상대방이 당신과의 협상 대신에 추구할 수 있는 다른 좋은 대안이 있다면, 상대방은 당신과의 협상에 적극적이지 않을 수 있다. 이 경우 당신은 상대방에 대하여 불리한 지위에서 협상을 수행하게 된다. 또는 상대방의 최선의 대안이 그렇게 좋지 않다면, 상대방은 당신과의 협상에 매달릴 수밖에 없다. 이 경우 당신은 상대방에 대하여 우월한 지위에서 협상을 수행할 수 있게 된다.

1998년 외환위기의 극복을 위하여 정부는 J은행을 H은행에 매각하는 협상을 하였다. 양측은 J은행의 매각 후 정부 지분에 대하여 합의를 보지 못하였다. H은행은 J은행의 지분을 100% 인수하겠다고 하였고, 정부는 최소한 40% 이상을 가지겠다고 대립하였기 때문이다. 결국 H은행은 정부의 20% 지분으로 양보를 하였지만, 정부는 이에 만족을 하지 못하고 N금융을 접촉하였다. N금융은 정부에게 49%의 지분을 인정하겠다고 제안하였다고 한다. 정부는 이들 양 기관과 협상을 병행하였는데, H은행은 정부 지분을 27.5%까지 양보하겠다고 수정제안을 하였다고 한다. H은행이 이렇게 양보한 것은 정부가 자신과의 협상이 결렬될 경우의 대안으로서 N금융으로의 매각 가능성을 알았기 때문이었다. 결국 N금융이 최선의 대안이 아니라는 것이 훗날 밝혀졌지만, 당시 협상으로는 최선의 대안이 활용된 것으로 볼 수 있다.

당신의 최선의 대안과 상대방의 최선의 대안은 협상의 수행에 큰 영향을 줄 수 있다. 따라서 자신의 최선의 대안이 좋지 않다면 상대방이 알지 못하도록 해야 하며, 자신의 최선의 대안이 좋다면 상대방이 알도록 하는 것이 유리하다. 또한 당신의 좋지 않은 대안을 상대방에게 그렇게 좋지 않은 것은 아니라고 보이게 할 수 있어야 한다. 당신이 상대방과의 협상 대신에 무엇인가 달리 할 수 있는 좋은 대안이 없는 경우에도 상대방에게는 달리 좋은 대안이 있는 것처럼 보이게 하는 태도가 필요할 수 있다. 물론 '새빨간' 거짓말을 해서는 아니 되겠지만, 당신이 상대방에게 필요한 존재라는 사실 또는 당신이 상대방에게 무엇인가 이익을 줄 수 있다는 것은 보여 줄 수 있어야 한다.

합의 가능 영역을 설정하라

협력적 협상은 협상자들이 그들의 파이를 키워서 서로 협상하기 전에 가진 기대보다 더 큰 이익을 얻게 하여 윈-윈을 추구하는 것이다. 이러한 파이 키우기, 가치의 창조를 위하여 위에서 설명한 협상의 기본 요소인 동기, 옵션, 기준 및 최선의 대안이 중요하다. 그러나 경쟁적 협상이 불가피한 경우도 있다. 특히 경쟁적 협상이 수행되는 경우에 합의를 이루기 위해서는 합의 가능 영역에 대한 이해가 필수적이다.

개시점 · 목표점 · 최종 양보점

협상자들이 협상을 통하여 합의를 할 수 있는 상황에 있을 때 '합의 가능 영역'(ZOPA: Zone of Possible Agreement) 또는 교섭 영역에 있다고 표현한다. 협상자들이 합의 가능 영역을 확인할 수 있다면 일단 그 협상을 통한 해결의 가능성은 높다고 볼 수 있다. 합의 가능 영역이 발견되지 못하면 그 협상은 어렵게 된다.

합의 가능 영역은 개시점, 목표점 및 최종 양보점 의 세 요소로 구성되며, 가격의 결정과 같이 한 가지 쟁점을 다루는 경쟁적 협상에서 특히 중요하다. 목표점(target point)은 당신이 협상에서 진정으로 바라는 기대 수준을 의미한다. 개시점(starting point)은 출발점이라 불리며, 상대방이 당신과 타협할 수 있는 기대를 가지게 하는 수준을 의미한다. 최종 양보점(bottom line)은 결별점(walkaway point) 또는 저항점

(resistant point)이라 불리며, 당신이 상대방에게 마지막으로 저항할 수 있는 지점, 즉 협상장을 떠나야 하는 한계를 의미한다. 협상자들이 협상에서 물러나는 최대 또는 최소의 가치인 최종 양보점의 설정에서 최선의 대안이 중요한 역할을 한다. 경쟁적 협상에서 협상자들은 협상이 타결되어도 자신들의 최종 양보점을 공개하지 않는 것이 일반적이다. 따라서 당신은 상대방의 최종 양보점에 대하여 올바르게 추측을 하였는지 확인할 수 없다. 이렇게 상대방의 최종 양보점을 정확하게 모르면, 협상을 당신에게 유리하게 완료하였다고 생각한 것이 착각일 수 있다. 실제로는 당신에게 더 유리하게 합의될 여지가 존재할 수 있기 때문이다. 그러나 이러한 문제는 협상의 현실이다. 당신의 잘못이라 할 수는 없다.

합의 가능 영역에 대하여 적어도 다음의 두 가지 문제가 지적될 수 있다. 첫째, 합의 가능 영역을 구성하는 당신과 상대방의 개시점, 목표점 및 최종 양보점이 움직일 수 없는 것은 아니다. 이들 개념은 협상이 진행되는 중에 서로 교환되는 정보에 기초하여 수정될 수 있다. 협상이 수행됨에 따라 최선의 대안이 변할 수 있듯이 최종 양보점도 변할 수 있다. 따라서 협상의 진행에 따른 유연한 태도가 요구된다. 둘째, 당신은 상대방의 마음을 읽을 수 없다. 기껏해야 당신은 상대방에 대하여 입수한 정보, 협상 경험에서 터득한 직관과 추측에 의존하게 된다. 이 과정에서 당신은 상대방의 최선의 대안과 최종 양보점을 판단해야 한다. 당신의 판단, 즉 추측이 옳을 수도 있고 틀릴 수도 있다. 추측이 틀리면, 당신은 상대방의 최종 양보점보다 훨씬 낮은 수준에서 합의를 하여 피해를 볼 수 있다. 또는 상대방의 최종 양보점보다 훨씬 높은 수준의 요구를 하게 되어 협상은 실패하게 될 것이다.

합의 가능 영역의 활용 방법

합의 가능 영역은 다음과 같이 활용될 수 있다. 첫째, 경쟁적 협상에서 합의 가능 영역을 확인하기 위하여 당신은 최종 양보점을 정해야 한다. 최종 양보점의 설정에서 최선의 대안이 특히 중요한 역할을 한다. 예컨대, 당신은 백화점에서 LCD TV를 구입하려고 한다. 이 경우 당신의 최선의 대안은 바로 길 건너에 있는 AV전문점에 가서 300만 원에 구입하는 것이다. 따라서 백화점에서의 구입에서 당신의 최종 양보점은 300만 원이 된다. 당신은 길 건너 전문점에서 300만 원에 구입할 수 있는 LCD TV를 백화점에서 300만 원보다 더 비싸게 구입할 필요가 없기 때문이다. 만일 당신이 LCD TV를 구입할 수 있는 전문점이 자동차로 1시간이나 소요되는 먼 곳에 있어서 왕래 시간과 교통비 등 30만 원의 비용이 추가로 발생한다고 하자. 이 경우 당신의 백화점에서의 최종 양보점은 LCD TV 가격 300만 원에 30만 원을 추가한 330만 원이 될 것이다. 이렇게 최선의 대안과 최종 양보점이 서로 관련이 있다. 일반적으로 물건을 사고팔 때, 구매자의 최종 양보점은 자신이 지불할 수 있는 최대 금액이고 판매자의 최종 양보점은 자신이 수용할 수 있는 최소 금액이 된다.

둘째, 경쟁적 협상에서 합의 가능 영역을 확인하기 위하여 협상에서의 목표점을 정해야 한다. 위의 LCD TV를 구입할 때 목표점은 예컨대 200만 원이 될 수는 없다. 아무리 낮은 가격으로 구입하고 싶어도, 최신형 LCD TV에 대한 가격으로서는 비현실적이기 때문이다. 목표점은 현실적으로 당신에게 가장 이익이 되는 수준이 될 것이다. 예컨대 최종 양보점인 300만 원에서 10% 정도 낮은 수준인 270만 원이 현실적인 목표점이 될 수 있다.

셋째, 경쟁적 협상에서 합의 가능 영역을 확인하기 위해서는 개시점을 정해야 한다. 일반적으로 상대방은 당신의 첫 제안인 개시점을 수용하려 하지 않을 것이다. 따라서 첫 제안은 수용되지 않을 수도 있다는 것을 예상해야 한다. 물론 당신은 협상이 진행되는 중에 당신의 목표점 가까이에서 타협할 수 있도록 개시점에 충분한 여유를 두어야 한다. 일반적으로 협상자들의 첫 제안 또는 개시점의 중간 지점에서 타협이 이루어진다. 이러한 경향에 따르면 상대방에 비교하여 다소 높은 수준의 첫 제안을 할수록 당신에게 보다 유리한 지점에서 타협이 될 수 있다. 그러나 개시점의 설정에는 협상에서 예상하는 양보의 횟수와 내용, 협상의 수행 시간, 목표점 등이 현실적으로 고려되어야 한다.

예컨대 갓 출고한 새 차를 타고 가는 길에 복잡한 도로에서 뒤에서 따라오던 차에 받혀서 범퍼가 찌그러졌다. 당신은 뒤 차 운전자에게서 범퍼의 수리비를 받아야 한다. 30만 원이면 새 범퍼로 교체할 수 있을 것이라는 판단이 서서 내심 목표점을 30만 원으로 정한다. 엄밀히 말하면 이럴 때 당신의 최선의 대안은 뒤 차 주인과의 협상을 중단하고 경찰에 접촉 사고를 신고하고, 보험 회사에 연락하거나 법원에 손해배상의 소송을 제기하는 것이다. 그러면 당신이 정한 목표점보다 더 후한 보상을 받을 수 있을지도 모른다. 그런데 경찰에 신고하고 보험 회사에 연락하고 법원에 제소하는 것이 시간의 낭비와 정신적 부담 등으로 별로 내키지 않는다. 당신은 이러한 대안이 별로 탐탁치 않아서, 뒤 차 운전자와 협상을 계속하려고 한다. 썩 기분 좋은 일은 아니지만, 20만 원이면 찌그러진 범퍼를 교체하지는 못하더라도 수리할 수는 있을 것이다. 당신이 조금 손해를 보더라도 최소한 받아야 할 최종 양보점을 20만 원으로 정한다. 이에 따라서 당신은 30만 원이면 협상의 목적을 달성하는 것이지만, 한 발 물러서서 20만 원까지는 협상을 타결하려고 할 것이다. 한편 당신은 뒤 차 운전자가 당신의 개시점을 그대로 수용하지 않을 것이라 예상하였기 때문에 목표점과 충분한 여유를 두어 40만 원을 개시점으로 제시한다. 뒤 차 주인은 15만 원을 개시점으로 제시하였다.

물론 당신은 뒤 차 운전자에게 당신의 최종 양보점을 알려주지 않을 것이다. 상대방이 당신의 최종 양보점을 알게 되면 최종 양보점에 가까운 수준에서 타협하려 들 것이다. 이렇게 되면, 당신은 최종 양보점보다 더 높은 수준으로, 가능하면 목표점 가까이에서 합의할 가능성이 작아지게 된다. 그러나 실제 협상 중에는 최종 양보점을 잠시 잊어버리는 것이 바람직하다. 당신은 최종 양보점보다는 목표점을 향해야 하기 때문이다. 육상 선수가 자신의 평소 기록보다 더 좋은 기록을 예상해야 실제로 더 좋은 결과를 얻는 것과 마찬가지이다. 따라서 당신은 협상의 수행에서 보다 높은 수준의 이상적인 목표점을 향할 필요가 있다. 이렇게 보다 높은 목표점을 가지고 있는 당신은 보다 만족스러운 협상 결과를 얻을 수 있다.

위의 접촉 사고에서 뒤 차 운전자도 당신과의 협상을 중단하는 최선의 대안과 나름의 최종 양보점 및 목표점을 고려할 것이다. 그리고 당신과 마찬가지로 뒤 차 운전자도 개시점(15만 원)을 제외하고는 별다른 정보를 당신에게 주려고 하지 않을 것이다. 그러나 이런 상황에서 당신은 다음과 같이 뒤 차 운전자의 최종 양보점과 목표점을 추측할 수 있다. 대부분의 사람들은 금전적 손해를 보고 싶지 않기 때문에, 뒤 차 운전자는 당신이 처음에 제시한 개시점(40만 원)보다 낮은 수준에서 목표점을 설정할 것이다. 어쩌면 뒤 차 운전자는 자신의 개시점(15만 원)에 보다 가까이 목표점을 설정할 것이다. 그리고 뒤 차 운전자도 당신과 마찬가지로 보험 회사에 연락하거나 법원에 가는 것은 결코 바람직한 대안이라고 생각하지 않을 것이다. 경우에 따라서 뒤 차 운전자는 당신에게 자신의 최선의 대안을 공개하지 않고 오히려 당신을 의도적으로 혼동하게 만들 수도 있다. 자신의 가까운 친구가 교통 경찰이라고 둘러댈 수도 있고 보험 회사가 이 접촉 사고를 알게 되면 당신의 보험료가 대폭 증액될 것이라고 무턱대고 과장할 수도 있다. 이렇게 뒤 차 운전자는 당신의 최선의 대안이 바뀌도록, 즉 덜 매력적으로 보이도록 노력하여 협상의 우위를 가지려고 할 것이다.

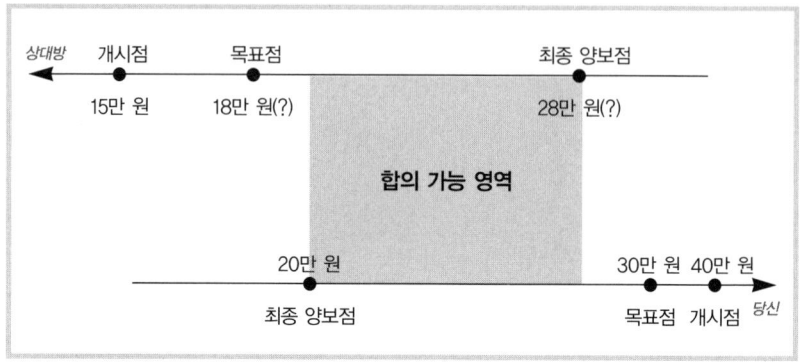

당신과 상대방의 중복되는 최종 양보점 사이의 영역은 서로에게 합의가 가능한 영역이 된다.

그런데 이런 협상 과정에서 당신의 최종 양보점과 뒤 차 운전자의 최종 양보점이 중복될 수 있다. 당신과 상대방의 중복되는 최종 양보점 사이의 영역은 서로에게 합의가 가능한 영역이 된다. 뒤 차 운전자가 목표점을 18만 원으로 정하고 최종 양보점을 28만 원으로 정하면 당신과 뒤 차 운전자의 최종 양보점의 중복, 즉 20만 원에서 28만 원 사이는 합의 가능 영역이 된다.

위의 예에서 당신과 뒤 차 운전자는 서로의 최종 양보점이 중복되는 어느 지점에서 타협할 수 있다. 다만 당신이 가지고 있는 정보의 한계 때문에 실제로 합의 가능 영역을 정확하게 판단하기는 어려울 것이다. 물론 서로의 최종 양보점이 중복되지 않을 경우에는 협상이 결렬될 수 있다. 상대방이 당신의 최종 양보점인 20만 원보다 낮은 19만 원을 최종 양보점으로 정한 경우이다. 아니면 당신이나 상대방이 자신의 최종 양보점을 완화하여 합의 가능 영역이 생성되면 협상이 타결될 수 있다.

상대방이 당신의 최종 양보점보다 높은 수준으로 최종 양보점을 완화하거나, 당신이 상대방의 최종 양보점보다 낮은 수준으로 최종 양보점을 완화하는 것이다. 경쟁적 협상에서 당신이 상대방보다 유리한 합의를 이끌어 내기 위하여 상대방의 최종 양보점을 완화시키도록 노력해야 한다. 상대방의 최종 양보점이 완화될수록 즉, 상대방이 조금 더 양보하여 당신의 목표점으로 가까이 움직일 수 있으면, 당신에게 더 유리하게 되기 때문이다.

거듭 강조하지만, 협상자들의 최종 양보점은 경쟁적 협상에서 특별히 중요하다. 경쟁적 협상이 성공하기 위하여 상대방의 최종 양보점을 찾아내어 상대방의 목표점보다 자신의 목표점에 가까운 합의를 도출하는 것이 유리하다. 이 과정에서 당신은 상대방에게 상대방의 최선의 대안이 처음에 생각한 것만큼 매력적이지 않거나 실제로 그다지 소용이 없다고 생각하게 만들 필요가 있다. 이렇게 되면 상대방은 당신과의 협상 타결에 집착하게 될 것이다. 예를 들어 동종의 다른 경쟁 기업과 제휴를 위한 협상을 수행하는 경우에 상대방은 당신 회사와 처절하게 판매 전쟁을 하는 것을 자신의 최선의 대안으로 생각할 수 있다. 이런 경우 당신의 회사에서 최신의 제품 개발에 성공하였다는 언론 보도가 있게 되면 상대방의 최선의 대안과 그에 따른 최종 양보점은 당신에게 유리하도록 변화될 수 있다.

경쟁적 협상에서 개시점이 협상 결과에 큰 영향을 미치는 이유는 개시점이 협상자들에게 협상 수행에 있어 심리적으로 의지가 되기 때문이다. 즉 '닻'(anchor)의 효과를 주기 때문이다. 개시점이 협상 결과에 큰 영향을 미치기 때문에 협상자들은 협상이 개시되면 협상의 목표점보다 아주 낮거나 높은 수준으로 제안하려고 한다. 하지만 앞서의 예에서 정가가 300만 원인 LCD TV 신제품을 200만 원에 사겠다고 처음에 제안하는 것은 무모하다고 볼 수 있다. 이렇게 무모한 개시점은 현실적으로 긍정적이지 않다. 상대방이 무모한 개시점에 대하여 분노하고, 협상 수행에 대한 당신의 진정성을 의심할 수 있기 때문이다. 상대방은 당신이 합리적이지 않다고 평가하여 더 이상의 협상을 중단할 수 있다. 경쟁적 협상에서 개시점은 자신에게 유리하면서 상대방이 협상을 중단하지 않도록 균형을 이루어야 한다.

정보는 협상의 기본이다

21세기 최첨단 시대를 설명하는 가장 핵심적인 용어는 정보이다. 협상에서 정보의 중요성을 강조하여 '정보 중심의 협상'(information based negotiation)이라 부르기도 한다. 앞에서 협상의 중심 요소로 설명한 동기, 옵션, 객관적 기준, 최선의 대안 및 최종 양보점 등은 다름 아닌 정보이다. 이러한 '당신'의 정보 못지않게 중요한 것은 '상대방'의 정보이다. 지피지기(知彼知己)이다. 특히 상대방의 협상 권한, 협상 유형, 가족 관계와 취미는 물론 협상의 대상인 사안에 관한 정보도 충분히 확보해야 할 것이다. 또한 당신의 협상 시한은 원칙적으로 상대방에게 알려져서는 안 되는 전략적으로 중요한 정보이지만, 상대방의 협상 시한은 역으로 당신에게 매우 가치가 있는 정보이다.

협상 사안에 관련된 제3의 이해당사자들에 관한 정보도 중요하다. 협상의 결과는 당신과 상대방에게 직접적으로 영향을 미치지만, 간접적으로 영향을 받는 제3의 이해당사자들도 중요하기 때문이다. 한국과 미국 사이의 작전통제권의 행사에 관한 협상에서 북한의 존재는 절대적으로 중요할 것이다. 또한 당신과 상대방의 협상 이외에 당신과 상대방 또는 각자의 조직 사이에서 수행되고 있는 협상에 관한 정보도 중요하다. 각각의 협상이 다른 협상에 영향을 줄 수 있기 때문이다. 이 점에서 외규장각도서 반환의 협상에서 한국 정부가 프랑스와 별도의 고속철(TGV) 도입에 관한 협싱을 적극적으로 활용하지 않은 것으로 보이는 점은 크게 아쉽다 할 것이다. 이와 달리 러시아는 2006년 10월 UN안전보장이사회에서 북한의 제재 결의안을 채택하는 과정에서 그동안 미국이 반대하여 채택되지 못한 그루지아에 대한 결의안에 대한 미국의 지지를 얻어 내는 데 성공하였다.

국가간 협상, 특히 미국과 러시아 등 강대국들 사이의 협상에서 정보의 보안은 극히 중요하게 다루어진다. 2006년 7월 러시아에서 개최된 G8정상회담에서 미국 경호팀은 부시 대통령과 그 측근이 러시아의 감시로부터 벗어나는 데 골몰하였다. 경호팀은 러시아 첩자가 엿듣지 못하게 미국 측 참가자들의 '블랙베리' 단말기와 휴대폰을 반납하게 하였다. 또한 부시 측근은 보안 유지를 위하여 유일하게 보안 유지가 되는 것으로 판단된 부시의 리무진(미국에서 공수됨)에서 회의를 하였다고 보도되었다. 일반적인 협상에서 이러한 수준으로 정보의 보안이 유지되기는 물리적으로도 어렵겠지만, 협상에서 정보 보안의 중요성은 분명히 인식되어야 한다.

협상에서 가장 중요한 단계는 준비이며, 그 준비의 핵심이 정보이다. 당신과 상대방의 동기, 객관적 기준, 다양한 옵션, 최선의 대안 등에 대한 정보를 수집하고 분석하는 과정이 협상의 준비이다. 성공적인 협상가는 상대방의 동기 등에 대한 적절한 정보를 입수하는 능력이 탁월하다. 그리고 정보의 수집과 평가는 협상의 준비에서 종결에 이르기까지 전체 과정에서 끊임없이 수행되어 협상 수행에 반영되어야 한다. 따라서 새로운 정보를 수용할 수 있도록 마음을 비우고 유연하게 대처해야 한다.

특히 협력적 협상에서 적절한 정보를 많이 입수하고 공유할수록 당신과 상대방은 보다 창의적으로 협상을 수행할 수 있다. 그런데 '협상자의 딜레마'에서 검토하였듯이, 협력적 협상 전략의 사용 그 자체는 상대방도 협력적 협상 전략을 사용할 것이라는 믿음 또는 신뢰에 의지하게 된다. 이같이 협상 과정에서 정보의 공유를 비롯한 처리는 협상자들 사이의 신뢰의 영향을 많이 받게 된다.

정보에 관하여 협상자들 사이에 신뢰가 없다면 정보의 교환 및 공유를 통한 협상의 성실한 진전은 기대하기 어렵다. 우선 협력적 협상 전략에 따라 당신은 상대방에게 당신에 관한 모든 정보를 공개하려고 한다. 그런데 상대방은 똑같이 당신에게 자신의 모든 정보를 공개하지 않고서 당신이 공개한 정보를 활용할 수 있다. 또는 상대방을 신뢰하지 못하여 당신은 당신에 관한 정보를 전혀 공개하지 않을 수 있다. 이 경우 당신과 상대방의 협상은 쉽게 진전되지 못할 것이다. 이러한 경우를 '정직함의 딜레마'(dilemma of honesty)라 부른다.

둘째, 상대방이 당신에게 자신에 관하여 많은 정보를 주고 있다. 만일 당신이 상대방이 제공하는 정보를 모두 신뢰하려 한다면 상대방은 당신을 활용할 수 있다. 또는 상대방을 신뢰하지 못하여 당신이 상대방이 제공한 정보를 믿지 않는다면 당신과 상대방의 협상은 쉽게 진전되지 못할 것이다. 이러한 경우를 '신뢰의 딜레마'(dilemma of trust)라 부른다. 이렇게 정보의 교환에서 협상자들 사이의 믿음 또는 신뢰는 성공적인 협상의 수행에 결정적인 역할을 한다.

협상 술수와 그에 대한 대응에서 다루겠지만, 당신이 잘 모르거나 신뢰할 수 없는 상대방과 협상을 하는 경우에 상대방이 제공하는 정보의 진실 여부에 대하여 일단 부정적 판단을 하는 것이 안전할지 모른다. 이렇게 제공된 정보를 여러 각도에서 또한 여러 출처를 통하여 객관적이고 균형된 검토를 하여 진실성이 입증되면 활용해야 한다. 협상 중에 상대방의 진술을 여러 각도에서 검토한다면 그 진술의 진정성이 확인될 수 있다. 이렇게 새로이 확인된 정보 또는 그 진위 여부는 바로 당신의 최선의 대안, 기준, 옵션 개발 및 최종 양보점 등에 새롭게 반영되어야 한다.

협상테이블
커피브레이크

실제의 협상에서 가장 큰 잘못은 서로의 요구 내용인 입장에만 관심을 가지고, 이러한 입장 사이에서 타협을 하려는 것이다. 그런데 많은 경우 서로의 입장 뒤에 숨어 있는 인간적 욕구가 더 중요하다. 협상 주체인 우리 인간이 협상을 하는 근본적인 이유는 각자의 인간적 욕구를 충족시키는 것이고, 협상에서의 입장은 이러한 욕구를 표현하는 것이다. 따라서 협상에서 제시되는 입장 뒤에 숨어 있는 인간적 욕구, 즉 동기를 파악하여 이를 충족시키는 것이 중요하다. 당신의 동기는 물론 상대방의 동기도 충족되어야 하고, 보다 큰 동기가 충족되어야 협상의 윈-윈 가능성이 더 커진다.

협상에서 서로의 입장 뒤에 있는 인간적 욕구인 동기를 파악하였다면, 이를 충족시킬 수 있는 방안을 찾아야 한다. 이러한 방안이 옵션인데, 문제는 이러한 옵션을 다양하게 창의적으로 개발하는 것이다. 당신과 상대방이 브레인스토밍을 통하여 서로 협력하면 보다 많은 옵션을 찾아낼 수 있다. 그리고 이들 옵션 중에서 서로의 동기를 보다 잘 충족시킬 수 있는 적절한 옵션을 채택하면 된다.

협상 결과가 공정한지 미심쩍을 때가 있다. 서로의 동기를 잘 충족시킨다고 채택한 옵션이 어쩌면 당신에게 공정하지 않을 수 있기 때문이다. 협상 결과의 공정성을 확보하기 위하여 객관적 기준을 활용하는 것이 필요하다. 협상자 모두는 물론 사회에서도 객관적이라고 평가되는 기준에 따라 옵션을 최종적으로 채택하게 되면, 적어도 불공정한 협상은 아니기 때문이다. 객관적 기준에는 법령, 업계의 관행, 선례 등이 있다.

협상은 수단이다. 당신과 상대방이 서로에 의지하여 자신의 목적을 달성하기 위하여 협상을 하는 것이다. 협상은 당신이나 상대방의 목적을 달성하기 위한 수단에 불과하다. 당신이 바로 앞의 상대방과 협상을 하고 있다면, 이 상대방과의 협상이 아닌 다른 여러 수단을 통해서도 당신의 목적이 달성될 수 있는 것이다. 이 점에서 당신은 현재 수행 중인 협상을 포기한 후 선택할 수 있는 다른 대안을 찾을 필요가 있다. 특히 이들 대안 중에서도 가장 좋은 최선의 대안과 당신이 수행 중인 협상에서 얻을 수 있는 결과를 비교해 볼 필요가 있다. 최선의 대안보다 더 좋은 협상 결과를 얻을 수 있다면, 당신은 이 협상을 수행하는 것이 바람직하다. 최선의 대안보다 못한 협상을 하여 후회하지 말 것이다.

위의 기본 요소는 기본적으로 협력적 협상에서 적극 활용된다. 그런데 협력적 협상이 가능하지 않은 경우가 있을 수 있고, 또한 협력적 협상에 따라 일단 서로가 나눌 수 있는 전체 몫을 키운 후에도 경쟁적 협상이 필요하게 된다. 이런 경우에 협상의 합의 가능 영역이 중요한 역할을 한다. 합의 가능 영역은 당신과 상대방이 합의를 도출할 수 있는 영역 또는 여지를 말한다. 합의 가능 영역을 확인하는 경우에 상대방에 관한 정보의 확인이 중요한 관건이 될 것이다.

최근에는 협상에서 정보의 중요성을 강조하여 '정보 중심의 협상' 이라는 말도 사용되고 있다. 위에서 거론된 협상의 기본 요소는 모두 협상의 정보라고 볼 수 있다. 이러한 정보에는 나의 정보도 있고 상대방의 정보도 있다. 따라서 당신은 협상의 수행 중에 상대방에 관한 정보의 수집과 진정성의 확인에 주의할 필요가 있다. 협력적 협상을 하더라도 당신에게 절대로 중요한 정보는 상대방에게 공개하지 말아야 할 것이다. 물론 당신의 판단에 따라야 하겠지만.

● 이것만은 챙깁시다 ●

1. 입장 뒤에 숨어 있는 이유, 즉 동기를 찾아야 한다.
2. 동기는 하나가 아니고, 여러 동기들 중에는 더 중요한 동기가 있을 수 있다.
3. 더 중요한 동기를 충족시킬 수 있도록 옵션을 다양하게 창의적으로 개발해야 한다.
4. 옵션의 개발을 위하여 협상의 개시 전은 물론 협상의 수행 중에도 브레인스토밍이 필요하다.
5. 협상의 결과는 객관적 기준에 부합해야 한다.
6. 협상은 수단이며, 협상에 대한 최선의 대안을 검토해야 한다.
7. 최선의 대안보다 더 나은 협상 결과를 얻어야 한다.
8. 협상에서는 정보가 중요하고, 나의 정보는 물론 상대방의 정보도 검토해야 한다.

제3장

협상 수행의 4단계

협상 수행의 4단계

협상의 수행은 준비, 개시, 수행 및 종결의 4단계로 구분할 수 있다. 이들 4단계 모두 중요하지만, 특히 준비 단계가 가장 중요하다. 협상에 임하는 준비는 협상의 개시, 수행 및 종결의 기반이 되기 때문이다. 협상의 준비를 충분하게 할수록 협상은 당신에게 보다 유리하게 될 가능성이 높다.

준비는 많이 할수록 좋다

협상에서 무엇이 중요한지를 전문가들에게 질문하면 많은 경우에 준비라고 한다. 준비를 충분하게 할수록 협상의 목적을 달성할 가능성이 높아진다는 것이다. 준비는 지나치게 많이 해도 좋다고 한다. 반대로 준비가 되어 있지 않으면 협상을 개시해서는 안 된다. 그 협상은 실패할 것이기 때문이다. 그리고 협상 준비의 핵심은 정보이다. 당신은 물론 상대방의 동기, 객관적 기준, 다양한 옵션, 최선의 대안 등에 관한 정보를 수집하고 분석하는 과정이 협상의 준비 단계의 시작이다. 이렇게 수집되고 분석된 정보를 바탕으로 협상의 계획과 목표가 설정된다.

치밀한 준비 과정

다음에서 당신이 협상을 어떻게 준비할지 간략히 설명한다. 준비 과정은 협상 사안의 구성, 상대방과 협상 쟁점의 교환, 협상 쟁점의 검토, 협상 쟁점별 목표 설정, 주장을 지지하는 자료의 준비, 상대방에 대한 준비를 포함한다.

협상 사안의 구성

당신은 상대방과 협상을 통하여 해결해야 할 문제를 정리해야 한다. 협상에서 당신이 원하는 것이 무엇인지 또는 무엇을 협상할지 그 사안을 정하는 것이다. 이러한 사안의 구성(framing)에서 사안에 관련된 상황이나 관련 위험 등에 대하여 고민해야 한다. 물론 상대방도 마찬가지로 협상의 준비를 위하여 사안을 구성할 것이다. 쌍방이 각각 협상의 사안을 구성하게 되면, 협상에서 구체적으로 다루어질 쟁점과 이러한 쟁점

협상 수행의 4단계

(IV) 종결
합의문 작성

(III) 수행
의사소통(정보 교환/설득)
옵션 개발 | 객관적 기준 적용
양보 | 최선의 대안 검토

(II) 개시
협상 전략 선택(협력/경쟁)
입장에 대한 동기 파악 | 상대방의 협상 권한 파악
첫 제안 고민

(I) 준비
협상 목적 설정
협상 쟁점 및 세부 목표 설정 | 지피지기
최선의 대안 검토

협상의 기본 요소 : 동기, 옵션, 객관적 기준, 최선의 대안
협상자의 자질 : 인내, 창의력

이 해결되는 과정이 인식될 수 있다. 따라서 당신과 상대방의 협상 사안에 대한 구성이 일치할수록 그만큼 협상에서 공동의 쟁점에 집중할 수 있게 된다. 협상 사안의 구성은 협상의 준비 과정에서는 물론 협상의 진행 방향에 결정적 영향을 미칠 수 있다.

협상 사안을 구성할 때 당신은 협상의 목표를 결정하고, 협상에서 얻을 수 있는 것을 예상해야 한다. 이 단계에서 당신은 사안을 분석하여 상대방과 협상해야 할 쟁점을 정의해야 한다. 협상에서 다루어져야 할 쟁점을 충분히 찾아내기 위하여 동료나 제3의 전문가들과 협의하는 것도 좋다. 혼자 생각하고 고민하는 것보다 여럿이 같이 고민하는 것이 더 효과적이기 때문이다. 이런 목적으로 서로 비판을 삼가면서 의견을 많이 모을 수 있는 브레인스토밍(brainstorming)이 유용하다.

언뜻 당신이 상대방에게 한 가지만 원하는 듯하지만, 심각하게 고민하면, 당신이 원하는 것이 여러 개가 될 수 있다. 이렇게 당신이 원하는 것이 여러 개 발견되면, 즉 쟁점이 여럿 있게 되면, 경쟁적이 아닌 협력적 협상이 가능하게 된다. 이렇게 협상 사안을 구성하면서, 당신이 반드시 얻어야 하는 것과 그저 얻기를 바라는 것이 무엇인지 구별할 수 있어야 한다. 협상에서 당신은 그저 얻기 바라는 것보다 반드시 얻어야 하는 것을 얻어야 하기 때문이다.

마찬가지로 협상 사안을 구성하면서, 당신은 상대방이 원하는 것이 무엇인지도 고민해야 한다. 상대방이 당신과 협상을 하는 이유가 무엇인지 확인하는 것이다. 성공적인 협상을 하기 위하여 당신은 필히 상대방이 원하는 것을 확인해야 한다. 상대방이 반드시 가지고 싶어 하는 것과 단지 바라는 것을 구분해 보지 않으면 당신이 반드시 가지고 싶어 하는 것을 가지지 못하면서 상대방이 반드시 가지고 싶어 하는 것을 가지게 할 수 있다.

대체로 상대방이 당신과 협상을 하는 이유는 당신이 상대방에게 무엇인가 도움을 줄 수 있거나 무엇인가 불이익을 줄 수 있다고 믿기 때문이다. 이러한 도움이나 불이익은 대체로 금전적, 심리적, 사회적, 또는 물질적인 것이다. 당신이 식당에서 세트메뉴의 특정 샐러드를 당신이 좋아하는 다른 샐러드로 바꿔 달라고 부탁할 때, 웨이터나 지배인이 당신의 부탁을 들어 주려는 것은 당신이 그 식당의 단골이거나, 팁을 많이 줄 것이거나, 다정다감하여 친하게 지내고 싶거나, 당신의 부탁을 거절하면 당신이 고함을 치는 등 소란을 피울까 걱정이 되거나, 원하는 샐러드가 비용이 적게 들거나, 원하는 샐러드의 재료가 너무 많아 소진하고 싶거나 등 다양한 이유가 있기 때문이다.

상대방과 협상 쟁점의 교환

국가와 국가 및 기업과 기업 사이의 협상과 같이 중요한 협상에서는 많은 경우 협상이 개시되기 전에 협상되어야 할 쟁점 목록이 교환된다. 당신과 상대방은 협상이 개시되기 전에 협상 쟁점을 교환함으로써 협상에서 다루어질 쟁점들의 체계적 목록인 협상의제(agenda)를 고안할 수 있다. 협상에서 다루어질 쟁점이 미리 합의될 수 있는 것은 협상자들 서로가 사안의 구성을 이미 했기 때문이다. 물론 이러한 사안 구성의 준비가 되지 않은 경우에는 실제 협상이 개시된 후에 탐색을 거쳐서 쟁점을 확정할 수 있다.

또한 이 과정에서 실제 협상이 수행될 장소, 협상 개시 시점과 기간, 및 협상에 참여하는 인사들의 확정은 물론 협상의 수행에 관한 원칙 등이 합의될 수 있다. 이러한 협상의 절차적 문제들에 대한 원만한 합의는 협상의 실체적 문제, 즉 사안의 해결에 도움이 된다. 이 같은 협상의 절차적 문제가 합의되지 못한다면, 그 협상의 수행은 그만큼 더디고 어려움을 겪을 수 있다.

협상 쟁점의 검토

일단 협상 의제가 합의되면 각 쟁점별 입장과 그 동기가 무엇인지 깊이 고민해야 한다. 동시에 협상 목적에 비추어 협상 쟁점들을 그 중요도에 따라 분류해야 한다. 중요도에 따른 쟁점의 분류는 당신의 협상이 성공하느냐에 큰 영향을 준다. 협력적 협상 전략에서 당신은 상대방과 다양한 쟁점들에서 맞교환을 할 수 있는데, 당신에게 더욱 중요한 쟁점에서 당신이 원하는 합의를 해야 하기 때문이다. 당신이 반드시 얻어야 하는 것을 얻어야지, 당신이 그저 얻기를 바라는 것을 얻는다면 당신의 협상은 성공적이라 볼 수 없다.

협상 쟁점들 사이의 상호 관련성도 판단하는 것이 좋다. 하나의 쟁점이 해결되면 다른 쟁점도 해결된 것과 마찬가지 상황이 될 수 있기 때문

사안과 쟁점의 구별

당신이 서울에서 부산으로 전근을 가게 되어 지금 살고 있는 아파트를 매도하려 한다. 마침 옆집에 전세를 든 사람이 당신 아파트에 관심을 가지고 있어 내일 만나기로 하였다. 이 협상의 **사안**은 아파트의 매매이다. 이 사안의 가장 중요한 문제, 즉 **쟁점**은 당신에게는 매도 가격의 결정, 옆집 사람에게는 매수 가격의 결정이다. 그런데 이 사안에서 쟁점은 가격만이 아니다. 다른 쟁점들도 있기 때문이다. 예컨대 입주 일자(아파트를 비워야 할 일자), 대금 지불 조건(계약금, 중도금 및 잔금의 배분 및 지급 일자), 아파트에 있는 가구의 인수 여부, 아파트의 매도 후 청구될 전기료 등의 처리와 같은 여러 쟁점이 있다. 가장 중요한 쟁점인 매도 가격에서 당신의 **입장**은 최저 3억 5000만 원을 받아야겠다는 것이고, 옆집 사람의 **입장**은 최대한 3억 원까지 줄 수 있다는 것이다. 이러한 당신 입장에 대한 이유, 즉 **동기**는 부산에서 더 좋은 동네에서 더 좋은 시설의 아파트를 살 수 있을 충분한 자금을 확보하고 싶은 바람, 당신 아파트의 다른 층에서 최근에 3억 3000만 원에 계약되었다는데 당신 아파트는 그 보다는 더 받아야 마땅하다는 자부심 등이 될 것이다.

이다. 이러한 쟁점의 검토를 통하여 보다 중요한 쟁점에 대하여 다소 의연하게 협상하고 보다 사소한 쟁점에 대하여는 다소 유연하게 협상할 수 있다. 또는 여러 쟁점들을 하나로 묶어서 모든 쟁점이 해결될 때 비로서 전체 협상이 종료하는 '단일약속' 또는 '일괄타결'(single undertaking)의 방식을 제안할 수 있다. WTO의 도하개발아젠다(DDA:

Doha Development Agenda) 다자무역협상은 단일약속 방식의 한 예이다. 반덤핑협정에 대한 개정이 합의되어도 농업협정에 대한 개정이 합의되지 않으면 DDA협상은 타결되지 못하는 것이다.

이 단계에서 당신은 상대방의 처지에서 쟁점들을 중요도에 따라 분류할 필요가 있다. 상대방에 대한 정보가 충분하지 않은 상황에서 수행되는 이 작업은 추측에 불과할 수 있지만, 실제 협상의 수행에서 상대방과 쟁점별로 맞교환할 가능성에 대비하기 위하여 꼭 필요하다. 이러한 작업을 통하여 당신은 상대방과의 실제 협상에서 긍정적 합의를 도출할 수 있을지 가늠할 수 있다. 혹시라도 부정적으로 판단하게 되면, 당신이나 상대방 중의 하나 또는 모두는 자신들의 협상 목적을 수정하거나, 아니면 협상을 포기하는 등 다른 최선의 대안을 검토해야 할 것이다.

협상 쟁점들의 중요도가 결정되면, 협상에서 이들 쟁점이 다루어질 순서를 결정해야 한다. 보다 쉬운 쟁점부터 협상할 수 있고, 또는 보다 어렵거나 중요한 쟁점부터 협상할 수 있다. 또는 모든 쟁점을 놓고서 협상할 수 있다. 이러한 순서는 당신과 상대방의 협상 유형이나 성격 및 협상 상황에 따라 다르게 될 것이다. 예컨대 2006년 6월에 수행된 한미 FTA의 제2차 협상은, 대부분의 통상협상의 초기 단계에서와 마찬가지로, 보다 간단한 쟁점에 집중한 것으로 알려졌다.

협상 쟁점별 목표점 설정

협상에서 당신이 목적을 달성한다는 것은 구체적인 쟁점에 대한 목표

달성을 의미한다. 당신은 협상 쟁점별로 기대할 수 있는 또한 자신에게 가장 이익이 되는 해결책을 생각하게 된다. 이러한 해결책은 당신의 입장에 대한 동기를 잘 반영하고, 객관적 기준에 부합하여 공정해야 할 것이다. 이와 함께 당신은 상대방이 각각의 쟁점에서 기대할 수 있는 해결책이 무엇일까 고민하는 것도 필요하다. 당신이 경쟁적 협상을 할 수밖에 없다면 앞에서 설명된 합의 가능 영역(ZOPA)을 검토해야 한다. 중요한 점은 당신의 목표점을 합리적인 선에서 가능한 높게 잡는 것이다. "Aim high!"

입장을 지지하는 자료의 준비

협상에서 당신은 자신의 입장을 관철하기 위하여 상대방에게 주장을 하게 된다. 당신의 주장은 상대방의 입장이나 판단에 영향을 주기 위한 것이다. 따라서 당신의 주장은 상대방에게 설득력을 가져야 하고, 그러기 위하여 객관적 기준에 따라 정당성을 가져야 할 것이다. 이 점에서 당신은 쟁점별로 당신의 입장을 정당화하는 객관적 기준을 가능한 한 충분하게 준비하는 것이 좋다. 이러한 기준에는 법과 같은 규범적 기준이 있고, 또는 생산량이나 성장률과 같은 경제적 사실이나 지표가 있다. 이러한 기준은 객관적이어야 상대방이 수긍하게 된다. 이와 함께 당신이 제시한 기준에 대한 상대방의 반박 또는 반응도 미리 생각하여, 추가적인 대응도 준비할 필요가 있다.

국내 대표적 기업의 창업주가 1970년대 초 새롭게 조선업에 진출하

고자 영국으로부터 조선소 설립 차관을 얻고자 하였다. 조선소가 지어질 울산 모래 벌판의 사진 한 장은 그가 꿈꾸는 생소한 조선 사업에 대한 신뢰를 얻기에는 태부족이었다. 그는 바지 주머니에서 지폐 한 장을 꺼내 테이블 위에 펼쳤다고 한다. 거북선이 그려진 500원짜리 지폐였다. 그는 영국의 조선 역사가 1800년대부터라고 한다면, 한국은 이미 1500년대에 이러한 철갑선을 만들었다고 상대방을 설득하였다고 한다. 결국 그는 필요한 차관을 얻을 수 있었다. 지폐 속의 거북선이 협상에서 한국 기업인의 입장을 지지하는 훌륭한 자료가 되었다.

상대방에 대한 준비

협상은 상대적이다. 당신은 상대방이 있어야 협상을 할 수 있고, 서로가 함께 긍정적으로 평가하는 합의를 해야 협상을 종결할 수 있다. 이 점에서 상대방에 대한 준비가 필요하다. '지피지기'(知彼知己)가 협상에서도 적용된다. 즉, 상대방이 당신에게 당신이 바라는 것을 줄 수 있는지 아니면 당신에게 해를 줄지 분명한 판단이 요구된다. 협상 상대방의 진정성에 대한 판단이다. 예를 들면 외환위기 당시 J은행 매각의 주된 명분의 하나가 선진 금융 기법 도입에 따른 국내 금융 산업의 발전이었다. 그런데 J은행을 매입한 N금융은 단기적 이익에 치중하는 펀드임이 나중에 밝혀졌다. 즉, 당시에는 N금융의 정체를 분명하게 파악하지도 않고 겁 없이 협상하였던 것이다. 그 결과 예상하지 못한 규모의 공적자금이 투입되어 국민경제에 막대한 부담이 발생하였다.

일단 협상 상대방의 진정성이 확인되면, 상대방에 대한 보다 구체적인 준비가 필요하다. 즉, 협상 상대방이 중요하게 생각하는 쟁점, 이들 쟁점에 대한 상대방의 입장 및 그 동기, 상대방의 협상 유형 등에 대한 이해가 필요하다. 이러한 상대방을 이해하기가 그리 쉽지 않을 수 있지만 상대방에 대한 준비가 충실할수록 당신에게 큰 도움이 된다.

기업인들에게 세무조사는 꿈에서도 무서워하는 일이다. 세무조사가 특히 무서운 이유는 조사 공무원들의 준비가 철저하기 때문이다. 조사 공무원들은 세무조사를 나오기 전에 과거 신고했던 신고서, 관련 세무자료, 동종 업체의 상응하는 자료, 다른 곳에서 얻은 정보를 종합하여 조사에서 중점적으로 다룰 항목을 정한다고 한다. 이에 더하여 조사 대상 기업의 거래 업체에 대한 현장 확인, 다른 정부 기관 보유 자료 등도 검토한다. 따라서 대부분의 경우 세무조사 앞에서 해당 기업은 꼼짝달싹 할 수 없게 된다.

문제는 세무조사가 아닌 실제의 협상에서는 상대방에 대한 정보가 제한적이며, 불확실하다는 점이다. 따라서 상대방에 대한 준비를 위하여 다양한 연구가 필요하다. 상대방과 협상을 한 경험이 있는 다른 사람에게 상대방의 협상 유형이나 술수 등에 관하여 정보를 구할 필요도 있다. 이렇게 상대방에 대한 준비를 충실하게 할 수 있다면 당신의 협상 준비는 보다 완벽해지고 그 결과 당신의 협상은 성공할 가능성이 높아진다. 이를 위하여 상대방 내지 상대방 조직과의 협상 기록도 꼼꼼히 정리하여 내부적으로 활용할 필요가 있다.

상대방에 대한 준비를 빈틈없이 한 좋은 예가 있다. 2006년 7월 미국을 방문한 중국의 중앙군사위원회 궈보슝 부주석은 럼즈펠드 미국 국방장관을 면담하면서 제임스 딘 미 해군 대위에 관한 기밀기록을 전달하였다고 한다. 딘 대위는 럼즈펠드 장관의 절친한 친구로서 1956년 동중국해에서 격추된 비행기에 탑승하여 실종되었다. 자신의 절친한 친구에 대한 정보를 선물해 준 데 대응하여 럼즈펠드 장관은 2006년 중에 중국과 해상 수색, 구조 훈련을 공동으로 실시하기로 합의함으로써 화답한 것으로 전해졌다. 중국이 협상 상대방인 럼즈펠드 장관이 (개인적으로) 바라는 것을 확인하는 등 충실히 준비한 것이다.

상대방에 대한 이해나 준비는 영업 활동에서도 필수적이다. 같은 사양의 수입차가 국산차보다 많이 비쌀 경우에 수입차를 구입하려는 사람과 국산차를 구입하려는 사람은 여러 가지 점에서 차이가 날 것이다. 수입차를 구입하려는 사람은 아무래도 상당한 경제적 능력을 가지고 있고 또한 그러한 능력을 과시하고 싶을 것이다. 국산차를 구매하려는 사람은 어쩌면 자신의 경제적 능력이 충분하더라도 자신을 드러내고 싶어 하지 않을 수 있다. 또는 애국심이 남다르다고 생각할 수 있다. 따라서 같은 자동차이지만 수입차와 국산차를 판매할 때 구입하려는 상대방의 차이를 잘 이해하고 준비하면 판매 가능성을 높일 수 있다.

제3자의 입장 및 그 동기의 파악

협상은 협상자들의 관련 목적을 이루기 위한 수단이다. 이 점에서 협상을 준비하면서 자신은 물론 상대방의 협상 목적 내지 관련 사항에 대한 정보의 수집이 중요하다. 이와 함께 당신과 상대방의 협상 및 그 결과에 관심을 가지는 제3의 이해관계자가 존재하는 것에 유의해야 한다. 국제 사회 및 국내 사회의 상호 의존적 성격을 고려할 때 서로의 이해가 맞물리는 경우가 많기 때문이다. 예를 들어 WTO의 분쟁 해결 제도에서는 미국과 일본 사이에 분쟁이 발생한 경우 이 분쟁에 관심을 가지는 한국 등 다른 회원국이 제3자로서 그 해결에 참여할 기회가 보장되어 있다. 이렇듯 협상을 준비하면서 이 협상을 방해하거나 지지할 수 있는 제3의 이해관계자가 존재하는지 그리고 존재한다면 그들의 입장이 무엇일지 미리 파악할 필요가 있다.

2006년 7월 이스라엘과 레바논이 휴전을 함에 따라 레바논의 무장단체인 헤즈볼라에 납치된 이스라엘 병사들과 이스라엘 교도소에 수감 중인 헤즈볼라와 팔레스타인 무장대원들의 교환을 위한 협상이 예상되었다. 이스라엘과 헤즈볼라 사이의 휴전의 유지 및 평화의 회복을 위하여 포로교환협상이 성공해야 할 것이다. 이스라엘이 헤즈볼라에 납치된 이스라엘 병사의 석방을 목적으로 레바논에 공격을 개시하였기 때문이다. 그런데 레바논 및 헤즈볼라에 영향력을 행사하고 있는 시리아와 이란의 입장이 이 협상의 성공에 변수가 될 수 있다. 즉 이스라엘에 대적하기엔 군사력이 취약한 시리아는 헤즈볼라가 이스라엘을 상대로 무장 투쟁을 지속하기를 바라는 것으로 예상된다. 또한 핵 문제로 국제사회에서 비난을 받고 있는 이란은 이번 사태가 지속되어 자신에 대한 국제적 비난 여론이 비켜가길 바라기 때문이다.

또 다른 흥미로운 예가 있다. 2001년 말부터 2002년 초까지 진행된 반도체 기업인 하이닉스 인수협상은 금액이나 경제 상황에서 어려운 협상이었지만, 관련된 제3의 이해관계자들의 다양한 입장 및 그 동기 때문에 더욱 어려웠다. 당시 협상이 진행될 때 하이닉스의 운명은 독자 생존 아니면 미국 기업인 마이크론에 인수되는 것이었다. 그런데 하이닉스의 임직원은 마이크론의 인수 후 고용불안에 고민하였고, 하이닉스 이사회는 대주주를 형성한 소액주주들의 보호가 큰 고민이었으며, 소액주주들로 구성된 '하이닉스살리기국민운동연합회'는 경제적 관점의 해결보다는 정치적 해결을 주장하였고, 인수합병의 경험이 적은 은행들로 구성된 채권단은 자신들의 추가적 손실을 우려하였으며, 인수합병의 경험이 많은 마이크론은 하이닉스를 가능한 어려운 상황으로 이끌어 자신의 이익을 극대화하려 하였고, 투신사는 수익증권의 개인고객 손실을 두려워하였으며, 하이닉스의 하청업체들은 자칫 발생할 수 있는 연쇄부도를 두려워하였고, 정부는 한시 바삐 협상을 마무리하여 구조조정의 성공리스트에 한 건을 추가하기를 희망하였다. 물론 하이닉스 인수협상이 예외적으로 복잡한 경우이긴 하지만, 이 협상이 더욱 어려운 점은 협상장 밖에 협상의 결과로 영향을 받게 되는 다양한 제3의 이해관계자가 존재한 사실이다. 결국 하이닉스 인수협상은 실패하였다.

협상을 개시할 때는 이렇게!

협상의 준비 단계에서 수집한 정보를 기초로 협상 계획이 마련되면, 이제 상대방을 만나서 협상을 개시하게 된다. 협상의 준비가 철저하게 되어 있다면, 당신과 상대방은 자신의 주장을 개진하게 된다. 이 과정에서 쌍방은 이 협상에서 원하는 것이 무엇이고, 그것을 원하는 이유가 무엇이고, 또한 서로가 그것을 자신에게 주어야 하는 이유 등을 설명하게 된다.

협상의 개시는 실제 협상과 협상의 준비를 이어주는 점에서 상당히 중요하다. 상대방의 진술을 경청하면, 협상을 준비하면서 상대방에 대하여 수집하여 정리한 정보가 추측에 불과한지 아니면 사실에 맞는지 등을 확인할 수 있다. 또한 상대방에게서 얻을 수 있다고 생각한 것을 상대방이 실제로 가지고 있는지도 확인할 수 있다. 상대방의 진술을 들으면서 잘 정리하고, 필요하면 질문을 통하여 사실 관계 등을 명확하게 해야 한다. 이러한 과정을 통해 원하는 것을 상대방에게서 얻을 수 있는지, 또한 상대방이 바라는 것을 줄 수 있는지 확인할 수 있다.

비공식협상을 활용하라

국가간 협상이나 협상 사안이 경제적으로 큰 의미를 갖는 기업간 협상과 같이 협상의 개시 및 수행이 분명한 경우에 공식협상과 비공식협상으로 구별할 수 있다. 실제로 협상이 수행되고 종결되는 부분이 공식협상인 점에서 중요하지만, 그에 못지않게 비공식협상 또는 접촉도 중요하다.

비공식협상은 협상의 공식적인 개시 전 또는 협상의 진행 중 휴식 시간 등에 수행되며, 협상 사안에 대한 직접적인 협상 대신 협상자들에 대한 인간적인 관심을 중심으로 수행될 수 있다. 예컨대, 조찬이나 오찬 또는 만찬은 물론 커피브레이크의 보다 자유로운 분위기에서 서로의 개인적인 관심에 대하여 대화를 나눌 수 있다. 이러한 기회는 특히 협상자들 사이의 개인적인 신뢰나 믿음을 공고히 하는데, 즉 서로의 공통점을 탐구하는 데 중요하다. 협상자들의 자녀가 비슷한 나이라면 교육 문제를 가지고, 또는 와인에 대하여 서로 관심을 가지고 있다면 서로가 좋아하는 와인을 가지고 흥미로운 대화를 가질 수 있다. 또는 상대방 국가의 자랑스러운 인물이나 문화적 가치에 대하여 나누는 대화는 본격적인 협상에 좋은 윤활제가 될 수 있다. 실제로 공식협상보다 비공식협상 또는 접촉에 더 많은 시간이 투입될 수도 있다.

2006년 7월 북한의 미사일 시험 발사 후 부시 미국 대통령이 후진타오 중국 국가주석에게 전화를 걸었다고 한다. 두 정상은 전화 통화에서 한반도 정세를 논의하였는데, 다음과 같은 인간적인 대화도 나누었다고 한다. 후 주석이 부시 대통령에게 생일 축하의 뜻을 보냈고, 이에 부시 대통령은 북한의 미사일 발사로 자신의 생일 파티를 취소하여 별로 기분이 좋지 않았다고 설명하였다. 그리고 지금까지 자신의 어머니와 후 주석 두 사람만이 생일 축하를 해주었고, 자신에게 '따뜻함'을 주어 정말로 기쁘다고 감사의 뜻을 밝혔다고 한다. 이렇게 후 주석이 부시 대통령의 60회 생일(7월 6일)을 챙기는 등 인간적인 대화를 통하여 두 정상이 40분 간이나 전화 통화, 즉 전화 외교를 하였다.

이렇게 개인적이며 다소 사소한 대화를 통하여 협상자들 서로가 상대에 대한 협상 유형, 신뢰도 등을 저울질할 수 있다. 비공식협상에서 확인된 개인적인 좋은 감정과 이를 통하여 형성된 좋은 관계는 분명 협상의 공식적 수행에 긍정적인 영향을 준다. 이 점에서 미국 부시 대통령과 일본 고이즈미 총리의 개인적 친분은 양국의 보다 긴밀한 동맹 관계의 구축에 기여한 것으로 평가된다. 부시와 고이즈미가 모두 야구를 좋아하고 야구에 대하여 대화가 서로 잘 통한 것도 한 이유라고 전해진다. 같은 맥락에서 미국 사람과는 미식축구, 캐나다 사람과는 하키, 일본 사람과는 스모에 대하여 대화를 나눌 수 있다면 보다 좋은 협상 분위기가 마련될 수 있을 것이다.

또한 공식협상에서 공개적으로 다루지 못한 사안은 비공식협상에서 협상 대표들 사이에서 은밀하게 논의될 수 있다. 이렇게 비공식적으로 합의된 내용은 공식협상에서 큰 무리 없이 정식으로 합의될 수 있다. 특히 WTO와 같은 많은 수의 국가들이 참여하는 국제기구에서는 모든 회원국들의 공식적인 회의와 별도로 주요 국가들 대표로 구성된 비공식회의에서 주요 사안에 대한 의견의 불일치가 해소되기도 한다.

상대방의 협상 권한을 확인하라

협상의 개시에서 특히 중요한 점은 상대방이 협상에서 가지고 있는 권한의 범위이다. 협상을 개시하기 전인 준비 단계, 또는 늦어도 협상의 개시와 함께 상대방이 당신과의 협상 수행에서 어느 정도의 권한을 가지고 있는가를 확인해야 한다. 당신은 협상의 수행 및 종결에 대하여 완전한 권한을 가지고 있는데, 상대방은 제한된 범위의 협상 권한을 가지고 있다면, 당신과 상대방의 합의는 최종적일 수 없다. 당신은 완전한 협상 권한을 가지고 있는데, 상대방이 그렇지 않다면 그 자체로서 당신은 상대방보다 불리한 처지에 놓이게 된다. 이 경우 당신은 완전한 또는 당신의 권한에 상응하는 권한을 가진 상대방 측 인사가 협상에 참여할 것을 요구해야 한다.

거듭 강조하지만, 협상 권한이 없는 상대방과의 협상은 할 필요가 없다. 당신은 상대방과 어렵게 협상을 수행하여 종료하려 하는데, 상대방이 자신의 협상 권한이 제한된 것을 이유로 본부나 상사의 승인을 받아야 함을 요구할 수 있다. 많은 경우 당신이 합의한 내용은 상대방 측에게 이익이 되도록 또다시 수정될 가능성이 높다. 따라서 상대방과 당신의 협상 권한은 상응해야 한다. 만일 상대방이 최종 합의 전에 상사나 본부의 승인이 필요하다면, 당신도 상대방과 똑같이 할 것임을 알려야 한다.

최초 제안은 누가 먼저?

협상의 개시에서 가장 고민스러운 부분은 누가 먼저 제안을 하느냐이다. 1951년 한일협상이 개시된 이래 청구권 문제에 대하여 한국과 일본 어느 쪽도 먼저 액수를 제기하지 않았다. 결국 10년이 지나서 '김종필-오히라 메모'로 타결되었는데, 이만큼 양측이 첫 제안의 부담을 가졌던 것으로 이해된다. 일반적으로는 먼저 제안하는 것이 불리하다고 한다. 즉, 상대방이 먼저 제안하게 하는 것이 바람직하다는 것이다. 상대방의 첫 제안이 적절한 범위를 벗어나면 그것을 수정할 수 있고, 상대방의 첫 제안이 기대한 것보다 좋을 때는 기뻐하면 된다는 것이다.

2006년 한국과 미국을 뜨겁게 달군 작전통제권에 관하여 흥미로운 해석이 있다. 미국은 이미 한국의 작통권 단독행사의 입장을 정해 놓고 그 시기만 보고 있었다는 것이다. 주한미군을 계속 붙박이로 주둔하기 어려운 미국의 사정 때문이다. 미국이 작통권 문제를 먼저 제기하기로 돼 있었는데, 그만 현 정권이 출범하면서 '자주를 위하여' 작통권을 '환수'하겠다고 선언했다는 것이다. 미국은 쾌재라 생각했을 것이다. 2006년 10월 북한이 핵실험을 했다고 선언한 이후, 거꾸로 한국이 작통권 이양 시기를 늦추어 달라고 사정하는 처지가 되었다. 만일 미국이 작통권 이양 문제를 먼저 제기했다면 어떤 상황이 전개되었을까 자못 궁금하다.

그런데 먼저 제안하는 것이 유리할 때도 있다. 당신이 상대방에 대한 충분한 정보를 가지고 있는 경우 자유롭게 먼저 제안할 수 있다. 이 경우, 먼저 제안함으로써 협상에서 타결될 수 있는 실제적 기대의 범위를 당신이 적극적으로 정하는 기회를 가지게 된다. 첫인상의 영향을 크게 받는 인간의 성향을 고려할 때, 상대방은 무의식적으로 자신의 기대를 당신이

첫 제안의 딜레마. 상대방이 먼저 제안하게 하는 것이 대체로 바람직할 수 있다.
(2006년 8월 9일. 조선일보)

제시한 첫 제안에 고정한다는 것이다. 물론 당신의 첫 제안이 지극히 불합리하거나 과격하다면, 상대방에게 부정적인 역효과를 줄 수 있다.

합의에 이르는 과정

협상의 수행은 준비 단계에서 수집한 정보를 기초로 당신과 상대방이 서로 주장을 개진하고, 양보를 주고받으면서 합의에 이르는 과정이다.

협상의 수행은 상황마다 상대방이 누구인지 그리고 당신의 협상 능력과 기분에 따라 달라질 수 있다. 아래에서는 협상의 수행에서 발생할 수 있는 모든 상황에 대한 설명보다는 일반적인 상황에 대한 설명에 국한한다.

협상은 의사소통이다

협상은 상대방에게 영향을 주어 설득하여 당신에게 유리한 합의를 이끌어내는 과정이다. 협상의 수행은 기본적으로 당신과 상대방의 의사소통(communication)이다. 협상이 우리가 살아가는 인생의 수단이 되듯이, 의사소통은 협상의 수단이 된다. 따라서 의사소통을 잘하면 협상도 잘할 수 있다. 의사소통은 기본적으로 진술과 경청의 양방향의 과정인데, 협상에서는 경청이 더 중요하다.

정보의 수집

협상의 개시 전에 당신은 상대방의 협상 목표와 최선의 대안 등에 관한 정보를 수집하였다. 그럼에도 이러한 정보는 제한적이고 불확실하기 때문에 당신은 협상을 수행하면서 끊임없이 상대방으로부터 정보를 수집해야 한다. 이렇게 새롭게 수집된 정보를 분석하여 그 결과를 당신의 협상 수행에 끊임없이 반영해야 한다. 이 점에서 당신은 상대방에 대한 정보를 포함하여 모든 정보에 순응적이고 유연한 태도를 가지는 것이 좋다.

상대방으로부터 정보를 수집하는 가장 효과적인 방법은 상대방의 진술을 경청하는 것이다. 당신은 상대방에게 진술을 많이 하기보다는 상대방의 진술을 더 많이 들어야 한다. 경청의 중요성은 아무리 강조해도 지나치지 않다. 채근담에 따르면 우리 인간에게 귀가 둘이고 입이 하나인 것은 말하는 것보다 두 배 더 들어야 하기 때문이라고 한다. 정신과 의사는 상담에서 대부분 환자의 말을 들어 주는데, 다른 처방 없이 이렇게 잘 들어 주는 것만으로도 치료가 끝나기도 한다. 영국의 처칠 수상은 "일어나서 발언하는 것에 용기가 필요하지만, 앉아서 경청하는 것에 더 큰 용기가 필요하다."고 말한 일이 있다. 자연 속에도 경청의 슬기가 발견된다. 귀뚜라미는 앞날개의 울퉁불퉁한 구조를 문질러 소리를 내는데, 앞다리 종아리 마디에 귀가 있다고 한다. 따라서 귀뚜라미의 귀는 자신의 소리 바로 옆에 위치하여 엄청난 소음에 고생해야 한다. 그러나 자신이 소리를 낼 때는 귀를 닫고, 자신이 소리를 내지 않을 때는 귀를 열어, 다른 소리를 잘 듣도록 되어 있다. 귀뚜라미를 포함한 동물들이 자신의 소리보다 남의 소리를 더 잘 들을 수 있게 되어 있는데, 이는 생존을 위한 것이다. 인간의 협상에서도 마찬가지이다. 당신의 협상 생존에 경청이 필수적이다.

필요한 정보를 얻기 위해서는 상대방이 그러한 정보를 대답으로서 제공하도록 효과적으로 질문을 할 수 있어야 한다. 따라서 정보의 수집 차원에서 의사소통의 핵심은 협상 목적을 염두에 두면서 효과적인 질문을 하고, 상대방의 대답을 주의 깊게 듣고서, 그 대답에서 필요한 정

상대방에게 호감을 주는 태도

> **윈**-윈협상을 위하여 상대방에게 호감을 줄 필요가 있다. 첫째, 가능하면 부드럽게 미소를 짓는 것이 좋다. 자연스럽게 웃는 표정으로 상대방의 경계를 풀 수 있다. 둘째, 악수나 앉는 자세에서도 조심해야 한다. 엄지손가락을 뻣뻣이 치켜 세워 악수하면 거만하다는 인상을 줄 수 있다. 삐딱하게 앉기 보다는 단정하게 앉는 것이 좋다. 셋째, 이왕이면 부드럽고 간결한 표현을 사용하는 것이 좋다. 가능하면 긍정적인 표현이 좋다. "안 됩니다만, …"과 "그렇습니다만, …"의 표현 중에 후자가 상대방에게 더 호감을 준다.

보를 분석하여 정리하고 당신의 협상 수행에 반영하는 것이다. 상대방에게서 진술을 통하여 정보를 얻는 가장 유용한 방법은 질문이다.

질문에는 여러 가지 방법이 있다. 폐쇄적 질문보다는 개방적 질문이 더 효과적이다. 단독주택을 구입하려고 할 때 집 주인인 상대방에게 "이 동네에서 살기가 좋습니까?"라고 묻는 것은 폐쇄적인 질문이다. 상대방의 대답은 "좋다." 또는 "아니다."와 같이 단정적이고 단순할 수밖에 없다. 그 대답에서 더 이상의 필요한 정보를 발견할 수 없다. 대신에 당신이 "이 동네에 사는 것의 장점(또는 단점)이 무엇이냐?"고 묻는 것은 개방적인 질문이다. 상대방은 여러 가지 다양한 장점과 (아마도 적은 수겠지만) 몇 가지 단점을 대답할 것이다. 이러한 개방적 질문을 통하여 당신은 상대방에게서 다양한 정보를 얻을 수 있다. 또한 이렇게 얻은 정보를 기초로 보다 구체적인 질문을 상대방에게 던짐으로써 당신이 필요로 하는 보다 구체적인 정보를 더 얻을 수 있게 된다.

상대방의 더 많은 답이나 진술을 얻는 데 위의 개방적 질문이 효과적이지만, 동시에 상대방의 진술을 격려하는 것도 효과적이다. 상대방의 진술 중에 상대방을 쳐다보고 (특히 눈을 마주치고) 가끔 고개를 끄덕이면서 상대방의 진술을 주의 깊게 듣고 있음을 알게 하는 것이다. 또한 상대방의 진술 중에 확실하게 듣지 못한 부분은 상대방에게 확인하는 것이 좋다. "당신이 말한 …이 …을 의미하는 것인가?"라는 확인은 상대방으로 하여금 당신의 진지함을 인식시키고, 이러한 확인에서 상대방은 또 다른 정보를 제공할 수 있다. 또는 상대방이 진술한 내용이 당신이 바라는 방향과 다소 어긋나 있을 때 당신에게 다소 유리하도록 어감이나 어투를 살짝 수정하여 상대방에게서 확인할 수 있다. "당신이 방금 …에 대하여 설명한 내용은 이렇게 이해할 수 있겠습니까?"라고 부드럽게 물으면서 상대방을 당신에게 더 가까이 오게 할 수 있다.

그리고 당신은 상대방의 진술에 대하여 긍정적인 반응을 보이는 것에 인색할 필요가 없다. 당신이 상대방이 말한 그 내용을 '잘 알아들었다'는 것을 확인해 주는 것이지 '너의 입장에 동의한다'는 의미는 아니기 때문이다. 이렇게 상대방의 진술에 맞장구를 치게 되면, 상대방도 당신의 진술에 대하여 보다 호의적으로 대하게 된다.

협상에서는 상대방의 진술 요점을 잘 메모할 필요가 있다. 사소한 것도 일단 메모하는 것이 좋다. 물론 상대방의 발언 내용을 일일이 기록

바디 랭귀지

협상 중에 언어를 통한 대화를 하는 것이 기본이지만, 동시에 언어 이외의 몸도 대화를 한다. 이러한 비언어적 표현인 몸짓과 표정을 바디 랭귀지(body language)라 부르는데, 상대방이 제공하는 정보의 진위나 상대방의 협상에 대한 관심 여부를 확인하는 데 도움이 된다.

첫째, 눈의 접촉이다. 상대방이 당신의 시선과 마주치는 것을 피하고 있다면, 상대방은 성실하게 협상에 임하고 있지 않다고 한다. 경험이 많은 협상자는 이러한 점을 역이용하여, 솔직하지 못한 경우에도 당신과 시선을 의도적으로 마주치려 할 수 있다. 둘째, 긴장된 행동이다. 상대방이 당신의 눈길을 피하는 경우와 같이 긴장된 행동을 한다면, 무엇인가 숨기려는 것을 의미한다. 따라서 당신이 중요한 사안에 대한 양보를 요구할 때, 상대방이 손가락으로 테이블을 두드리거나 발을 떠는 등의 이상한 행동을 주의 깊게 보아야 할 것이다. 셋째, 말의 패턴이다. 말의 속도는 마음의 편안한 정도에 따라 다르다. 예컨대 침묵의 불편한 상황을 깨기 위하여 수다를 떨 수 있다. 무엇인가 감추거나 거짓을 말할 때 말씨가 안정적이지 못하거나 지나치게 빠를 수 있다. 또한 말의 앞뒤가 모순될 수 있다. 넷째, 팔짱이다. 상대방이 단단히 팔짱을 끼고 있다면, 상대방의 협상에 임하는 자세가 완강하거나 협상을 하고자 하는 마음이 없을 것이라고 한다. 상대방이 양팔을 테이블 위에 올려놓고 있거나 팔짱을 풀고 있다면, 상대방의 협상에 임하는 자세가 긍정적이거나 협상에 적극적이라고 한다. 다섯째, 손과 팔의 모양이다. 상대방의 생동감 있는 제스처는 자신의 적극적인 내심을 의미한다고 한다. 그러나 지나치게 손과 팔을 흔드는 것은 무엇인가 두렵거나 긴장된 마음의 상태를 의미할 것이다.

할 필요는 없고, 주요 단어를 적으면 된다. 자신이 확실히 알고 있는 기호나 암호를 사용할 수도 있다. 특히 당신과 상대방이 주고받은 양보는 자세하게 메모해야 한다. 이러한 메모는 협상의 진행 중은 물론이고 협상이 종료한 후에도 합의 내용을 확인하는 데 도움이 된다. 이러한 메모 중에 자신의 생각도 단어를 중심으로 적어야 할 것이다. 협상의 합의문을 작성할 때, 가능하면 당신이 합의문을 작성하는 것이 바람직한데, 메모를 잘해 놓았다면 당신은 합의문 초안을 작성할 자격을 가졌다고 간주될 수 있다.

그런데 상대방이 당신의 질문에 확실한 답을 주지 않는 경우가 있다. 이 경우 상대방에게 대답을 주도록 강요하기가 어려울 수 있다. 그럼에도 상대방이 당신에게 구체적인 답을 주지 않는 것 자체가 상대방에 대한 정보가 될 수 있다. 상대방은 구체적으로 답을 주면 자신의 협상력이 약화되는 것이라 생각하여 그렇게 하는 것일 터이다. 또는 그 대답이 당신에게 감추고 싶은 중요한 협상 목표나 최선의 대안에 관한 것일 수도 있다.

정보의 교환

당신은 가능하면 많은 정보를 상대방에게서 얻어야 하지만, 동시에 정보를 주기도 해야 한다. 당신에게 유리하도록 상대방에게 영향을 주고 싶을 때 그러한 목적의 정보를 제공할 필요가 있다. 우물에 연결된 펌프를 통하여 물을 끌어올릴 때 약간의 물을 먼저 넣고서 펌프를 작동하듯이, 당신이 먼저 정보를 제공하는 것이 상대방으로 하여금 당신에게 좋은 정보를 제공하는 유인책이 될 수 있다. 이렇게 당신도 상대방에게 정보를 제공하는 차원에서 진술을 해야 한다.

협상에서 진술은 자신의 협상 목적의 달성에 필요한 내용으로 필요한 한도에서 해야 한다. 2006년 월드컵에서 결승전에 진출한 유럽의 축구팀 수비들은 넘어오는 축구공을 그저 받아서 차내는 것이 아니라, 자신의 공격진에게 바로 전달하는 데 실수가 없었다. 자신의 공차기 하나하나가 자신의 목표, 즉 승리를 위한 것이기 때문일 것이다. 그렇지 못한 축구팀들의 수비진은 넘어오는 축구공을 그저 받아서 뻥뻥 차내기에 바빴었다. 자신의 목적인 승리와는 관계없이 그저 공차기를 한 것이다. 협상에서도 상대방의 진술에 대한 대응을 포함한 진술은 협상의 목적과 일치해야 한다. 더욱이 필요하지 않은, 즉 협상의 목적 달성에 도움이 되지 않는 그러한 진술은 하지 말아야 한다. "현명한 사람은 반드시 해야 할 말이 있기 때문에 말하고, 바보는 무엇인가 말을 해야 하기 때문에 말한다."는 플라톤의 지적이 협상에서도 그대로 적용된다.

미국의 부시 대통령은 이스라엘과 레바논 내의 무장 세력인 헤즈볼라의 무력 충돌을 해결하기 위하여 미국의 아랍 우방 지도자들의 지지를 확보하려 하였다. 그는 2006년 7월 대통령 전용기 내에서 도청이 되지 않는 전화기를 앞에 두고 압둘라2세 요르단 국왕 등에게 할 말을 예행 연습한 것으로 보도되었다. 그는 헤즈볼라의 처리를 위한 전화 외교에서 이들 지도자들의 지지를 얻는 목적에 불필요하거나 오해가 될 말을 피하기 위한 신중한 태도를 보인 것이다.

2006년 7월 북한의 미사일 발사와 관련하여 모 장관이 '미국의 실패'를 언급하였다. 이에 대하여 최고위층 주변에서 나온 '그런 말 좀 하면 안 되느냐'의 발언은 전혀 한미관계에 도움이 되지 않았을 것이다. 특히 국가간 외교 관계에서는 특정 협상이 진행 중이지 않더라도 하루하루가 협상 관계의 연속으로 보아야 할 것이다. 이런 점에서 하나의 특정된 사안에 대한 발언이라도 해당 국가와의 관계 유지라는 국익을 해치지 않고 외교의 관행에 따라 신중해야 한다.

당신도 상대방이 제공하는 정보에 대하여 적어도 횟수나 수량에서 동일하게 정보를 제공하는 것이 좋다. 물론 질적인 측면에서 당신은 상대방에게 고급의 정보, 예컨대 당신의 협상 목표, 최선의 대안이나 최종 양보점을 노출시키는 정보를 제공하기는 어려울 것이다. 그럼에도 정보의 순차적 교환은 당신과 상대방의 신뢰 형성에 도움을 준다. 당신이 상대방의 정보 제공에 대한 대응으로서 정보를 제공하는 것이지만, 그럼에도 이러한 상응하는 정보의 제공으로 상대방은 신뢰감을 느낄 수 있다.

협상에서 정보의 교환이 중요하지만, 당신은 상대방의 모든 질문에 대하여 대답할 필요는 없다. 다음의 협상 윤리에서도 다루겠지만, 당신은 상대방에게 거짓말을 하지 않는 것이 좋다. 상대방의 어려운 질문에 대한 솔직한 대답이 당신의 협상력에 민감하게 영향을 줄 수 있는 경우에도 거짓의 대답은 피해야 한다. 상대방이 "당신이 최대한 지불할 수

비밀유지계약

협상 목적을 달성하기 위하여 상대방에게 아주 중요한 비밀정보를 제공해야 할 경우도 있다. 이럴 때 해당 비밀정보는 영업비밀로 보호할 수 있다. 상대방과 비밀유지계약을 체결하는 것이다. 비밀유지계약은 특정한 사안 또는 그와 관련되는 여러 사안들에 대해서 협상자들이 서로 논의를 하긴 하되 그 내용을 제3자에게 알리지 않는 것을 약속하는 합의이다.

이 계약에 따라 상대방에게 제공된 정보는 주어진 범위 내에서만 활용될 수 있으며, 관련 없이 대외적으로 유출될 수 없다. 이 계약의 위반에 대하여 손해배상 등 제재가 규정된다. 또한 비밀유지계약에서 정보 제공자는 비밀유지가 필요한 문서나 정보에 '비밀' 또는 '대외비' 등의 문구를 명시하여 추후 비밀공개의 책임 공방을 막아야 할 것이다.

이외에 내부적으로도 비밀정보를 취급하는 담당자들과도 비밀유지에 관한 별도의 계약을 체결하여 담당자의 퇴직시 재직 중 알게 된 비밀을 외부에 누설하지 못하도록 하는 것도 필요하다.

있는 금액이 얼마냐?"라고 질문할 때 솔직하게 대답하면 당신의 협상력은 크게 훼손될 수 있다. (물론 협상 중의 마지막 담판에서 협상자들이 자신의 최종 양보점을 공개하여 극적인 타결을 할 수는 있다.) 이렇게 난처한 경우 당신은 짐짓 그 질문을 듣지 못한 것처럼 넘어가거나, 아니면 '뚱딴지 같은' 대답을 줄 수 있다. 또는 차라리 당신은 상대방에게 당신이 협상에서 기대하는 목표나 서로 공통되는 처지 등과 같이 원칙적인 대

답을 줄 수 있다. 또는 솔직하게 "지금 바로 그 대답을 줄 처지가 아니다."라는 대답을 줄 수 있다. 이 경우 상대방은 당신이 적어도 자신을 속이지 않는다는 점을 확인할 수 있고 신뢰는 지속될 수 있다.

다시 강조하지만, 당신은 상대방의 모든 질문에 답을 줄 필요는 없다. 그럼에도 당신이 협력적 협상을 수행하면서 상대방의 동기 등을 함께 고려하여 서로에게 이익이 되는 합의를 도출하려면 상대방의 질문에 답을 전혀 주지 않는 것은 문제가 될 것이다. 당신이 상대방과의 정보 교환에 너무 인색하거나 비밀스럽다면 상대방은 당신과 공동의 문제 해결을 추구함에 있어 주저할 것이다. 따라서 정보의 교환에서 상당한 균형 감각이 요구된다.

6가지 설득의 법칙

협상은 상대방에게 영향을 미치는 과정인 점에서 설득이라 볼 수 있다. 설득의 대상인 상대방을 이해하는 데 있어 당신은 상대방의 성품, 지적 수준은 물론 협상 스타일을 이해할 필요가 있다. 상대방과 과거에 협상을 수행한 사람 등을 통하여 상대방이 어떤 유형의 협상 전략을 수행하는지, 또한 신뢰를 할 수 있는지를 확인하는 것이 좋다.

미국 애리조나주립대학의 로버트 치알디니(Robert Cialdini) 교수에 따르면 사람을 설득하는 데 여섯 가지 법칙이 있다고 한다. 첫째, 상호성 법칙에 따라 사람은 다른 사람의 호의를 반드시 갚아야 할 빚이라고 생각한다. 피트니스클럽에서 체력 단련을 위한 한두 번의 무료 강습은 유료 강습의 유치에 효과적이다. 따라서 설득을 하기 전에 음료수를 포함한 호의를 베풀어 두면 설득이 더 효과적이 될 것이다. 둘째, 일관성 법칙에 따라 사람은 어떤 선택이나 입장을 취하게 되면 그러한 선택이나 입장과 일치하여 행동하려는 심리적 부담을 가지게 된다. 경마의 어느 특정 말을 선택하면 그 말이 승리할 것이라 믿게 되는 것이다. 따라서 설득의 대상인 상대방을 설득하는 방향으로 개입시키면 설득이 더 효과적일 것이다. 셋째, 사회적 증거 법칙에 따라 사람은 많은 사람들이 행동하는 것을 따라서 행동하려 한다. 가라오케에서 피아니스트가 피아노 위의 팁을 놓는 바구니에 미리 얼마간의 돈을 놓아서 손님들로 하여금 팁을 놓게 한다. 넷째, 호감의 법칙에 따라 좋아하는 사람의 부탁을 거절하기가 쉽지 않다. 따라서 상대방에게 호감을 줄 수 있는 옷차림이나 행동 등이 설득에 효과적이다. 다섯째, 권위의 법칙에 따라 자신보다 전문성, 학교, 집안 등에 있어 보다 권위가 있는 사람을 따르려 한다. "미국 최고 명문H대 교수가 그렇게 말한 것입니다."의 주장 또는 그럴 듯한 직함에 '세계 1%'의 명품으로 치장하고 수입 승용차를 타고 있는 사람에게 쉽게 끌리는 것이다. 여섯째, 희소성의 법칙에 따라 귀한 것일수록 그 가치는 더욱 높다. '한정판매' 등의 선전에 사람들이 쉽게 끌리는 것이다.

결국 설득을 통하여 상대방이 '아니오'라는 말을 하지 않게 해야 한다. 이를 위하여 가능한 한 논쟁을 피하는 것이 좋고, 상대방의 잘못을 직접적으로 지적하지 않아 감정적으로 나쁜 자극을 주지 않는 것이 좋을 것이다. 또한 설득을 통하여 상대방에게서 '예'라는 말을 들어야 할 것이다. 이를 위하여 긍정적인 대답을 이끌어 내는 질문을 하고, 상대방의 입장에서 생각하여 상대방의 미묘한 감정의 흐름을 파악하며, 가능한 한 자신은 듣고 상대방이 말하게 하는 것이 좋다.

상대방이 당신과는 다른 지방 출신이거나 외국 출신이라면 혹시 존재할 수 있는 문화적 차이가 설득에 영향을 줄 수 있다. 실제로 2000년 6월 당시 김대중 대통령이 김정일 국방위원장을 만났을 때 김 위원장은 김 대통령의 말을 80%밖에 이해하지 못했다고 보도되었다. 김 대통령이 영어 단어를 너무 많이 사용하였다는 것이다. 물론 김 대통령의 영어 단어 사용이 얼마나 많았는지는 상대적인 문제이다. 즉, 국내에서 김 대통령이 교수나 언론인들을 만났을 때 영어 단어 사용은 큰 문제가 아니었을 것이다. 문제는 남북한 최초의 정상회담이라는 아주 중요한 협상에서 김 대통령의 영어 단어 사용으로 김 위원장이 김 대통령의 말을 80%밖에 이해하지 못하였다는 점이다. 이러한 문제는 김 대통령의 김 위원장에 대한 설득에 어떤 정도로든 영향을 주었을 것이다.

상대방을 설득하기 위하여 당신은 상대방에게 매력적인 제의를 할 수 있어야 한다. 이러한 제의를 하면서 상대방이 특히 만족스럽게 느낄 수 있는 내용을 강조하는 것이 좋다. 상대방에게 매력적인 제의는 단지 형식의 문제만은 아니다. 그 내용도 실제로 상대방을 만족시켜야 한다. 물론 이미 협력적 협상을 통하여 상대방의 동기를 이해하고 있기 때문에 당신의 제의는 상대방의 눈높이에 맞추어져 있을 것이다. 당신의 제의가 상대방과의 자유로운 의사소통을 통하여 공동으로 개발되었거나 이미 합의한 객관적 기준에 부합한다면 상대방은 당신의 제의를 거부하지 못할 것이다.

또한 당신은 상대방이 거절할 수 없는 결국 수용할 수밖에 없는 제의를 해야 한다. 이 점에서 특히 중요한 것은 당신이 상대방과 공동으로 합의의 내용을 개발하는 것이다. 당신의 제의에 상대방이 참여하는 것이다. 비록 당신이 제의하더라도 상대방이 이 제의의 형성에 참여하였다면 더 이상 당신만의 제의가 아니라 상대방의 제의가 되기도 하는 것이다. 결국 이러한 이유만으로도 상대방은 당신의 제의를 거부하지 못할 것이다.

당신이 치과에서 임플란트(인공치아 이식) 시술을 받으려고 한다. 치료비를 문의하니, 일률적으로 책정하기 어렵다고 한다. 치료 기간과 부가적인 보조 장치의 필요 여부, 임플란트 재료비와 수술 기구는 물론 시술 의사의 실력에 따라 다르기 때문이다. 마침 상담한 의사는 국산 인공치아를 사용하면 개당 200만 원에서 250만 원 사이의 비용이 들 것이고, 수입 인공치아는 개당 240만 원에서 시작한다고 설명한다. 의사가 국산과 수입산의 차이가 크지 않다고 친절하게 설명하니, 당신은 국산을 사용하기로 정한다. 그리고 의사는 개당 220만 원의 국산 인공치아가 무난하고 최근에 자신의 고모에게도 이를 시술하였다고 설명한다. 당신은 같은 종류의 인공치아를 선택하기로 한다. 이렇게 치과의사는 인공치아를 선택하는 일종의 협상에 당신을 적극적으로 참여시킨 것이다.

협상 수행 중 발생할 수 있는 상황

협상을 수행하는 과정에서 예상할 수 있는 또는 예상하지 못한 상황이 발생한다. 아래에서 이러한 몇 가지 상황을 설명한다.

양보는 현명하게

협상은 기본적으로 '주고받기'(give and take)의 과정이라고 볼 수 있다. 당신과 상대방은 일련의 양보를 통하여 전체적인 합의에 이르게 된다. 정리해고한 직원들을 3년 만에 전원 복직시킨 국내 주재 외국인 CEO는 노사협상에서 경영진의 한발 앞선 양보의 중요성을 역설한 적이 있다. 자신이 영국에서 근무하던 시절, 노조의 대규모 임금인상 요구가 있었다고 한다. 이에 영국 파운드화의 강세로 임금인상을 수용할 수 없다고 밝혔다고 한다. 이에 노조는 사장은 시간이 지나면 다른 곳으로 쉽게 옮길 수 있지만, 노조 직원들은 그럴 수 없으니 당장 임금이 인상되어야 한다는 주장을 굽히지 않아 협상이 결렬되었다. 이에 하루의 고민 끝에 그는 노조에게 1년간 자신의 연봉을 받지 않겠다고 선언하였다. 결국 노조도 임금인상 요구를 철회하였다고 한다. 사장의 양보가 노조의 양보를 가져온 것이다.

그런데 이러한 양보도 현명하게 할 필요가 있다. 양보의 수준과 시점이 특히 중요하다. 예컨대 당신이 상당한 수준의 양보를 한다면 상대방은 당신이 또 다른 양보를 할 수 있을 것이라 생각할 수 있다. 반대로 당신이 약간의 양보만 하려 한다면 상대방은 당신이 더이상 양보하고

양보를 하더라도 그 양보의 값어치를 올리도록 노력해야 한다.
(2001년 3월 19일. 조선일보)

싫어 하지 않는다고 생각할 수 있다. 또한 당신이 다소 빠르게 상대방에게 양보하게 되면 당신은 상대방과의 협상에 보다 적극적임을 나타내고, 상대방은 당신이 또 다른 양보를 하여서라도 협상을 타결하고 싶다고 생각할 수 있다. 따라서 상대방에게 양보를 하더라도 그 양보의 값어치를 올리도록 노력해야 한다. 당신이 (실제로 큰 양보는 아니지만) 상대방에게 어렵게 양보를 하게 되면, 상대방은 '이겼다'는 느낌을 가지게 되고, 당신은 이에 상응하는 양보를 요구할 수 있게 된다.

즐거운 예는 아니지만, 이스라엘은 레바논 및 팔레스타인과 여러 차례 포로를 교환하였다. 그동안의 일부 성공한 협상의 결과는 다음과 같다. 1985년 이스라엘 병사 23명과 팔레스타인인 1150명의 교환, 1996년 이스라엘 병사 2명의 시신과 레바논인 포로 123명의 교환, 1997년 하마스(팔레스타인 무장단체)의 정신적 지도자 1명과 포로가 된 모사드(이스라엘 비밀정보기관) 요원 2명의 교환, 1998년 헤즈볼라 전사 40명, 레바논인 3명의 시신과 이스라엘 병사 1명의 시신 교환, 2004년 이스라엘 기업인 1명과 병사 3명의 시신과 팔레스타인인 400명 및 기타 33명과의 교환. 이렇게 이들 포로교환협상에서 양측의 양보에 대한 가치가 다름을 알 수 있다. 2006년 7월 초 팔레스타인 무장세력이 이스라엘 병사 1명을 가자로 끌고 간 직후, 이스라엘군은 하마스 소속 정치인들을 대거 체포하였다. 과거의 사례에 비추어 보았을 때 포로 교환을 위한 또 다른 협상 준비일지도 모르겠다.

또 다른 예로서 국내 D자동차의 매각협상에서 상대 회사가 MOU(양해각서)와 다른 요구 즉, 또 다른 양보를 요구하였다. D사는 내부적으로 검토하여 이들 양보의 요구를 수용해도 큰 문제는 없다고 판단하였다. 그럼에도 실제의 협상에서는 선뜻 그 요구를 바로 수용하지 않으면서 그러한 요구의 문제점을 지적하였다. 한동안 시간을 끈 후에 양보의 조건으로 D사에게 중요한 쟁점에서 상응하는 양보를 요구했다고 한다. 따라서 당신은 협상 중에 상대방의 제안 또는 양보에 대하여 어떤 수준에서 또는 어떤 속도로 양보를 더할 것인지 신중하게 결정하는 것이 좋다.

한편 1998년 한국의 외채 상환 기한의 연장을 위한 협상에서 한국 측 대표단이 미국 금융기관들을 상대로 다소 성급하게 제대로 협상을 하지 못했다는 비판을 받았다. 한국의 역사에서 가장 중요한 협상 중의 하나인 이 협상이 불과 2주도 되지 않아 끝나 버렸기 때문이다. 당시 협상단은 가능한 한 협상 시간을 단축하여 외채 상환 위기를 해결하는 것이 자신들의 가장 중요한 임무라고 생각하였을 것이다. 그럼에도 좀 더 적극적으로 상대방의 요구에 저항하고 그에 상응하는 양보를 요구하였다면 국가 전체 고통의 시간이 조금은 더 단축되지 않았을까 하는 평가도 있다.

협상 중에 상대방이 양보를 요구하면 당신도 이에 상응하는 양보를 요구해야 한다. 한국과 칠레의 FTA협상에서 한국은 농산물의 시장개방에 따른 국내의 거센 반대에 부딪혔다. 이에 쌀, 사과, 배에 대한 특별한 대우, 즉 시장개방에 대한 예외를 요구하였다. 칠레도 이에 상응하는 양보를 요구하였다. 즉, 냉장고, 세탁기의 시장개방에 대한 예외를 요구하였다. 또 다른 예로 광우병 파동으로 수입이 금지된 미국산 쇠고기의 수입을 재개하면서, 한국산 삼계탕이 미국에 수출되는 것으로 보도되었다. 물론 이들 식품의 수출입은 엄격한 위생검역 기준에 따르는 것이지만, 크게 보아 일종의 양보의 교환으로 볼 수도 있다.

또 다른 예로서 1998년 9월 한일어업협정이 타결된 후 대형 기선 저인망 업종의 주력 선단인 쌍끌이 선단 250여 척이 일본 측 수역에서 고기를 잡을 수 없게 된 것이 드러났다. 연간 3000억 원의 어획고가 날아

간 것이다. 또한 냉동 오징어와 활오징어의 조업 기간도 성어기인 3~6월이 제외되었다. 부산과 경남 지역의 200여 척이 조업을 포기해야 할 상황이 된 것이다. 이에 정부는 재협상의 난리를 피웠다. 결국 쌍끌이 어선 80척이 조업하기로 다시 합의가 되었다. 일본도 가만히 있지는 않았다. 그 대가로 한국은 일본의 복어반두어업 어획 쿼터를 10배 늘려줄 수밖에 없었다. 더욱이 쌍끌이 어선의 주어장인 동경 127~128도에 입어할 수 있는 한국 어선은 10척에 불과하였다. 일본이 한국의 양보에 대하여 상응하는 양보를 요구하여 성사된 것이다. 결국 한국과 일본의 재협상에도 불구하고 원래의 협상에서 합의된 틀이 그대로 유지되었다고 볼 수 있다.

협상이 한창 무르익어 상대방이 어느 정도 당신에게 이익이 되는 제안, 즉 양보를 하는 경우에 당신은 그 제안을 바로 수용할 필요가 없다. 당신은 당신에게 이익이 되는 상대방의 제안을 당신에게 더 유리하게 수정할 수 있기 때문이다. 만일 당신이 회사에서 사용할 컴퓨터용 프린터를 구매하는데, 상대방이 도매가로 30%를 할인하여 주겠다고 제안을 한다. 이러한 제안은 당신의 기대 이상이다. 이 경우 당신은 기다렸다는 듯이 특정 모델을 500대 주문하겠다고 약속하고 협상을 마무리할 수 있다.

그러나 당신이 좀 더 신중하다면, 상대방의 도매가 30% 할인이라는 제안을 일단 확보한 후, 구입 물량이 많으면 추가 할인이 가능하냐고 문의할 수 있다. 상대방이 마침 어느 특정 모델의 경우 500대 이상으로 구매하면 10% 추가 할인이 가능하다고 답을 줄 수 있을 것이다. 이 경우 당신은 그 모델로 1000대 구매하겠다고 하면서 다량 구매를 이유로 또 다른 할인을 요청할 수 있다. 결국 상대방은 50%의 할인도 약속할 수 있을 것이다. 이렇게 집요하게 인내한다면 보다 나은 협상 결과를 얻을 수 있다.

실제로 상대방의 제안을 바로 수용하는 경우, 오히려 당신은 상대방의 오해를 받을 수 있다. 상대방은 '뭔가 이상하다. 혹시 내가 너무 양보를 많이 하였는가?'라고 생각할 수 있다. 이렇게 되면, 상대방은 당신에게 고마워하는 것이 아니라 당신에게 '당했다.'라고 후회할 수 있다. 별로 기분이 좋지 않을 것이다. 이런 경우를 협상에서는 '승자의 저주'(winner's curse)라고 한다. 분명히 자신의 요구대로 합의가 되었지만, 뭔가 큰 손해를 보았다는 느낌이 드는 것이다. 따라서 양보를 하더라도 상대방을 고려하여 상대방이 기분 좋게 해야 한다.

상대방이 협상 사안과 별로 관계가 없는 것에 유달리 큰 관심을 가지는 경우가 있다. 예를 들면 당신이 오랫동안 사용하던 중고차를 이웃집에 팔려는 경우, 당신의 행운을 위하여 당신 부인이 당신 차 안에 걸어 놓은 장식품을 함께 인도하라고 요구할 수 있다. 사실 당신 부인이 준 장식품은 당신의 중고차와는 관계가 없고 이웃집에도 중요하지 않다. 그러나 당신에게는 사랑의 정표로서 아주 중요하다. 이런 경우 당신은 중고차의 판매 가격에 대한 논의와 함께 그 장식품을 함께 인도하느냐 여부도 협상을 하게 된다. 상대방은 자신에게는 중요하지 않지만 당신에게는 아주 중요한 장식품의 인도라는 새로운 쟁점을 협상에 포함시키고 이를 미끼로 판매 가격의 협상에 활용할 수 있다. 이 경우 당신은 상대방의 별로 중요하지 않은 요구는 단순히 '농담'으로 간주하고 그냥 지나칠 수 있다.

난국의 타개

협상이 진행되어도 좀처럼 합의의 실마리가 보이지 않는 경우가 있다. 이런 경우 기본적으로 당신과 상대방의 협상 목표, 최선의 대안, 객관적 기준 등 협상의 기본 요소를 다시 검토할 필요가 있다. 협력적 협상의 경우 당신과 상대방이 공동의 문제 해결이라는 관점에서 긍정적으로 문제를 해결하기 위하여 창의력과 인내를 가지고 노력할 것이다. 이런 노력에도 불구하고 협상이 진전되지 않으면 아마도 이 협상은 중지하고 다른 수단을 강구하는 것이 좋을지 모른다.

막다른 궁지에 몰린 경우 협상을 다시 가동하기 위하여 다음과 같은 방법이 도움이 될 수 있다. 첫째, 협상의 기본 요소를 점검하는 것이다. 어쩌면 당신과 상대방이 여전히 입장에 매달리고 서로의 협상 동기를 검토하지 못할 수 있다. 서로의 동기를 진지하게 검토하여 공유하면 서로의 동기를 충족시킬 수 있는 해법이 발견될 수 있다. 둘째, 협상 쟁점을 분할하거나 또 다른 쟁점을 발굴하는 것이 좋다. 하나의 쟁점에 대한 협상은 입장 중심의 경쟁적일 수밖에 없기 때문이다. 여러 쟁점들은 타협의 가능성을 높여 준다. 이렇게 여러 쟁점이 발견되면 당신과 상대방의 서로에게 더 중요한 쟁점을 중심으로 맞교환의 가능성이 높아져서 협력적 협상이 가능하게 된다. 셋째, 당신이 먼저 양보를 하여도 좋다. 단, 당신의 양보는 상대방을 움직일 수 있을 정도의 조그만 수준이면 된다. 이러한 양보로 상대방에게 상응하는 양보를 요구해야 한다. 이렇게 양보를 맞교환하여 당신과 상대방은 협상 궤도에 다시 오를 수 있다. 물론 당신의 (조그만) 양보에 대하여 상대방이 상응하는 양보를 하지 않을 수 있다. 넷째, 특히 서로가 감정적으로 대립하는 상황이라면, 일단 협상을 중지하는 것이 좋다. 경우에 따라 차를 한 잔 하는 정도의 짧은 휴식일 수 있고, 아니면 상당히 긴 시간일 수도 있다. 이러한 시간 동안 당신은 그동안의 협상 경과를 협상의 기본 요소 차원에서 반성하고, 상대방에게 이익이 되면서 당신에게도 이익이 되는 옵션을 창의적으로 개발할 수 있다. 필요하면 다른 동료나 전문가들에게 협의나 자문을 구할 수 있다. 이렇게 협상을 잠시 중지하면 최소한 일단 격앙된 감정이 다소 해소될 수 있다. 다섯째, 위의 방법들이 소용이 없고 협상 사안은 반드시 해결되어야 한다면, 제3자의 도움을 받는 것이 좋다. 이러한 제3자를 중개자 또는 조정자(mediator)라 부르는데, 당신과 상대방의 협상이 원만하게 수행되도록 도와준다.

쟁점별 합의 방법

협상에서는 쟁점을 많이 발굴하여 다양한 쟁점에 대하여 합의를 이루는 것이 협상의 성공 가능성을 높인다. 가격과 같은 하나의 쟁점을 해결하고 대금 지불과 같은 다음 쟁점으로 진행하는 것이다. 그렇지만 이같은 '하나씩 하나씩' 기법은 협상의 진행에 긍정적일 수도 부정적일 수도 있다. 우선 한 번에 하나의 쟁점에 집중함으로써 협상을 효율적으로 진행할 수 있으니 단순한 쟁점 또는 당신과 상대방이 쉽게 타협할 수 있는 쟁점부터 협상을 시작하는 것도 좋을 것이다.

그러나 작은 쟁점에 대하여 하나씩 접근하여 합의를 이끌어 내는 경우 보다 중요하고 비중이 높은 쟁점에 대한 의견의 차이를 조정하는 데 여유가 없게 될 수 있다. 당신과 상대방이 이미 품질 기준, 수량 및 물건의 색상에 대하여 합의를 한 후에 물건의 가격에 대하여 이견을 보이는 경우 당신은 융통성을 별로 가지지 못한다. 이런 상황에서 당신이 보다 작은 쟁점에 대하여 이미 소비한 시간과 노력은 의미를 상실하게 될 것이다. 이러한 경우를 대비하여 당신은 쟁점 전체에 대한 합의를 이루고 서명을 할 때까지 어느 하나의 구체적 쟁점에 대하여도 확정적으로 합의를 하지 말아야 한다. 대신 당신은 상대방에게 "보다 중요한 다른 (…) 쟁점에 대하여 합의를 할 수 있게 되면 지금 이 쟁점은 거의 합의에 이른 것으로 볼 수 있다."라고 말하는 것이 좋다. 합의의 방법에 대한 협상이다. 따라서 협상의 준비 단계와 협상이 진행되는 초기 단계에서 상대방과 큰 이견이 드러날 수 있는 주요 쟁점을 미리 예상해야 한다.

지는 분위기의 반전

협상에서 당신과 상대방은 서로 다양한 협상력을 가지고 쟁점에 따라 밀고 당길 수 있다. 그런데 어느 순간 당신이 상대방에게 연속적으로 양보만 하고 있거나, 상대방의 논리에 설득당하는 경우가 있다. 이 경우 당신은 상대방에게 '지는 분위기'에 있는 것이다. 이렇게 지는 분위기를 그대로 두게 되면, 상대방과의 협상에서 만회하기 어려운 큰 피해를 입게 될 수 있다. 지는 분위기는 차단해야 한다.

다음과 같은 방법을 활용하면 지는 분위기를 차단할 수 있다. 첫째, 상대방에게 '1 대 1'의 상호적인 양보를 요구한다. 지고 있는 분위기를 반전하는 가장 좋은 방법은 상대방에게서 양보를 얻어 내는 것이다. 상대방에게 내리 몇 가지 양보를 하였다면, 이제 당신에게도 양보를 하라고 요구하는 것이다. 둘째, 당신에게 보다 유리한 쟁점으로 협상의 논의를 전환해야 한다. 쟁점들 중에는 상대방에게 특히 유리한 쟁점이 있고, 이러한 쟁점에서 당신은 상대방에게 지는 분위기에 있게 될 가능성이 아주 높다. 따라서 일단 상대방에게 유리한 쟁점의 협상을 잠시 중단하고 당신에게 유리한 쟁점으로 협상을 전환하면 당신이 지는 분위기를 차단할 수 있다. 셋째, 협상 방법이나 협상팀의 구성을 점검할 필요가 있다. 지는 분위기에서 탈출하기 위하여 당신의 협상 방법 등에 대한 객관적인 성찰이 필요하기 때문이다. 또한 협상팀의 숫자나 구성도 점검할 필요가 있다. 일종의 쇄신이 요구되는 것이다. 넷째, 협상을 일시 중단할 필요가 있다. 당신이 지는 분위기에서 협상을 더 이상 진행하지 않는다면 상대방에게 잃을 것이 없기 때문이다. 짧은 시간이라도 커피를 마시는 휴식 시간을 제안하는 것이 좋다. 또는 필요하다면 하루 또는 주말 동안 협상을 중단하여 당신이 지는 국면에서 벗어나야 할 것이다.

한일협상에서 가장 중요한 쟁점은 청구권이었다. 1952년 2월 청구권위원회 제1차 회의에서 한국은 「한일간 재산 및 청구권 협정요강 8개항」을 제시했다. 이에 일본은 1952년 3월 제5차 회의에서 「재산청구권 처리에 관한 협정 기본 요강」의 형태로 "일본인의 한국 내 사유재산에 대해 청구권이 남아 있다."는 '역청구권'을 주장하여 협상이 결렬됐다. '역청구권'의 암초에 걸려 중단된 한일회담은 미국의 개입으로 1년 후인 1953년 4월 다시 개최되었으나 별다른 진전을 보지 못하였다. 일본은 '역청구권'이 가능하지 않다는 미국의 해석에도 불구하고 같은 주장을 되풀이하여 한일회담은 이후 4년을 표류하였다. 결국 1958년 기시 내각이 집권하여 '역청구권'을 취소했지만 한일협상은 한동안 실질적 진전을 이루지 못했다. 일본은 한국의 청구권 주장에 대하여 '역청구권'을 주장함으로써 지는 분위기를 반전시키려고 노력한 것이다.

감정의 통제

협력적 협상을 통하여 당신과 상대방이 공동의 문제를 해결하는 경우에도 상대방이 당신과 비슷할 것이라는 생각은 하지 말자. 다시 말하여, 당신이 공정하고 윤리적이고 예의가 바르다고 상대방이 당신과 같은 수준의 협상자라고 생각할 수 없다. 당신은 완벽하지만, 상대방은 불완전할 수 있다고 믿는 것이다. 더욱이 당신이 상대방과 협력적 협상을 수행해도 결국 당신과 상대방은 크게 키운 파이를 분배해야 한다. 이 과정에서 서로 긴장이 있고 자칫 감정이 격하게 상할 수 있다. 이런 협상의 과정에서 상대방이 의도적이든 아니든 쉽게 마음이 상하고 화를 낸다면 정상적인 협상 수행은 어려울 것이다.

협상의 술수에서 다시 검토하지만, 종종 협상 술수로서 상대방이 화를 낼 수 있다. 상대방이 비정상적으로 화를 내거나 비합리적인 행동을 하는 경우 당신도 의젓하게만 있을 수 없다. 이러한 상대방의 행동이 당신을 시험하기 위한 술수인 경우에 상대방의 이러한 행동을 무시하거나 아니면 당신도 상대방에게 화를 내는 것도 한 방법이다.

그럼에도 당신이 화를 내는 것은 협상의 효율적 수행에 장애가 될 수 있다. 화를 내기 전에 이 같은 분노의 표출이 어떤 효과가 있을지 생각해 볼 필요가 있다. 상대방의 술수에 대한 대응으로서 또는 정말 당신이 화가 난 경우라도, 당신이 화를 내면 당신은 자칫 정상적인 협상 태도에서 벗어날 수 있다. 즉, 정상적이고 합리적인 판단력을 상실하게 된다. 흥분 상태에서는 실수할 가능성도 높아진다. 상대방이 의도적으로 비합리적인 술수를 사용하는 것이 아니라면 당신은 화를 내지 않고 합리적으로 평정을 유지하는 것이 좋다. 상대방에게 "당신과는 이제 끝이야!"와 같은 극단적인 표현은 하지 않는 것이 좋다. 당신 앞의 상대방과 협상 목적을 달성하면 되는 것이고, 그렇지 않다면 협상을 중단하면 될 것이다.

협상 중에 실수할 수 있다

우리 인간은 완벽할 수 없다. 협상 중에 상대방은 물론 당신도 실수를 할 수 있다. 특히 국제협상에서 협상자의 국적이나 문화가 다른 경우에 의도하지 않은 실수를 할 수 있다. 인사로서 키스하는 방식이 문화마다 다를 수 있고, 회의 후 '저녁 식사'를 제안하는 것이 문화에 따라 큰 오해를 살 수 있다.

　협상에서 실수는 원만한 합의를 도출하는 데 장애가 된다. 당신이 상대방과 합의에 이르기 전에 실수가 발생한 경우, 상대방은 새롭게 발견된 실수로 인하여 당신이 경험이 없거나 능력이 모자란다고 생각할 수 있다. 또는 합의에 이르는 중에 실수가 발견된 경우, 상대방은 협상의 마지막 순간에서 당신이 추가적인 양보를 얻기 위하여 의도적으로 술수를 사용한 것이라고 생각할 수 있다. 또는 부분 또는 최종 합의가 이루어진 후에 실수가 발견된 경우, 상대방은 더 이상 협상을 진행하길 거부할 수 있다. 이렇듯 협상에서의 실수는 협상의 진행에 나쁜 영향을 준다.

협상의 수행 중 발생한 실수를 수습하는 가장 좋은 방법은 상대방이

실수한 경우의 수습 요령

당신은 실수가 협상에 미치는 영향에 따라 다음과 같이 대응할 수 있다. 첫째, 협상에 별로 큰 영향을 주지 않을 실수를 한 경우, 상대방에게 당신의 실수를 인정하면서 상대방에게 무엇인가 작은 '양보'를 제안할 수 있다. 둘째, 협상에 큰 영향을 줄 수 있는 실수를 한 경우, 당신의 실수를 상대방에게 인정하면서 실수로 야기된 문제의 해결책을 강구하기 위한 재협상을 제안할 수 있다. 이 경우 상대방이 당신의 재협상 제안을 수락할 수 있도록 당신은 실질적인 양보를 할 필요가 있을 것이다. 당신이 치밀하다면, 당신의 실수를 교정하면서 동시에 재협상 의제를 당신에게 유리하도록 조정할 수 있다. 셋째, 결코 있어서는 안 될 실수를 한 경우, 당신의 실수를 상대방에게 인정하면서 실수로 야기된 문제의 해결책을 강구하는 데 상대방의 도움을 요청할 수 있다. 또는 당신은 상대방에게 그럴듯한 구실을 내세워 협상을 중단하거나 결렬하고, 시간이 흐른 후에 실수를 교정하는 방식으로 협상을 다시 시작할 수 있다.

알기 전에 미리 당신의 실수를 시정하는 것이다. 그러나 당신의 실수가 이미 상대방에게 드러난 경우, 일단 상대방에게 진지하게 사과하거나 상대방에게 보다 유화적인 태도를 보여야 할 것이다. 결국 협상 중에 가능한 한 실수를 하지 않도록 용의주도하게 움직일 필요가 있다.

상대방에 대한 고려

협상은 당신이 의도하는 목적을 실현하기 위한 수단이다. 목적 실현을 상대방이 도와줄 수 있기 때문에 당신은 상대방과 협상을 수행한다. 따라서 상대방을 적대적으로 볼 것이 아니라 동반자로서 협력적으로 인식하는 것이 좋다. 그러나 당신은 상대방과의 협상에서 당신의 목적을 극대화할 것이고, 어쩔 수 없이 상대방과 최종적인 이해 다툼이 발생할 수 있다. 그럼에도 상대방이 당신과의 협상에 만족해야 당신과 합의를 할 것이고 협상이 종료될 수 있다. 만일 당신이 너무 협상을 잘해서 상대방이 전혀 자신의 목적을 달성하지 못하였다면, 상대방은 합의를 하려 하지 않을 것이고, 합의가 되어도 그 내용을 성실하게 이행하지 않을 것이다. 이는 결코 당신에게도 바람직하지 않다. 이 점에서 협상의 전체 과정에서 상대방에 대한 고려가 필요하다.

상대방에 대한 고려의 필요성은 협상이 일반적으로 낯선 사람이나 회사와의 일회적인 것이 아니라 서로 (잘) 아는 사이에서 반복적으로 수행되고 그 관계가 장기적인 현실에도 있다. 따라서 다음과 같이 상대방에 대한 고려를 하게 되면 당신은 상대방과 우호적이면서 장기적으로도 동반자 관계를 유지할 수 있다. 첫째, 너무 당신에게만 유리한 협상을 하려는 것은 좋지 않다. 협상 도중에 당신은 상대방의 협상 목적 및 그 동기를 파악하였을 것이다. 그렇다면 당신은 상대방의 동기를 반영한 옵션을 창출했어야 한다. 상대방에게도 이익이 되는 기회를 주어야 한다. 둘째, 상대방이 양보를 하면 당신도 그만큼 상응하는 양보를 하는 것이 좋다. 양보를 하는 상대방은 당신에게 그러한 기대를 할 것이기 때문이다. 물론 상대방의 양보와 똑같은 수준으로 양보할 필요는 없다. 그럼에도 상대방은 자신의 양보를 당신이 공정하게 평가해 주기를 바랄 것이다. 이렇게 당신이 상대방을 존중하고 있음을 느끼게 하면 좋다. 셋째, 상대방에게 거짓말을 하는 등 '게임의 법칙'을 위반하면 안 된다. 앞으로 협상 윤리를 다루겠지만, 상대방은 당신의 단 한 번의 거짓말을 오래도록 기억할 것이다. 평소에 인격적인 당신이 협상에서 달리 돌변할 필요는 없다.

섣부르게 마무리하지 마라

당신이 상대방과 합의를 도출하게 되면 협상이 종결된다. 협상의 시작이 중요하듯이 협상의 마무리도 중요하다. 특히 섣부른 협상의 종결은 금물이다. 협상은 신중하게 종결되어야 한다. 협상이 신중하게 종결되기 위하여 협상 의제에 포함된 쟁점들이 모두 적절하게 검토되어 합의가 도출되어야 한다. 즉, 쟁점별 입장에 대한 동기가 이해되고, 모든 가능한 옵션이 창의적으로 논의되고, 필요한 기준이 합의된 후에 비로소 약속을 통하여 협상을 종결하는 것이다. 이렇게 합의된 내용은 당신의 최선의 대안보다 더 좋은 것이어야 한다.

당신이 합의문을 작성하라

서면 합의와 구두 합의

말로 하는 구두 합의보다는 글로 하는 서면 합의로 종결하는 것이 좋다. 합의 내용을 문서로 작성하지 않으면 시간이 지나서 협상에 직접 참여한 협상자는 물론 관련 당사자들 사이에서 합의 내용에 대하여 혼란이나 오해가 발생할 수 있기 때문이다. 또한 문서로 작성되지 않은 합의내용을 상대방이 부인하는 경우에 자칫 집행하는 데 문제가 발생할 수 있다. 자신에게 유리한 내용의 합의는 문서로 작성하고, 불리한 내용이 합의된 경우에 "내 말을 믿지 못하느냐? 그러면 그만두자."라고 구두 약속을 고집하는 경우에 특히 조심해야 한다.

1998년 금융 구조조정 당시 H투신의 인수를 요구받은 D투신은 정부에게 '실사 후 손실액의 확실한 보장'을 포함한 인수 조건을 서면으로 작성할 것을 요구했다고 전해진다. 정부는 특히 문서화 요구에 크게 당황하였고, 결국 없던 일이 되어 버렸다. 정부로서는 서면으로 작성된 인수 조건에 대한 책임이 부담스러웠을 것이다.

구두 합의가 문제가 된 예가 있다. 1998년 국내 D그룹은 회사를 외국 기업에 매각하면서 창업주 생가를 1원에 다시 구입하는 조건으로 양도하였다. 당시 두 회사는 1원에 다시 구입하는 합의를 문서화하지 않았다. 생가 건물을 무상으로 양도할 경우 무상증여에 따른 세금 문제가 발생할 수 있어 1원에 다시 구입하기로 합의하였다고 한다. 그런데 D그룹이 생가 이전을 추진하면서 그 외국 기업과 분쟁이 발생하였다. 외국 기업이 생가 건물의 장부가격(당시 2억 3000만 원)을 요구하였기 때문이다. D그룹은 1원에 다시 구입하기로 합의한 것이니 이전 비용만 지불하겠다고 주장하였다. 결국 외국 기업은 원래 합의한 대로 그 생가를 양도함으로써 분쟁은 해결되었다. 이 사례는 구두 약속이 서면 약속보다 불확실하고 분쟁 발생 가능성이 더 높음을 말해 준다.

구두 합의가 문제된 국제 사례도 있다. 중국이 고구려 역사를 왜곡하여 한국과 중국 사이에 마찰이 발생하였다. 이에 중국의 우다웨이 외교부 부부장이 2004년 8월 24일 서울에서 고구려 역사를 교과서에 싣지 않겠다는 등 5개 '구두 양해' 사항에 합의하였다. 한국 외교통상부는 이러한 양해 사항이 합의문서가 아니기 때문에 법적 구속력이 없다고 밝혔다. 구두 합의가 그 자체로서 항상 당사자간 법적 구속력이 없다고는 볼 수 없으나, 당사자 일방인 한국이 법적 구속력이 없다고 확인한 것은 이례적이라 할 수 있다. 이렇게 미지근한 해결은 동년 8월 26일로 예정된 중국 권력 4위인 중국인민정치협상회의 주석의 한국 방문을 순조롭게 하기 위한 중국과 한국의 정치적 타결로서 이해될 수 있을 뿐이

구두 약속은 서면 약속보다 불확실하고 분쟁 가능성이 더 높다.
(2004년 8월 25일. 조선일보)

다. 이렇게 구두 양해 내지 약속은 서면의 경우보다 약속의 구속력을 완화시키는 의도를 가질 수 있다.

또한 한일협상 과정에서 당시 김종필 중앙정보부장과 일본의 오히라 외상은 두 차례 단독회담을 통하여 청구권 문제를 최종적으로 합의하였다. 첫 회담에서 오히라 외상은 독립축하금 또는 경제자립 원조 명목으로 3억 달러를 제시했고 김 부장은 6억 달러로 맞서 합의 도출에 실패하였다. 두 번째 회담에서 3시간 30분 간의 단독협상 끝에 자금 명목은 언급하지 않고 일본이 한국에 '무상 3억 달러, 유상 2억 달러, 민간

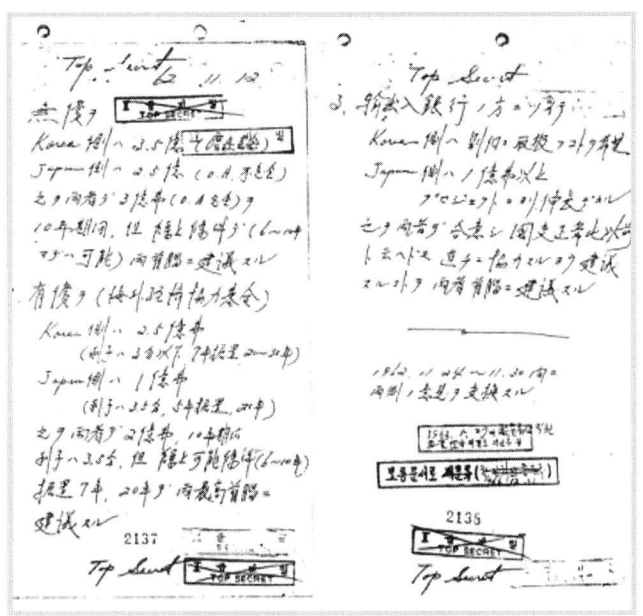

1962년 김종필·오히라 청구권 메모. 서면 약속의 형식이 중요한 것은 아니다. 메모라도 남겨 두는 것이 좋다.

차관 1억 달러 이상'의 총액을 제공하기로 합의하였다. 당시 김 부장은 단독회담 후 생길 수 있는 해석의 차이를 방지하기 위해 메모를 남기자고 제안을 하고 오히라 외상이 이를 수용해 메모가 작성되었다. 메모 형식이지만, 한국과 일본의 중요한 국가간 합의를 문서로 작성한 것은 신중한 협상 태도라 할 것이다.

합의문의 작성

가능하면 당신이 합의문 초안을 작성하는 것이 좋다. 상대방이 합의문 초안을 작성하게 되면, 합의문에 당신이 잘 알지 못하는 용어가 사용되거나 상대방에게 유리한 내용이나 절차가 명시될 수 있다. 마찬가지로 당신이 초안을 작성하게 되면, 다소 당신에게 유리한 내용을 담을 수 있다. 상황은 조금 다르지만, 개성공단에 관하여 2002년 11월 북한이 개성공업지구법을 발표하였다. 마침 현대아산이 2001년 11월 북한에게 개성공단특별법의 시안(초안)을 비공개로 제공하였다고 한다. 이 시안은 아마도 개성공단의 운영에 있어 현대아산에게 이익이 되도록 준비되었을 것이다.

서면으로 작성된 내용에 대하여 이의를 제기하는 것은 심리적으로 상당한 부담이 된다고 한다. 당신이 합의문 초안을 작성하게 되면 협상의 종료 시점까지 당신이 상대방에 대하여 보다 우월한 협상력을 행사하는 것이다. 그런데 당신이 초안을 작성하려면 상대방이 이에 동의를 해야 할 것이다. 즉 당신이 협상 과정 내내 상대방을 경청하고 필요한 내용을 메모하는 등 당신이 초안을 작성할 만하다고 상대방이 인정해야 한다. 2006년 8월 초 소위 '당청' 갈등의 해소를 위한 대통령과 여당 지도부의 오찬 회동이 있었다. 이 회동에서 대통령은 일관되게 당 지도부의 발언을 메모한 후 네 가지 합의 사항을 직접 정리하였다고 한다. 그리고 대통령은 "논의가 된 것 같은데 이렇게 서로 좋게 협상합시다."라고 밝히면서 합의 사항을 읽었다고 한다. 이에 당 지도부를 대표하여 의장이 "잘 정리된 것 같다."라고 화답하였고, 이 회동이 마무리되었다고 한다. 이 회동에서 대통령이 특별한 지위를 가진 것은 틀림이 없다. 그러나 협상론 차원에서는 대통령이 회동 내내 참석자들의 발언 내용을

(성실하게) 메모하였기 때문에 자신이 합의문을 작성할 수 있었다. 이러한 대통령의 합의문에 참석자들이 이의를 제기할 수 없었을 것이다.

합의문의 내용은 그 이행이 현실적이고, 지속 가능하고, 필요한 경우 검증할 수 있고, 쉽게 이해될 수 있어야 한다. 1972년 7·4공동성명의 한국 측 초안을 북한 측이 이해하지 못했다고 한다. 북측 인사들이 한자를 몰라서 읽지 못하였던 것이다. 합의문의 문자도 협상자들이 모두 이해할 수 있도록 사용되어야 할 것이다.

동일한 언어를 사용하는 경우에도 동일한 의미에 대하여 다른 표기가 사용되기도 한다. 예컨대 한국에서 합의문에 서명할 때 '서명'(署名)이라 하지만, 북한에서는 '수표'(手表)라고 한다. 북한의 이 용어는 한자로는 다르지만 발음으로는 유가증권인 수표(手票)와 같다. 용어 사용에 차이가 있는 경우 합의문의 시작이나 끝 부분 또는 부록에 '용어의 정의'나 '특별용어사전'(lexicon)을 포함하는 것이 좋다.

합의문의 용어에 대한 정의에 관하여 실제로 문제가 발생한 적이 있다. 2004년 6월 12일 한국과 북한은 「서해 해상에서 우발적 충돌 방지와 군사분계선지역에서의 선전활동 중지 및 선전수단 제거에 관한 합의서」를 채택하였다. 한국과 북한의 해군은 국제상선공통망주파수를 활용하여 서해에서의 우발적 충돌을 방지하고자 합의한 것이다. 그런데 북한의 연평도와 백령도를 포함하는 군사분계선과 한국의 북방한계선(NLL)의 중복된 주장으로 우발적 충돌이 방지되어야 할 장소인 '서해 해상'의 개념이 막연하였다. 이 때문에 북한은 이 합의서가 채택된 이후에도 한국이 주장하는 NLL을 여러 차례 침범하고서도 침범 사실을 인정하지 않았다. 결국 2004년 7월 북한 경비정의 NLL 침범 당시 해군이 남북해군간 무선교신 보고를 누락함으로써 한국의 국방장관이 사임하는 사태가 발생하였다. 이 합의서에 '서해 해상'의 개념이 정의되지 못한 결과이다.

합의문은 가능한 한 애매한 내용이 없도록 치밀하게 작성하는 것이 좋다. 동시에 합의문은 구체적이어야 한다. 합의 내용을 문서로 작성하더라도 그 내용이 구체적이지 않다면, 합의 내용에 대하여 혼란이나 오해가 발생할 수 있기 때문이다. 2000년 4월 8일 남북정상회담이 합의되었는데, 북한은 남북정상회담의 주체에 대하여 모호한 태도를 취하였다. 당시 합의문에 "평양 방문에서 김대중 대통령과 김정일 국방위원장 사이에 역사적 상봉이 있게 되며 남북정상회담이 개최된다."고 규정

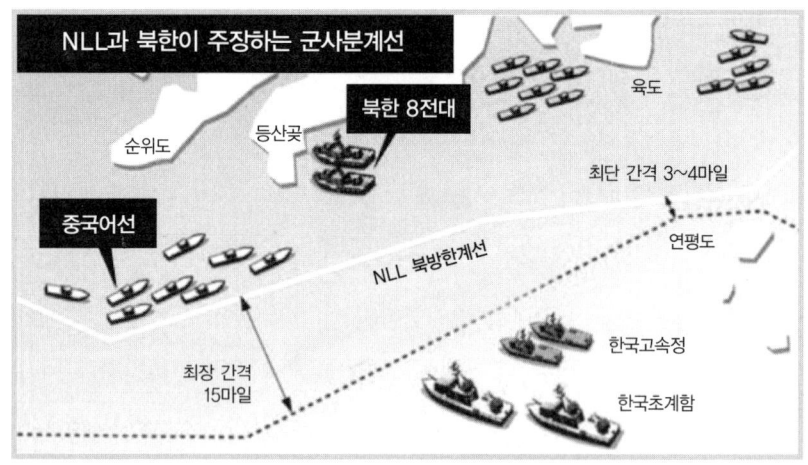

합의문을 작성하더라도 용어나 개념이 잘 정의되어 있지 않으면 이후 문제가 발생하기도 한다.

되었다. 언뜻 보기에 두 사람이 만나서 곧 회담을 하는 것으로 볼 수 있다. 그러나 역사적 상봉과 남북정상회담이 별개의 것이라고 해석될 여지도 있었다. 김 대통령이 자칫 김 위원장 아닌 다른 북한 정상(?)과 회담을 해야 하는 것으로 해석될 수 있었기 때문이다. 만일 보다 치밀하게 합의문을 작성하였으면, 한국 측이 북한 측에게 애가 탈 필요는 없었을 것이다.

2000년 한중마늘협상에서 합의된 내용은 한글과 중국어로 작성되었다. 이 합의문에서 '관세할당' 방식의 수입이 규정되었는데, 이에 대한 양국의 해석이 달랐다. 한국은 낮은 관세로 수입하는 최대한도로 이해하였는데, 중국은 '정부가 수입을 보장하는 의무수입량'이라고 이해한 것이다. 결국 2001년 한국은 중국에게 3만 2000톤 중에서 아직 수입되지 않은 1만톤을 정부가 책임지기로 합의하였다. 중국의 한국산 휴대폰 등에 대한 수입금지 재발을 방지한다는 현실적인 불가피성이 있었지만, 중국의 해석에 따르게 된 것이다. 만일 합의된 내용이 한글, 중국어 이외에 제3국어인 영어로도 작성되었으면, 이렇게 막무가내식 중국에게 끌려 다니지는 않았을 것이다.

합의문의 검토

협상을 종결하기 전에 당신은 상대방과 합의한 내용을 확인해야 한다. 특히 합의된 결과를 문서로 정리한 경우 다음과 같은 점에 유의해야 한다. 첫째, 합의된 문서의 모든 문장과 단어를 적어도 두세 번 이상

합의문의 기본 형식

합의문 또는 계약서의 형식은 그 내용과 함께 협상자들이 자유롭게 선택할 수 있다. 그럼에도 이러한 합의문에 공통적인 형식이 있다. 즉, 최소한 '언제, 누구와 누가, 어떤 내용의 합의를 하였는가'를 명확하게 하는 것이다. 합의문의 기본 형식은 다음과 같다.

- 표제 : 표제는 계약서, 합의서, 각서, 의향서, 기타 어떠한 것이든 합의 내용의 법적 효력에 직접적인 영향을 미치지 않는다. 그럼에도 합의 내용을 쉽게 파악하기 위해서 '매매계약서' 또는 '고용계약서'와 같은 표제가 사용된다.
- 전문 : 전문(前文)은 합의 또는 계약의 목적이나 기본 원칙을 선언하는 문언을 말한다. 합의문 또는 계약서에 반드시 전문이 필요한 것은 아니나, 합의 내용의 해석이나 미처 기재하지 않은 사항에 대한 처리의 기준으로 삼을 수 있다.
- 합의 내용 : 합의문 또는 계약서는 형식에 구애받을 필요는 없다. 그러나 합의 내용을 구분함으로써 알기 쉽게 하고 명확성을 기하기 위해 계약서의 길이에 따라 장(章), 조(條), 항(項), 호(號) 등으로 구분하여, 제1조, 제2조, …, 1, 2, …, 가, 나, …, (1), (2), …등으로 나누어 표시한다. 기재 순서는 당사자들의 합의에 따라 임의로 정할 수 있다.
- 후문 : 후문(後文)은 합의문 또는 계약서의 결론 부분이다. 예컨대 "위 계약을 증명하기 위해 본 계약서를 2통 작성하여, 서명 날인 후, 각 1부씩 갖는다."는 것이다.
- 합의 성립 연월일 : 합의문 또는 계약서를 작성한 일자를 기재한다.
- 당사자의 서명 날인 : 서명 날인은 가능하면 자필로 한다. 도장을 사용할

> 경우에는 일반 도장을 날인하여도 유효하지만 인감도장을 찍는 것이 안전하다. 여기에 인감증명서(회사의 경우는 인감등록증명서)를 첨부하면 더욱 안전할 것이다. 회사와 계약하는 경우 [────── 주식회사] 또는 [대표이사 ──────] 중 하나만 기재하는 것으로는 충분하지 않다. 특히 회사명을 기재하지 않을 경우에는 해당 회사와의 계약이라고 할 수 없으므로 [회사의 소재지 주소, 회사명, 대표명]을 타자 또는 기재하거나 명판을 찍은 후 대표의 인장을 날인하는 것이 원칙이다.

읽어 보아야 한다. 합의문을 상대방이 작성한 경우 미묘한 사안에 대하여 당신이 이해한 바와 다르게 문구가 작성될 가능성이 있음에 유의해야 한다. 둘째, 협상 사안이 중요한 경우 변호사 등 법률 전문가나 사안의 전문가는 물론 평범한 다른 사람이라도 합의문 초안을 읽어 보게 하는 것이 좋다. 이들은 제3자의 입장에서 당신이 실수하거나 미처 다루지 못한 문제를 쉽게 찾을 수 있기 때문이다.

최근에 한국 드라마가 일본 등 외국에서 큰 인기를 얻고 있는데, 국내에서 흥행에 성공한 테마곡에 관한 문제가 발생하고 있다. 즉, 주제곡에 대하여 국내 판권만 규정함으로써 일본에서 히트할 기회를 놓친 것이다. 만일 법률 전문가 등의 검토를 받았다면, 국내 판권은 물론 해외 판권과 온라인 판권까지 일괄하여 규정하여 손해를 보지 않았을 것이다. 또한 자문을 구할 때는 당신이 원래 생각하였던 내용이 충실하게 반영되어 있는지 그리고 뜻이 모호하여 애매한 해석이 될 수 있는 내용이 있는지 확인하는 것이 좋다.

그런데 한국과 북한의 협상을 보면 합의한 내용에 대한 양측의 발표가 다른 예도 있다. 2004년 남북군사회담에 대한 남북장관급회담의 공동보도문 발표에서 한국 측은 회담의 '조속 개최'라고 발표하였다. 이에 북 측은 조속한 개최의 '군사당국에 건의'라고 발표하였다. 이렇게 서로 다른 발표는 협상에서 관련 내용이 명확하게 합의되지 않았기 때문이다. 이에 한국 측은 "양측이 각자 편리한 대로 표현하기로 하였다."는 옹색한 설명을 하였다.

특히 상대방이 준비해 온 계약서, 기타 여러 종류의 합의문은 반드시 꼼꼼하게 검토해야 한다. 상대방에게 누가 되거나 쫀쫀하게 보이는 것에 의식하지 말고, 자신에게 불리한 내용이 있는지, 실제 합의한 내용이 구체적으로 기재되어 있는지 검토해야 한다. 상대방이 미리 준비한 합의문은 상대방에게 일방적으로 유리하게 인쇄되어 있을 수 있고, 관련 법률이 인정하지 않는 내용이 삽입되어 있을 수 있기 때문이다.

당신과 상대방이 합의문에 서명한 뒤에 상대방은 물론 당신도 이 합의문에 구속되기 때문에 합의문의 작성이나 그 내용을 이해할 때 실수는 허용될 수 없다. 국내의 대표적인 코미디언 B씨는 1970년대 초 맥주집의 출연 제의를 받았다. 그 출연료가 파격적이어서 출연계약서의 다른 내용을 읽어 보지도 않고 속으로 쾌재를 부르며 '쿵' 소리가 나도록 도장을 찍었다고 한다. 그런데 출연료를 받는 날 그는 현금 대신 어음을 받았고, 몸이 아파 사흘을 쉬었는데 한 달의 무료 공연을 할 수밖

200만 달러짜리 '콤마'

캐나다의 통신 업체가 계약서에 잘못 찍은 콤마(,) 때문에 약 200만 달러(캐나다)의 피해를 감수해야 할 사례가 보도되었다. 이 업체는 전신주의 사용에 관하여 계약서를 다음과 같이 체결하였다: "동 합의는 합의일로부터 5년간, 그리고 그 이후 5년간, 일방 당사자가 1년 전에 서면으로 통지하지 않는 한 유효하다." 두번째 콤마가 없었다면 이 합의는 첫 5년간은 유효했을 터인데, 콤마로 인해 첫 5년이 경과하기 전에도 이 합의가 해지될 수 있다고 해석된 것이다. 이렇게 콤마와 같은 구두점이 올바로 사용되지 않으면 예상하지 못한 큰 피해가 발생한다.

에 없었다고 한다. 이들 내용이 모두 출연계약서에 기재되어 있었는데, 그는 전혀 알지 못한 것이다. 문제는 B씨가 그 내용을 몰랐다고 주장해도 자신이 도장을 찍은 이상 그 내용에 따를 수밖에 없었던 것이다.

합의문 또는 계약서가 중요한 내용이라면 공증할 필요가 있다. 공증은 당사자 사이의 법률행위에 대해서 공증인이 일정한 방식에 따라 증서를 작성하여 기명 날인한 것이다. 공증은 나중에 그 공적 증명력으로 인해서 당사자들 사이의 합의에 관한 다툼을 방지하고, 재판의 경우에 강력한 증거 자료로서 활용될 수 있다. 또한 공증 사무실에 25년간 보관하기 때문에 계약서 분실에 따른 위험도 피할 수 있다.

끝으로 당연한 일이지만, 소위 '이중계약'을 하지는 말아야 한다. 종종 연예계에서 발생하는 일인데, 동시에 다른 작품에 출연하지 않는다는 조건의 출연계약을 체결하고도 다시 다른 출연계약을 체결하는 것이다. 이중계약은 법적으로도 문제가 되겠지만, 당사자들의 도덕적 문제도 야기하게 된다.

MOU와 본 계약

인수합병 등의 중요한 비즈니스 협상은 양해각서(MOU : Memorandum Of Understanding)를 체결하고 마지막에 본 계약을 체결하는 것이 보통이다. 의향서(LOI : Letter Of Intent)라고도 불리는 MOU는 본 계약에는 이르지 않지만 어떤 내용에 대해서 잠정적으로나마 합의를 이룬 내용을 문서로 정리한 것이다. MOU를 체결함으로써 잠정적인 합의 정신에 따라 협력을 계속해서 본 계약을 체결하도록 상호 노력하게 된다. MOU에서 본 계약의 대체적인 내용을 합의하고 관련 협상 절차가 합의되기도 한다. 1990년대 말 국내 기업의 해외매각에서 MOU가 체결된 것 자체에 고무되어 마치 협상이 다 성사된 것처럼 생각하기도 하였다. MOU를 정확하게 이해하지 못하였기 때문이다.

MOU의 법적 지위에 관하여 신사협정에 불과하여 법적 구속력이 없다는 주장이 있다. 이와 반대로 MOU가 계약이기 때문에 양측을 구속하는 구속력이 있다는 주장도 있다. 문제는 합의에 대한 MOU와 같은 명칭이 중요한 것은 아니라는 점이다. MOU에 기재된 내용이 문제이다. 실제로 MOU는 종종 본 계약을 위한 협상 기간 동안의 우선협상

권과 비밀유지의무를 규정하는데, 이는 법적인 의무가 될 것이다. 이 외에 법적 구속력을 인정하는 구체적인 표현을 가진 규정이 있는 경우에 이에 대한 법적 효력이 인정될 것이다. 따라서 MOU만으로 양측에 대하여 법적 구속력을 부여하지 않을 경우에는 MOU 말미에 이 내용이 당사자간 법적 구속력을 발생하지 않는다고 기재하는 것이 좋다.

　MOU는 일반적으로 당사자들이 최종적인 계약을 체결하기 위해 서로 성실하게 협상을 하자는 목적을 가지므로 이후에 최종적인 본 계약으로 이어지지 않을 수 있다. 그런데 MOU를 바탕으로 본 계약이 체결되었을 때도 문제가 발생할 수 있다. 양자의 내용이 다를 수 있기 때문이다. 당신이 상대방과 체결한 MOU에서 상대방의 독점적 구매를 합의하였지만, 본 계약에서 '비독점적' 거래라고 기재될 수 있는 것이다. 이 경우 MOU가 아닌 본 계약의 내용이 당신과 상대방의 관계를 결정한다. 즉 본 계약이 MOU와 내용이 다른 경우에 당신과 상대방이 새로운 합의를 통하여 MOU와 다른 합의를 한 것이 된다. 이를테면 본 계약의 체결은 MOU에 대한 재협상이 될 수 있는 것이다. MOU를 맹목적으로 따를 것도 아니지만, 본 계약을 체결하는 경우에 MOU와의 차이가 있는지도 꼼꼼히 챙길 필요가 있다.

상대방의 합의문 수정 요구

당신과 상대방이 열심히 협상을 수행한 결과 서로에게 이익이 되는 합의를 하게 되었다. 그런데 상대방이 합의한 내용을 자신의 상사나 의사

결정권자에게 확인을 받아야 한다고 말한다. 이제 협상이 종결되었다고 생각한 당신은 상당히 당황스러울 것이다. 상대방이 상사의 지시라며 추가적인 양보를 요구할 수 있기 때문이다. 또는 상대방의 협상 권한을 초과하여 합의되었기 때문에 자신의 상사가 합의된 내용을 거부할 수 있다. 이 경우 당신은 화도 나고, 당황스러울 것이다. 그렇다면 지금까지의 협상은 아무런 소용이 없게 되는 것인가? 이런 경우 당신은 단호하게 대응해야 한다. 예컨대 그동안 당신이 제안한 내용을 모두 철회할 수 있다. 즉 협상을 원점으로 돌리는 것이다. 그리고 그동안의 합의가 존재하지 않게 되었음을 상대방에게 확인해야 한다.

공식적으로 종결하라

협상의 종결은 다소 공식적인 모양을 갖추는 것이 좋다. 당신과 상대방은 물론 같이 협상에 참여한 사람이나 아니면 본부나 조직의 대표자가 공식적으로 합의문에 서명하는 것이 좋다. 서명식과 같이 다소 공식적인 절차를 통하면 협상 중에 발생한 서로에 대한 감정의 앙금 등이 해소될 수 있다. 그리고 가능하면 악수를 통하여 우호적인 관계를 확인하고, 다음의 협상에 대비하는 것이 좋다. 스킨십의 하나인 악수를 통하여 협상 중에 쌓인 감정이 사라질 수 있다는 것이다.

어떤 점에서는 표정 관리도 중요할 수 있다. 당신이 보기에 협상 결과가 당신은 물론 상대방에게도 이익이 되지만, 특히 당신이 원하는 내용을 모두 얻었다고 하자. 이 경우 당신이 지나치게 즐거워한다면, 상대방은 자칫 당신을 의심할 수도 있다.

협상의 종결에서 상대방의 협상력을 칭찬하는 것도 좋은 방법이다. 특히 당신과 상대방은 물론 다른 사람들도 함께 한 자리에서 상대방에 대한 칭찬과 감사의 표시는 상대방에게 큰 힘이 될 것이다. 물론 상대방도 당신의 협상력을 칭찬하게 될 것이다. 사안의 해결과 함께 협상자들의 관계도 개선될 것이다.

분쟁 해결 방법을 미리 규정하라

국가간 조약은 물론 기업간 계약은 필연적으로 분쟁을 야기할 수밖에 없다. 협상자들이 빈틈없이 내용을 검토하고 합의했어도, 모든 경우를 예상하여 속속들이 그 내용을 완벽하게 만들 수는 없기 때문이다. 많은 경우 협상의 결과인 합의문은 생각보다 일반적일 수밖에 없다. 따라서 실제로 합의문을 실행에 옮길 때 그 정확한 해석 및 실제로 이행된 여부를 놓고 분쟁이 발생한다. 또한 협상을 통하여 합의문을 작성한 협상자들이 반드시 그 합의문을 이행하지는 않는다. 그리고 종종 합의문의 이행자들은 협상의 경과나 과정을 이해하지 못한다. 또는 시간이 경과하면 협상을 담당한 사람이 퇴사를 하거나 아니면 기억이 희미해질 수 있다. 이렇게 되면 합의문의 정확한 해석을 놓고서 분쟁이 발생할 수 있고, 또한 합의문에 규정된 대로 제대로 이행되었는지를 놓고 분쟁이 발생할 수 있다.

분쟁이 피할 수 없는 것이라면 분쟁이 발생하였을 때 효과적으로 해결하는 방법을 미리 합의하는 것이 합리적이다. 이 경우 첫 번째 해결책이 당사자들 사이의 협상이다. 이 책에서 설명된 대로 협상을 하면 성공적으로 분쟁을 해결할 수 있을 것이다. 그럼에도 당사자들 사이의 협상이 가능하지 않거나 실패하게 되면, 종국적으로 법원의 재판을 받게 된다. 다만 최근에는 법원의 재판에 의지하기 전에 중개 또는 조정(mediation)의 절차를 활용하는 경향이 커지고 있다.

분쟁의 발생이 불가피한 사실을 인정하면, 협상의 결과 얻어진 합의문에 분쟁 해결에 관한 내용을 명시적으로 규정하는 것이 바람직하다.

대한상사중재원 중재 규정

대한상사중재원의 중재를 통한 분쟁의 해결 규정은 다음과 같다. 국내 거래의 경우 "이 계약으로부터 발생되는 모든 분쟁은 대한상사중재원의 중재 규칙에 따라 중재로 최종 해결한다."고 규정한다. 국제 거래의 경우 다음과 같이 규정한다: "All disputes, controversies, or differences which may arise between the parties, out of or in relation to or in connection with this contract, or for the breach thereof, shall be finally settled by arbitration in Seoul, Korea in accordance with the Arbitration Rules of the Korean Commercial Arbitration Board and under the Laws of Korea. The award rendered by the arbitrator(s) shall be final and binding upon both parties concerned."

분쟁이 발생하면 성실하고 우호적으로 협상을 통하여 해결하고, 협상이 실패할 경우 중개 또는 조정의 절차를 통하여 제3자의 도움을 받아 당사자들이 다시 협상을 통하여 해결하고자 노력한다. 이러한 중개 또는 조정이 실패하면, 중재나 법원의 재판을 통하여 분쟁을 해결하는 것을 규정하는 것이다. 특히 중재는 법원의 재판보다 절차가 유연하고 시간과 비용이 적게 들어 보다 효과적일 수 있다. 국내외 상거래에 대한 중재는 대한상사중재원(http://www.kcab.or.kr)의 도움을 받는 것이 좋다. 물론 합의문을 작성할 때 변호사 등 법률 전문가의 자문을 구하는 것이 분쟁을 미연에 방지하고 분쟁의 효과적 해결에 바람직하다.

협상테이블
커피브레이크

협상의 진행은 준비, 개시, 수행 및 종결의 단계로 구별할 수 있다. 이들 중에서 가장 중요한 단계는 준비이다. 협상 준비가 되어 있지 않다면, 협상을 절대로 개시하지 말아야 한다. 오직 준비가 된 후에, 충분한 준비가 된 후에 협상을 시작해야 한다. 특히 중요한 점은 상대방에 대한 준비이다. 상대방이 제시할 입장과 그 입장의 뒤에 숨어 있는 동기를 미리 예상하는 것이 필요하다. 이러한 준비에서 당신은 가능한 한 높은 수준의 목표를 가져야 할 것이다. 물론 현실적인 목표이다.

협상의 개시에서 가장 중요한 점은 상대방이 당신과 협상을 수행하여 결정할 수 있는 권한을 가지고 있는지의 확인이다. 상대방이 협상 권한을 가지고 있지 않다면, 협상을 개시하지 말아야 한다. 다음의 문제는 누가 최초의 제안을 하느냐이다. 일반적으로는 상대방이 먼저 제안을 하게 하여, 좋으면 받고 아니면 거부한다. 가능하다. 그러나 첫 제안은 일종의 '덫'의 효과를 가진다. 협상 결과가 첫 제안에서 크게 벗어나지 못한다는 것이다. 경우에 따라서는 첫 제안을 먼저 하는 것이 바람직할 수도 있다.

협상의 수행은 커뮤니케이션, 즉 의사소통이다. 대화를 통하여 서로의 정보를 주고받는 것이다. 의사소통의 가장 중요한 원칙은, 말하는 것보다 더 많이 듣는 것이다. 귀가 둘이고 입이 하나인 이치에 따르는 것이다. 또한 협상의 목적을 달성하는 데 필요한 경청과 진술을 해야 할 것이다. 협상의 수행 중에는 다양한 상황이 전개된다. 불리한 상황도 진행될 수 있고, 파국으로 진전될 수도 있다. 각각의 경우마다 협상의 기본 요소에 따라 창의적이면서 단호하게 협상을 수행할 필요가 있다.

 협상의 종결은 신중하게 해야 한다. 섣부른 종결은 금물이다. 제2장에서 검토한 협상의 기본 요소가 충분히 고려되어 협상이 수행되었다면, 협상을 종결해도 될 것이다. 물론 협상의 결과는 문서로 작성하고, 당신이 그 초안을 작성하는 것이 끝까지 당신에게 바람직할 것이다. 또한 협상의 종결은 다분히 공식적인 것이 좋다. 협상 중에 노출된 갈등을 해소하는 차원에서 악수를 한다든지, 상대방의 협력과 노고에 감사를 표시하며 부드럽게 마무리한다. 마지막으로 협상의 결과는 항상 분쟁의 가능성에 노출되어 있다. 따라서 합의문에 분쟁의 해결에 관한 규정을 명시해야 한다.

 상대방과의 협상이 종결된 후 일종의 '협상 후기'를 작성해 보는 것도 좋다. 협상 과정에서 어려웠던 점, 협상의 기본 요소가 제대로 적용되었는지 등을 작성해 놓으면 다음의 협상에서 유용하게 활용될 수 있을 것이다. 이와 함께 당신의 협상 기법도 크게 발전할 수 있다.

● 이것만은 챙깁시다 ●

1. 충분히 준비를 하였는가?
2. 상대방에 대한 정보를 충분히 확보하였는가?
3. 상대방이 협상에 필요한 권한을 가지고 있는가?
4. 협상의 목적 달성에 필요한 진술을 하고 있는가?
5. 진술보다는 경청에 더 노력하는가?
6. 서면 합의를 하는가?
7. 합의문의 초안은 당신이 작성하는가?
8. 분쟁 해결의 규정이 합의문에 들어 있는가?
9. 다시 한 번, 충분히 준비를 하였는가?

제4장

협상에도 명품이 있다

협상에도 명품이 있다

협상하는 방법을 설명하는 책이나 자료들 중에 협상에서 사용할 수 있는 특별한 기법을 전술, 술수 또는 술책이라고 설명하고 있다. 이러한 술수는 경쟁적 협상과 같이 윈-루즈(win-lose)의 결과를 목표로 하는 경우에 상대방을 혼동에 빠지게 하여 자신의 이익을 극대화할 수 있어 효과적이라 생각될 수 있다. 그러나 우리가 수행하는 협상의 대부분은 가정이나 직장은 물론 사회에서 서로 아는 사이에서 반복적으로 수행된다. 이러한 현실에서 상대방을 놀라게 하거나 혼동에 빠지게 하는 술수의 사용은 바람직하지 않다. 또한 이러한 술수는 자칫 상대방의 보복을 불러일으켜서 결국 협상은 실패하게 되고 상대방과의 관계도 크게 훼손될 수 있다.

협상에도 '명품'이 있다. 거짓말은 물론 공격적이거나 기만적인 술책이나 술수는 가능한 한 사용하지 않는 것이 좋다. 그럼에도 불구하고 현명한 협상가라면 비록 자신은 그렇지 않더라도 상대방이 사용하는 술책이나 술수는 재빨리 간파하고 올바르게 대응할 수 있어야 한다. 당신은 아래의 내용에서 어떻게 술수를 활용하는지에 관심을 두기보다는 어떻게 상대방의 술수를 포착하고 적절하게 대응할지에 관심을 두어야 한다.

술수를 간파하고 단호하게 대응하라

  술수에 대한 대응에서 가장 바람직한 방법은 상대방이 당신에게 아예 술수를 사용하지 않게 하는 것이다. 즉 술수 사용에 대한 예방적 대응이 바람직하다. 술수가 사용될 가능성이 높은 협상은 상대방과의 관계가 지속적이지 않고 일회성일 경우이다. 예컨대 당신이 중고차를 구입하려는 경우 당신은 별 일이 없다면, 중고차 판매자를 다시 만나게 되지 않을 것이다. 물론 가상적인 예이지만, 이런 경우 중고차 판매자는 당신에게 당장의 거래를 성사시켜 눈앞의 이익을 얻기 위한 노력을 아끼지 않을 것이다. 장기적인 관계를 크게 고려하지 않기 때문이다.

  당신을 잘 알거나 당신과의 관계를 중시하는 상대방은 당신에게 비윤리적 술수를 사용하려 하지 않을 것이다. 따라서 당신이 협상 상대방을 직접 알지 못하는 경우라면, 당신이 중간에 믿을 만한 사람의 소개를 받아 상대방과 최소한의 관계를 가지는 것이 좋다. 친구에게서 믿을 수 있는 중고차 판매자를 소개받는 것이다. 당신의 친구와 관계가 있는 판매자는 당신에게 함부로 술수를 사용하지 않을 것이다.

그럼에도 상대방이 당신에게 술수를 사용하려 한다면, 다음과 같이 일반적으로 대응할 수 있다. 상대방이 술수를 쓴다면 먼저 그것부터 알아차려야 한다. 따라서 당신은 협상의 수행 중에 상대방의 말, 행동 등을 주의 깊게 관찰해야 한다. 상대방에 대한 정보를 끊임없이 수집하고 분석해야 한다.

예를 들어 상대방이 자신에게 실제로 중요하지 않은 쟁점인데 당신에게는 중요한 것처럼 보이게 가장할 수 있다. 협상이 한참 진행된 후에 상대방은 이렇게 중요하지 않은 쟁점을 실제로 자신에게는 중요한 쟁점과 맞교환을 요구할 수 있다. 이러한 상대방의 술수로 피해를 보지 않기 위하여 당신은 상대방이 진정으로 원하는 것이 무엇인지 등에 대하여 고민해야 한다.

또한 상대방이 당신에게 엄청난 양의 정보를 적극적으로 제공하는 경우도 있다. 상대방의 이러한 술수는 당신이 올바른 정보와 그렇지 않은 정보를 구별하지 못하게 함으로써 당신의 협상 수행 능력을 떨어뜨리게 된다. 또는 당신이 이해하기 어려운 전문 용어를 남용하는 경우도 있다. 이 경우에 당신은 납득할 수 있는 정보를 얻을 때까지 당황하지 않고 상대방에게 적절한 질문을 해야 한다. 그리고 상대방의 일관되지 않는 의견이나 정보를 발견하면 이를 상대방이 알게 하여 더 이상 그렇게 하지 않도록 해야 한다. 또한 상대방이 전문적이고 어려운 제안을 하는 경우에 관련 전문가의 참여를 상대방에게 제안할 수 있다.

상대방의 술수에 대한 대응 방법은 협상의 구체적 목적이나 사정에 따라 다르다. 이러한 대응의 가장 기본적인 목적은 상대방의 술수가 보상을 받지 않도록 하는 것이다. 이를 위하여 당신은 상대방에게 다음과 같이 대응할 수 있다. 첫째, 당신은 상대방의 술수를 무시할 수 있다. 상대방은 술수를 통하여 당신에게 부당한 영향을 미치려는 것이므로 당신이 그러한 술수에 영향을 받지 않는 것이 최선이다. 예컨대 상대방이 당신에게 위협의 술수를 부리는 경우에, 그 위협을 못 들은 것처럼 행동하는 것이다. 그리고 상대방에게 다른 쟁점으로 협상의 논의를 변경하거나 협상을 일시 중단하자고 요청할 수 있다.

둘째, 당신은 상대방의 술수를 지적하고 그 술수의 사용을 중단하라고 단호하게 요구할 수 있다. 협상에서 상대방이 속임수를 쓰는 등 비윤리적으로 나올 때는 상대방에게 윤리적으로 행동하기를 요구해야 한다. 만일 상대방이 술수 사용을 중단하거나 당신이 납득하도록 마땅한 설명을 하지 않는다면, 상대방은 당신과의 협상 수행에 진정한 뜻이 없는 것으로 보아야 할 것이다. 이런 경우 당신은 협상의 중단을 요구할 수 있다. 특히 당신이 달리 선택할 수 있는 최선의 대안이 있다면 당신의 협상 중단의 요구는 상대방에게 상당한 충격을 줄 것이다.

셋째, 당신도 술수를 부리는 상대방에게 술수를 부릴 수 있다. 소위 '이에는 이, 눈에는 눈'의 실행이다. 이렇게 당신도 상대방처럼 술수를 사용하게 되면, 상대방은 당황하게 될 것이다. 이러한 당신의 맞대응에 대한 상대방의 반응이 어떤 것이더라도 당신의 적극적인 대응으로 협상 분위기가 바뀌어질 수 있다. 특히 상대방이 당신의 협상에 대한 의지나 결의를 시험하려는 경우에 당신의 정면 대응은 효과적일 것이다. 또한 이러한 맞대응은 당신을 포함하여 여러 협상자가 참여하는 다자간 협상에서 더 효과적이다. 술수를 부리는 협상자에게는 맞대응을 하고 정상적으로 협상을 하는 다른 협상자에게는 정상적으로 협력하는 것이다. 이러한 대응은 특히 '좋은 사람·나쁜 사람' 술수에 효과적이다. 그러나 이러한 맞대응은 자칫 당신과 상대방 사이의 관계를 악화시켜서 성공적인 협상이 어렵게 될 수 있다.

넷째, 상대방이 술수를 부리는 경우 당신은 혼자서 그 상대방과 협상을 수행하지 말고 다른 동료와 함께 팀을 이루어 협상을 수행하는 것이 좋다. 당신과 동료의 협력으로 상대방의 술수가 보다 정확하게 파악되어 올바른 대응 방안이 모색될 수 있다. 또한 상대방의 술수가 당신에게는 효과가 있더라도, 당신 동료에게는 효과가 없을 수 있다.

거듭 강조하지만, 당신은 가능한 한 협상에서 술수를 사용하지 않는 것이 좋다. 협력적 협상에서 당신과 상대방은 서로 협력하여 공동의 문제를 해결하는 동반자이기 때문이다. 그러나 당신이 상대방을 잘 알지 못하거나 상대방이 술수를 즐겨 사용하는 것을 안다면, 협상에서 상대방의 속임수 또는 술수의 가능성을 항상 경계해야 한다. 보통 사람들은 상대방이 거짓말을 하거나 술수를 부리는가를 판단할 때 일단은 선의

로 받아들이려 한다. 그러나 냉엄한 현실에서 상대방이 당신의 협상 원칙과 윤리를 공유하리라 기대할 수 없다. 만일 상대방의 술수 사용이 의심스러우면 당신은 그 사실이 확인될 때까지 마음을 놓지 말아야 한다. 협상에서 상대방의 거짓말이나 술수를 탐지하기도 어렵지만, 이를 탐지하는 경우에도 그 거짓말이나 술수의 정확한 대상을 확인하기는 더 어렵다. 따라서 당신은 가능한 한 많은 정보를 입수하여 그 진위 여부를 점검해야 한다. 결국 당신은 협상의 대상인 사실관계, 동기, 상대방의 인식, 평판 등을 '조사하고, 조사하고 또 조사할' 수밖에 없다.

협상에서 즐겨 사용되는 술수와 대응법

협상에서 즐겨 사용되는 술수는 많다. 위에서 설명했지만, 당신은 원칙적으로 술수를 사용하지 않는 것이 좋다. 아래에서는 술수의 극히 일부만을 소개한다. 일반적으로 술수로 볼 수 있지만, 상대적으로 그렇게 부당하지 않거나 윤리적으로도 크게 문제가 되지 않는 기법도 같이 소개한다.

침묵 기법

협상에서 침묵은 유용한 기법으로 인정된다. 사람들은 대화 도중에 대화가 끊기는 상황을 좋아하지 않는다. 이런 상황을 불편하거나 불안해하기 때문이다. 대화가 끊기면 사람들은 대화를 잇기 위하여 계속 말을 하게 된다. 협상에서도 마찬가지이다. 예컨대 당신이 협상 중에 상대방의 발언에 대하여 대응하지 않고 침묵을 지킨다면, 상대방은 그 침묵을 참지 못할 것이다. 흥미롭게도 침묵을 깨기 위한 상대방의 계속적인 발언에서 당신에게 유용한 정보는 물론 더 큰 양보도 얻을 수 있다.

   침묵 기법은 상대방이 제안을 한 직후에 더욱 효과적이다. 당신이 계속 침묵을 지키고 상대방이 그러한 침묵의 상황을 불편해 한다면, 상대방은 그 제안을 당신에게 유리하도록 수정하여 다시 제안할 수 있다. 상대방은 당신의 침묵을 자신의 제안에 대한 거부라고 해석할 수 있기 때문이다. 침묵이라는 것은 별다른 비용이 들지 않는 것인데, 당신은 상대방에게 별다른 강한 압력을 주지 않고서 상대방에게서 양보를 얻을 수 있게 된다. 만일 상대방이 당신의 침묵에 대하여 부정적으로 반응하여 협상이 중단되려는 경우에 당신은 다음과 같이 협상을 가동시킬 수 있다. 침묵을 지켜서 미안하지만, 잠시 상대방의 제안을 검토할 여유가 필요했다고 말하면 된다.

대응법

역으로 협상 중에 상대방이 침묵을 지키는 경우에는 이러한 침묵에 불편해 할 필요가 없다. 당신도 침묵을 지킬 수 있다. 또는 상대방에게 협상의 목적이나 동기가 무엇인지 질문을 던질 필요가 있다. 이러한 구체적 질문에도 상대방이 계속 침묵을 지킨다면 상대방이 협상을 성실하게 수행할 의지가 있는지 의심해야 한다. 당신이 최선의 대안을 가지고 있다면, 상대방에게 협상의 결렬이나 중단을 요구하면 될 것이다.

불확실성 기법

침묵과 함께 불확실성도 협상에서 유용하다고 인정된다. 협상에서 당신이나 상대방은 협상의 최종적인 결과를 확실하게 예상할 수 없다. 사람들은 대부분 확실한 것을 좋아하기 때문에 협상 결과의 불확실성을 좋아하지 않는다. 협상 결과의 불확실성에 불편하거나 초조함을 느끼는 상대방은 이러한 불확실성을 제거하기 위하여 당신이 원하는 방향으로 양보를 할 수 있다.

유럽연합(EU)이 유럽단일통화의 도입을 주된 내용으로 하는 유럽의 경제통화동맹(EMU)을 위한 협상을 수행할 때, 회원국마다 찬반의 입장이 대립하였다. 특히 영국은 경제통화동맹의 창설에 소극적이었다. 이에 영국은 유럽단일통화가 도입될 경우에 야기될 부정적이거나 불확실한 결과를 지속적으로 강조하였다. 이렇게 영국은 경제통화동맹 창설의 불확실함을 적극 활용하여 이 동맹의 창설에 적극적인 독일을 견제하고 다른 회원국들의 참여를 억제하도록 노력하였다.

대응법

당신이 협상의 결과나 진행 경과의 불확실성을 싫어하지 않고 또한 아무것도 하지 않고서 그대로 버틸 수 있다면, 당신은 협상을 유리하게 이끌어 갈 수 있다. 당신이 선천적으로 불확실성을 싫어하지 않는 성격을 가지는 것이 좋지만, 당신도 의식적으로 불확실성에 불편하지 않도록 노력할 필요가 있다. 그리고 침묵의 경우처럼 상대방에게 협상의 기본 원칙에 따를 것을 요구할 수 있다.

공약 기법

공약도 협상 기법이 된다. 공약은 협상의 목적이나 내용 또는 방향에서 당신의 유연성에 대한 한계를 상대방으로 하여금 인식하게 한다. 당신이 협상에서 바라는 것이나 바라지 않는 것을 상대방은 물론 제3자도 알게 함으로써 당신이 바라는 대로 협상의 범위나 방향이 제한될 수 있다.

고이즈미 일본 총리는 2002년 9월 17일의 북한 김정일 국방위원장과의 정상회담에 앞서 '일본인 납치 문제 해결 없이 국교 교섭 재개 불가'라고 천명하였다. 결국 김 위원장은 고이즈미 총리에게 일본인 납치를 사과하였다. 이렇게 고이즈미 총리는 국교 교섭의 선제 조건으로서 일본인 납치 문제를 결연하게 제시함으로써 김 위원장이 일본과의 국교 교섭을 위하여 고이즈미 총리의 사과 요구를 수락하게 한 것이다. 고이즈미 총리는 효과적으로 공약 기법을 활용하였다.

엄격한 의미에서 협상이라 하긴 어렵지만 최근에 재미있는 예가 있다. 2006년 K부총리의 사퇴와 관련하여 본인은 물론 청와대와 여당 사이에 갈등이 있었다. 총리가 이 사안에 관하여 대통령과 오찬을 같이한 후, 총리의 권한인 해임건의를 할 수 있다고 공개하였다. 일종의 공약 기법을 사용한 것이다. 물론 K부총리도 다음날 열린 국회의 관련 상임위원회에서 "사퇴는 무슨 사퇴냐!"고 일종의 공약 기법을 사용하였지만, 결국 그 다음 날 사퇴를 표명하였다. 이렇게 공약 기법이 충돌한 셈이 되었는데, 결국 여론과 정치적 상황이 맞물려서 총리의 공약 기법이 우세하게 되었다.

또 다른 예로 비행기 납치범과 협상할 수 없다고 법에 규정한 국가가 있다고 하자. 이 법에 따라 정부는 납치범들과 협상을 할 수 없다. 따라서 납치를 계획한 이들은 이 국가의 비행기를 납치해도 별로 도움이 되지 않는다는 것을 알게 된다. 이들은 비행기 납치가 아닌 다른 방법을 강구하려 할 것이다. 이 정부는 스스로 자신의 행동을 제한하는 공약을 한 결과 상대방의 선택의 폭이 줄어든다.

대응법

상대방이 당신에게 공개적인 공약의 기법을 사용한다면, 당신은 다음과 같이 대응하면 될 것이다. 첫째, 당신은 상대방의 공약을 전혀 모르는 것처럼 무시할 수 있다. 상대방이 공약을 한 이후에 상대방의 공약과는 달리, 즉 당신이 바라는 수준에서 합의를 할 수 있다. 이 경우에 당신은 상대방의 공약이 존재하지 않는 것처럼 하였기에 상대방의 명성이나 체면이 덜 훼손될 것이다. 둘째, 상대방이 공약을 하면, 당신은 상대방이 스스로 그 공약을 철회할 수 있도록 상대방에게 여유를 줄 수 있다. 예컨대 상대방의 공약 철회를 당신과 상대방의 공동 이익을 위한 용단이라고 격찬할 수 있다.

좋은 사람 · 나쁜 사람 술수

좋은 사람 · 나쁜 사람(good guy/bad guy) 술수는 영화에서 경찰이 피의자를 심문하는 장면에서 종종 볼 수 있다. 두 명의 경찰이 피의자를 심문하면서, 한 경찰은 화를 잘 내고 무섭게 하지만, 다른 경찰은 완전히 그 반대로 행동한다. '나쁜' 경찰이 피의자에게 위협적인 행동과 말을 하고 (전화를 받기 위하여) 잠시 나가면, '좋은' 경찰은 피의자에게 "저 경찰은 우리 경찰서에서 가장 지독하다고 소문나 있는데, 너 정말 큰일 나겠다. 내가 저 친구를 잘 무마할 터이니, 너도 내가 그를 설득할 수 있게 협조하는 것이 좋겠다."고 너그럽게 말을 건네는 것이다. 다른 예로서 학교 친구가 갑자기 찾아 와서 보험에 가입할 것을 요청한다. 당신은 이미 여러 보험에 가입하여 더 이상의 보험이 필요하지 않다. 이 경우 당신은 "내 집사람이 내가 또 보험에 가입한 것을 알면 당장 이혼당할 것"이라고 말할 수 있다. 이 경우에 당신은 '좋은' 사람이 되고 당신 부인은 '나쁜' 사람이 된다.

좋은 사람 · 나쁜 사람 술수는 협상팀에 여러 명의 협상자가 활동할 때 사용된다. 이 술수는 상대방이 당신 팀의 '좋은 사람'을 같은 편으로 인식하게 하여 상대방이 그에게 호감을 가지고 정보를 주게 되는 것이다. 당신의 협상 상대팀 구성원들이 서로 극단적으로 기질의 차이를 보인다면, 좋은 사람 · 나쁜 사람 술수를 사용하고 있다고 짐작할 수 있다. 특히 '나쁜 사람'의 역할이 쉽지 않기 때문에 세련되지 않은 말이나 행동을 할 수 있다. 또한 상대팀의 '좋은 사람'과 '나쁜 사람'은 서로 특별한 신호를 약속하여 상황에 따라 이 술수를 사용하는 것이 보통이다. 따라서 당신은 상대팀 구성원들의 행동과 말을 끊임없이 관찰하고 경계해야 한다.

대응법

상대방이 협상에서 이 술수를 사용하려는 경우에 다음과 같이 대응하면 될 것이다. 우선, 당신은 '나쁜 사람'을 상대할 필요가 전혀 없다. 이 기법을 사용하기 위하여 상대방은 두 사람 이상이어야 한다. 따라서 두 사람 이상의 상대방 중에서 당신은 '좋은 사람' 이외에 다른 사람과는 대화하지 않겠다고 선언할 수 있다. 이렇게 나쁜 사람을 배제함으로써 당신은 좋은 사람·나쁜 사람 술수를 무시할 수 있다. 또는 상대방의 이러한 술수에 장단을 맞추어 주면서 상대방에게 불리한 쪽으로 협상의 방향을 변경할 수 있다.

예컨대 상대방 중의 나쁜 사람 때문에 당신이 혼란스럽고 겁이 나서 협상을 바로 그만두겠다는 의사를 표시할 수 있다. 당신의 이러한 예상치 못한 반응에 상대방의 나쁜 사람이 오히려 당황하고, 협상을 진행하기 위하여 자신의 태도를 변경할 수밖에 없게 된다. 특히 상대방이 최선의 대안을 가지지 못한 경우에 효과적이다.

하거나 말거나 술수

협상 도중에 어떤 제안을 꺼내 놓고 이 제안을 받아들이면 계속 협상을 진행하고 아니면 협상을 그만두겠다고 선언할 수 있다. 이 같은 하거나 말거나 술수는 협상에서 상대방보다 훨씬 더 강력한 협상력을 가지고 있다고 느끼는 경우에 종종 사용된다.

하거나 말거나 술수는 협상의 시작, 중간 또는 종료 단계에서 사용될 수 있다. 협상의 시작 단계에서 하거나 말거나 제안은 상대방의 반응을 점검하여 자신의 협상력을 측정하기 위하여 사용될 수 있다. 협상의 중간 단계에서 이 제안은 자신의 좌절감 표시 또는 자신이 더 이상 양보할 것이 없음을 의미할 수 있다. 협상의 종료 단계에서 이 제안은 지금까지 협상에 투입한 모든 노력과 비용을 보상받기 위하여 상대방이 허용하고 싶지 않는 양보를 압박하기 위하여 사용될 수 있다.

대응법

상대방의 하거나 말거나 술수에 다음과 같이 대응할 수 있다. 첫째, 상대방의 하거나 말거나 제안을 무시할 수 있다. 일반적으로 이러한 제안은 당신의 협상력을 떠보기 위한 시험용 풍선이다. 상대방의 하거나 말거나 제안을 듣지 못한 것처럼 당신은 계속 협상을 수행하는 것이다. 이후 상대방이 하거나 말거나 제안을 관철하려 하지 않는다면, 상대방은 아무런 일이 없었던 것처럼 (무사히) 당신과 협상을 수행할 것이다.

둘째, 상대방의 하거나 말거나 제안에 대하여 동일하게 대응할 수 있다. 다만 상대방이 제안한 '하거나' 또는 '말거나'가 아니고 당신만의 '하거나 말거나'를 새롭게 제안하는 것이다. 만일 상대방이 자신의 하거나 말거나 제안을 당신이 수락할 것이라 기대하였다면, 상대방은 이제는 새로운 협상 전략을 가지고 당신을 상대해야 할 것이다.

셋째, 상대방의 하거나 말거나 제안에 대하여 상대방의 성실한 협상 수행을 요구할 수 있다. 당신은 상대방의 하거나 말거나 제안이 상대방의 불성실한 협상의 징표라고 주장하는 것이다. 더 나아가 당신은 상대방에게 진심으로 공정한 합의를 원한다면 특정 사안에 대한 즉각적인 양보를 요구할 수 있다. 상대방은 당신의 이러한 뜻밖의 반응에 당황하게 될 것이다.

넷째, 상대방의 하거나 말거나 제안이 상대방의 진심이라고 확인될 수 있다. 이 경우에 당신은 상대방의 제안을 현실적으로 진지하게 검토할 수밖에 없다. 당신은 하거나 또는 말거나의 두 가지 중에서 하나를 선택한다. 물론 당신에게 유리한 것을 선택한다. 그러나 말거나를 선택하는 것도 결코 나쁘지 않을 수 있다. 상대방이 당신의 말거나 선택에 대하여 적절한 준비가 되어 있지 않다면 상대방은 당황할 것이기 때문이다. 특히 상대방이 최선의 대안을 가지고 있지 않는 경우에 효과적이다. 그리고 당신은 언제라도 협상에 다시 돌아와서 이전에 거절한 것을 수락할 수도 있다.

"이제 나가겠습니다." 술수

협상의 진행 중에 더 이상의 협상을 그만두겠다고 선언할 수 있다. 소위 최후 통첩이다. "이제 나가겠습니다." 술수는 기본적으로 최선의 대안이 좋아서 굳이 협상을 할 필요가 없거나 아니면 상대방에 대하여 큰 충격을 주기 위하여 사용된다. 이 술수는 협상에서 사용할 수 있는 술수 중에서 가장 강력한 것이다.

"이제 나가겠습니다." 술수는 결정적인 순간에 예외적으로 사용된다. 따라서 이 술수가 사용되는 시점이나 대상이 중요하다. 가장 중요하다고 생각하는 사안에 대하여 이 술수가 사용될 수 있다. 이러한 술수의 사용에서 필요한 것은 상대방과 동의할 수 있는 마지막 한계에 와 있는 것처럼 보이는 것이다. 예컨대 이 술수를 사용하기 직전에 상대방에게 자신이 원하는 가격, 조건, 배달 일자 등을 제안한다. 그리고 상대방이 이러한 제안에 동의하도록 노력한다. 상대방이 이 제안을 거절하면 "죄송하지만 더 이상 협상할 수 없게 되었습니다. 그동안 감사하였습니다."라고 말한 후 밖으로 나간다. 이러한 경우에도 당신은 상대방과 협상을 다시 수행할 수 있는 가능성을 포기해서는 안 된다. 가능하면 '웃으면서' 태연하게 협상 장소를 물러나는 것이 좋다. 협상 사안에 대한 해결이 중단된 것이지, 당신과 상대방 사이의 관계가 중단되어야 하는 것은 아니기 때문이다.

대응법

상대방이 "이제 나가겠습니다." 술수를 사용한다면, 상대방이 협상의 타결 시점이나 내용에 있어 중요하다고 판단하였음을 이해해야 한다. 상대방은 이 술수를 사용하기 직전에 자신이 당신에게 원하는 가격, 조건, 배달 일자 등을 제안하였을 것이다. 상대방은 당신에게 자신의 제안을 수락하도록 거듭 재촉하였을 것이다. 이러한 재촉이 진지하다면 상대방이 진정 당신과의 타결을 원하는 것으로 이해할 수 있다.

상대방이 협상 장소를 떠나 밖으로 나가려는 경우 당신은 다음의 세 가지 선택을 할 수 있다. 첫째, 당신은 상대방이 밖으로 나가기 전에 붙잡는다. 이러한 경우는 당신이 상대방과의 협상을 절실히 바라는 경우이다. 당신은 가능한 한 상대방을 협상에 복귀시키고, 가능하면 상대방의 요구를 당신의 요구에 일치시키도록 노력해야 한다. 이 경우 당신이 상대방을 붙잡음으로써 당신의 상대방과의 협상에 대한 간절함이 노출되었다고 볼 수 있다. 이 점에서 상대방은 당신보다 유리한 처지에 있다고 생각할 수 있다. 당신은 상대방에게 서로의 협상 동기, 그 동기를 최적으로 충족시킬 수 있는 옵션, 이러한 옵션에 대한 공정하고 객관적인 기준 등을 제시하면서 설득해야 할 것이다.

둘째, 당신은 그 자리에서 상대방을 붙잡지 않고 그대로 나가도록 둘 수 있다. 당신이 여전히 상대방과 협상을 원하고 있다면, 그 후 상대방에게 협상을 계속하자고 연락할 수밖에 없다. 이 경우에 상대방은 당신보다 유리한 입장에 서게 되었다고 생각할 것이다. 일반적으로 당신이 상대방과 다시 만나 협상을 속행한다면 당신은 상대방이 앞서 제안한 내용을 상당한 수준에서 수용할 수밖에 없을 것이다. 이 경우에도 당신은 상대방과 협상의 기본 원칙에 따라 협상을 진지하게 수행해야 할 것이다.

외환위기 극복을 이유로 정부는 J은행을 N금융에게 매각하는 협상을 하였다. 당시 N금융은 J은행의 실사 후 정부가 예상한 것보다 훨씬 높은 수준의 매각비용을 요구한 것으로 전해졌다. 1998년 12월 31일 체결된 양해각서에 J은행의 국제 기준에 따른 자산평가의 규정을 놓고 정부와 N금융이 대립을 하다가 결국 양해각서의 협상 시한인 1999년 5월 2일이 경과하였다. 동년 5월 12일 회의실에서 고성이 오간 후, N금융의 대표는 협상 결렬을 선언하고 자리를 박차고 나갔다고 한다. 협상은 중단되었고, 최고위층의 방미를 앞둔 6월 초 정부는 N금융에게 재협상을 요청하였다. 결국 N금융의 인수 조건이 대부분 수용되었다.

셋째, 당신은 그 자리에서 상대방을 붙잡지 않고 그대로 나가도록 둘 수 있다. 이젠 상대방이 자신의 술수에 대한 책임을 져야 할 때이다. 이 경우 상대방은 이 협상을 포기하고 다른 협상 상대를 찾던가, 당신에게 다시 연락하는 수밖에 없다. 상대방이 협상을 속개하자고 연락한다면, 이제 상대방은 당신에게 부담을 가지게 되고, 당신은 전보다 더 유리하게 협상을 수행할 수 있게 된다. 이 경우에도 상대방과의 관계를 고려한다면, 당신은 상대방을 배려하면서도 유리하게 협상을 수행하는 것이 좋다. 또는, 상대방의 "이제 나가겠습니다."가 술수에 불과하다면, 당신은 일단 그 술수를 무시할 수 있다. 당신이 상대방의 이 술수를 무시하고 계속 협상을 진행한다면, 예컨대 이 술수의 사용 이전의 상황으로 돌아가 새로운 제안을 한다면, 상대방도 자신의 위신을 살리면서 아무일 없던 것처럼 협상에 복귀할 수 있다. 당신이 상대방을 도와준 것이다. 물론 당신이 상대방에게서 얻어야 할 것이 있기 때문이다.

타결 직전 '조그만' 양보의 요구 술수

협상이 한창 진행되어 거의 합의에 이르게 되었다. 이때 그동안의 협상 중에 거론되지 않았던 사안에 대하여 추가적으로 '조그만' 양보를 요구할 수 있다. 이러한 조그만 양보는 전체 합의 내용에서 아주 작은 부분이기에 협상 타결을 위하여 '그 까짓 것'이라 그냥 지나칠 수 있다. 예컨대 청과시장에서 사과, 배, 복숭아를 한 박스씩 사기로 하고 가격을 충분히 깎은 다음 전혀 관심을 보이지 않던 바나나 한 송이를 덤으로 달라고 요구하는 것이다. 협상의 타결 직전에 그동안 의도적으로 숨겨 놓은 쟁점에 대하여 양보를 요구하는 것은 분명 성실한 협상 행위라 볼 수 없다.

대응법

상대방이 협상의 타결 직전 당신에게 조그만 양보를 불쑥 요구하는 경우에 당신도 상대방에게 조그만 양보를 요구할 수 있어야 한다. 예컨대 위의 예에서 당신은 포도 한 박스를 더 사 준다면 상대방에게 바나나 반 송이를 주겠다고 제의할 수 있다. 이 점에서 당신은 협상을 철저하게 준비할 필요가 있다. 이렇게 상응한 대응을 통하여 당신은 상대방에게 하나의 양보도 무상으로 하지 않는 완벽한 협상자임을 인식시켜야 한다. 다음의 협상에서 상대방은 당신에게 또다시 이런 술수를 사용하지 못할 것이다. 또한 당신은 상대방에게 또 다른 양보의 요구가 있을지 확인하는 것이 좋다. 상대방에게 다른 요구 사항이 있는지 질문을 하는 것이다. 상대방이 추가적인 요구 사항을 모두 공개한다면, 당신도 추가적인 사항을 제시하여 다시 협상을 수행하면 된다.

협상 타결 직전의 예는 아니지만, 시중에서 유사한 별난 예가 보도되었다. 결혼식장에서 신랑이 입장하려는 순간 예식장 직원이 다가와서 행진 축포를 터뜨리는데 10여만 원이 든다면서 "지금 사인을 해달라."고 요구했다는 것이다. 예식장 계약을 할 당시에는 언급되지 않았던 부가비용으로서 당사자가 차마 거부할 수 없는 상황에서 조그만 양보를 요구한 것이다. 이는 예식장의 사용이라는 사실상 일회적 관계를 예식장이 부당하게 악용한 것이다.

막무가내 술수

협상 중에 상대방이 당신의 합리적인 요구를 들어 주지 않고, 당신의 제안에 대해 융통성 있게 대응하지 않을 수 있다. 이러한 술수를 '막무가내'라 부를 수 있다. 현실에서 합리적인 사람들도 종종 협상 중에 돌담처럼 강경한 태도를 견지하여 상대방을 몰아친 후 자신의 의도대로 협상을 진행하고자 한다. 사람들은 막무가내 술수가 효과적이라고 생각한다. 이렇게 하여 상대방의 기대를 낮추어 자신에게 유리한 내용으로 합의할 수 있다고 생각한다. 또는 협상 전략의 차원에서 자신에게 유리한 시기까지 협상을 지연시키려는 것일 수 있다. 막무가내 술수를 사용할 수 있는 가장 좋은 상황은 지금 진행 중인 협상을 하지 않아도 될 정도로 최선의 대안이 좋을 경우이다.

대응법

만일 당신이 제시할 수 있는 제안이 상대방이 원하는 것보다 더 나을 것이 없다면, 합리적으로 협상을 통해 합의하기는 어려울 것이다. 따라서 상대방의 막무가내 술수에 대하여 유화적인 태도보다는 보다 단호하고 강경한 태도를 가지는 것도 바람직하다. 상대방이 막무가내 술수를 사용하고 있다면, 당신은 다음과 같이 대응할 수 있다.

첫째, 당신은 협상의 준비 단계로 돌아가야 한다. 당신이 상대방에게 제시한 제안이 합리적이었는지 검토한다. 제안이 합리적이지 않았다면 합리적인 수준으로 수정하는 것이 좋다. 물론 다시 검토하였음에도 당신의 제안이 합리적이라면 물러서지 말고 현재의 제안을 고수하는 것이 좋다. 이 경우 당신이 물러선다면 상대방의 막무가내 술수가 효과를 가지게 된다.

둘째, 당신은 협상의 진행 한계를 설정해야 한다. 즉 당신이 물러설 수 없는 마지막 경계선을 가지는 것이다. 당신이 설정한 협상 진행의 한계에 도달하였다면, 협상을 중단하는 것이 좋다. 그리고 상대방에게 다음과 같이 분명하게 말해야 한다: "나는 당신이 합리적으로 협상하려는 생각이 없다고 생각한다. 당신은 우리 대신 다른 기업(사람, 국가)

을 찾아 보는 것이 좋을 것이다. 만일 당신이 우리와 합리적으로 협상할 생각이 생기면, 다시 연락하길 바란다." 상대방이 당신과의 협상을 진정 원한다면 당신에게 연락할 것이다. 이렇게 다시 시작된 협상에서 상대방은 자신의 잘못에 대한 부담을 가질 수 있고, 그만큼 당신은 보다 유리하게 협상을 진행할 수 있다.

셋째, 당신은 상대방에게 합리적이고 유연한 태도를 보이지 않는 이유를 설명하라고 요구할 수 있다. 상대방이 합리적인 태도를 가지지 않는 이유 또는 타협하려 하지 않는 이유를 설명하도록 요구하는 것이다. 만일 상대방이 자신의 불합리하고 경직된 태도에 대하여 당신이 납득할 수 있도록 설명을 하지 않는다면, 상대방은 당신과의 협상에 대한 진정한 뜻이 없는 것으로 볼 수 있다.

허세 부리기 술수

허세 또는 엄포는 일반적인 의미의 거짓말 그 자체는 아니지만, 협상 상대방이 자신에게 양보하도록 압력을 가하기 위해 이용된다. 예를 들어 노사협상에서 사용자 측이 자신의 주장이 수용되지 않을 경우 공장을 외국으로 이전할 수밖에 없다고 밝히는 것이다. 그러나 허세는 역효과를 낼 가능성이 많다. 아주 중요한 사안에 대하여 허세를 부리는 것은 위험할 수 있다.

선천적으로 허세를 잘 부리는 사람이 있지만, 그렇지 않은 경우가 더 많다. 효과적으로 허세를 부리기 위하여 허세 부리는 상황에 완전히 몰입해야 한다. 그러나 일반적으로 사실과 다른 과장을 함에 있어 마음의 갈등을 느낀다면 표정이나 행동에서 허세임이 드러날 수 있다. 특히 당신이 거짓말에 가까운 허세를 부리는 것에 대해 양심의 가책을 느낀다면 허세를 부리지 않는 것이 좋다.

대응법

허세에 대한 대응은 허세의 치명적인 단점을 다음과 같이 활용하는 것이다.

첫째, 상대방이 허세를 부리면 당신도 똑같이 허세를 부리면 된다. 이렇게 협상자 모두가 허세를 부린다면, 이 협상의 끝은 결코 바람직하지 않게 될 것이다. 따라서 상대방은 허세 부리는 것을 중단할 수 있다.

둘째, 당신은 상대방의 허세에 대하여 반응을 보일 필요가 없다. 상대방이 당신에 대한 허세가 소용 없음을 알게 되면, 상대방은 자신의 요구 내용을 변경하거나, 이전에 거부했던 당신의 제안 또는 타협안에 다시 의존하거나, 협상을 결렬시킴으로써 자신의 허세에 책임을 질 수밖에 없다.

셋째, 당신은 상대방의 허세를 간파하여 상대방의 허세를 알고 있음을 상대방이 알게 한다. 자신의 허세가 드러나면, 상대방은 거짓말쟁이 또는 엄포쟁이라고 낙인 찍히게 된다. 상대방의 허세가 당신에게 드러난 이후의 협상은 당신에게 유리하게 진행될 가능성이 높아진다.

화내기 술수

화내기는 다음에서 설명되는 위협의 전 단계로서 사용될 수 있다. 협상을 수행하는 중에 기분이 나쁠 수 있다. 예컨대 협상자의 심리나 심성이 본질적으로 나쁠 수 있다. 한 연구에 따르면 화를 잘 내는 사람의 3분의 1은 유전자에 의하여 결정된다고 한다. 화를 잘 내는 성격의 34%가 유전적 요인이라는 것이다. 이렇게 보면 협상자들 중의 상당수는 화를 낼 수밖에 없는 것으로 보인다. 또는 자신에게 불리하게 협상이 진행되어 기분이 나쁘게 될 수도 있다.

화내기를 협상 술수로서 사용하는 사람은 나쁜 기분을 갑자기 드러내는 경향이 있다. 협상에서 사람들은 일정한 수준 이상의 양보를 얻기 위하여 종종 협상 술수로서 일부러 나쁜 기분을 보이거나 화를 내어 상대방을 위협하기도 한다.

대응법

협상 중에 상대방이 필요 이상으로 화를 내는 경우 당신은 이러한 상대방에게 방어적 태도를 보이거나 당신의 태도를 누그러뜨릴 필요는 없다. 이러한 상대방을 상대하는 것이 편하지는 않겠지만, 현명한 협상자인 당신은 이러한 상대방에 대하여 결코 불편해할 필요가 없다. 다른 협상 술수에 대한 대응과 마찬가지로, 당신은 화내기 술수를 사용하는 상대방을 편하게 두어서는 안 된다. 당신의 효과적인 대응 방법은 상대방의 화내기 술수가 보상을 받지 않도록 하는 것이다. 이 경우 적어도

다음과 같은 두 가지 상반되는 대응 방법을 사용할 수 있다.

첫째, 당신은 상대방이 화를 내는 만큼 상대방에게 화를 낼 수 있다. 즉, 불을 불로써 제압하는 것이다. 상대방의 나쁜 성질에 대하여 당신은 자연스럽게 화를 낼 수 있지만, 당신은 상대방에게 화를 가장하여 낼 수도 있다. 당신도 목소리를 높이거나, 극단적인 손동작을 보이거나, 무엇인가를 내리쳐서 큰 소리를 낼 수 있다. 이러한 당신의 거친 반응에 상대방이 어떠한 반응을 보이더라도 당신의 적극적인 대응으로 협상 분위기는 바뀔 수 있다.

둘째, 당신은 상대방의 나쁜 성질 또는 화에 관심을 표시하면서 상대방을 끌어안을 수 있다. 물론 이 경우 상대방의 나쁜 성질에 의하여 당신의 협상 행위가 영향을 받거나 협상 의제가 흔들려서는 안 된다. 이렇게 하면 당신은 격한 감정으로 말하고 행동하는 상대방을 좀 더 객관적이며 분석적으로 관찰할 수 있게 된다. 그리고 상대방과 계속 협상을 수행해야 하는지 여부를 술수에 대한 일반적 대응의 차원에서 차분히 검토한다.

위협 술수

협상에서의 위협이나 협박은 협상 그 자체에 대한 것이지만, 심각한 경우에는 협상자의 신체에 대한 경우도 있다. 아무튼 협상에서 두려움을 느끼게 하는 위협 또는 협박이 실제로 존재한다. 따라서 현명한 협상가는 슬기롭고 단호하게 상대방의 위협이나 협박을 극복할 수 있어야 한다. 협상에서 사용되는 위협 또는 협박은 다양하며, 자칫 법을 위반하여 법적 책임을 부담하게 될 수 있다. 따라서 협상에서 위협이나 협박은 자제해야 한다.

북핵 문제 해결을 위한 6자회담에 북한이 지속적인 참여를 거부하고 있는 상황에서 2006년 7월 대포동2호를 포함한 7기의 미사일을 시험 발사하였다. 북한의 미사일은 발사대를 떠난 직후 곧 동해로 떨어졌는데, 북한의 의도는 당시 확인되지 않았다. 그럼에도 일부에서는 북한이 한국과 주일미군을 포함한 일본까지 핵탄두 공격이 가능함을 과시하려는 점에서 미국에게 금융 압박 등을 통하여 "자신을 건드리지 말고 직접 협상을 하자."는 의도로 이해하였다. 미국은 북한의 미사일 기술이 제2차 세계대전 당시의 수준이라는 점을 파악하고 있었던 것으로 알려졌다.

이 점에서 북한의 미사일 시험발사를 통한 위협 술수는 효과가 없었다고 볼 수 있다. 적어도 그 당시로서는 그런 결과를 초래하였다. 2006년 10월 북한은 보다 심각한 위협이라고 볼 수 있는 핵실험을 했다고 선언하였다.

대응법

협상에서 상대방의 위협과 협박에 대하여 심리적 안정감을 가지는 것이 가장 기본적인 대응 방법이다. 또한 협상을 잠시 중단하고 협상하는 방법에 대하여 상대방과 논의하는 것도 좋다. 상대방에게 협상의 동기와 옵션 등 현명한 협상의 기본 요소를 포함하여 협상하는 방법에 대한 협상을 하는 것이다.

보다 구체적으로 상대방의 위협에 대한 대응 방법은 다음과 같다.

첫째, 상대방이 당신은 협상에서 빠지고 그대신에 당신의 상사가 협상에 참여하라고 위협할 수 있다. 당신은 상대방의 이러한 위협에 당황할 필요가 없다. 이렇게 부당한 상대방의 요구나 위협에 순종하는 것은 협상자로서 당신의 명성을 훼손하는 것이다. 당신은 상대방의 위협이나 협박을 지적하고 그 잘못에 대한 사과를 요구할 수 있어야 한다. 또한 당신은 이런 위협에 영향을 받지 않는 것처럼 행동해야 한다. 즉 당신이 협상의 전권을 가지고 있음을 상대방에게 확인해 준다. 당신이 상대방의 위협에 영향을 받지 않는다면 상대방이 계속 위협할 이유가 없어지게 된다.

둘째, 상대방이 협상을 결렬하겠다고 위협할 수 있다. 당신은 이러한 위협을 하는 상대방의 최선의 대안을 면밀히 검토해야 한다. 당신의 생각에도 상대방의 최선의 대안이 좋은 것이라면 협상 결렬은 위협이 아니라 실제 의도일 가능성이 높을 것이다. 만일 상대방의 최선의 대안이 좋지 않다면 협상 결렬은 위협일 가능성이 높다. 이 경우에 당신은 상대방을 협상의 기본 요소인 동기, 동기를 충족하는 옵션 및 객관적 기준의 관점에서 설득해야 한다.

셋째, 상대방이 당신의 비밀을 폭로하겠다고 위협할 수 있다. 이 경우에는 당신을 대신하여 다른 사람이 협상에 참여하게 해야 한다. 이로써 상대방은 당신에 대한 좋은 무기를 사용할 기회를 잃게 된다. 또한 상대방은 이렇게 부정적인 전술을 통한 협상 게임의 수행을 포기하고 협상의 구체적인 사안에 대하여 적극적으로 접근할 수 있게 된다. 물론, 가장 확실한 대응은 당신에게 불리하게 사용될 수 있는 비밀이 상대방에게 공개되지 않도록 주의하는 것이다. 보다 근본적으로는 상대방에게 당신의 약점으로 잡힐 수 있는 어떤 비밀도 가지지 않아야 할 것이다.

넷째, 상대방은 당신의 신체를 해치겠다고 위협할 수 있다. 이 경우 당신은 이런 상대방과 굳이 협상을 수행해야 하는지 결정해야 한다. 그리고 당장 위험에 처한 경우라면 경찰 또는 보안 요원 등에게 보호 요청을 해야 한다. 또는 중립적인 목격자와 함께 자리하는 것만으로도 이러한 위협에서 벗어날 수 있다. 당신이 이러한 상대방과 협상을 계속하여 수행해야 한다고 결정하면 당신은 상대방을 제압할 수 있도록 물리적 협상력을 증가시켜야 한다. 수에 있어서 상대방을 제압할 수 있도록 보다 많은 동료들이 협상에 참여할 수 있다. 또는 협상 과정을 녹화하거나 보안 요원이 협상 장소를 정기적으로 점검하게 할 수 있다.

협상 윤리와 나의 정체성

협상 윤리(ethics in negotiations)는 협상에서 허용되거나 허용되지 않는 잘잘못에 대한 사회적 기준 또는 그 준수 의식을 말한다. 협상자들은 종종 상대방에 대한 협상력 또는 협상 레버리지를 향상시키기 위하여 윤리적으로 허용되지 않는 술수를 사용하려고 한다. 협상 윤리의 문제는 협상자가 상대방에 대하여 얼마나 진실되어야 하는지의 문제이다. 협상의 기본이라 할 수 있는 의사소통의 차원에서 진실 여부는 협상자의 행동보다는 협상자의 말에 관한 것이다. 상대방에 대한 협상력은 올바른 정보의 입수나 그릇된 정보의 전달을 통해 향상될 수 있기 때문이다. 이 점에서 협상자의 거짓말이 협상 윤리의 주된 문제가 된다.

그런데 윤리는 도덕적 기준으로서 절대적이면서도 해당 사회에 따라 다른 점에서 상대적이다. 전문가 그룹인 변호사나 회계사는 일반 직장인들보다 더 엄격한 윤리의식이 요구되고, 대학교 등 고등교육을 받은 사람들은 그렇지 않은 사람보다 더 엄격한 윤리의식이 요구된다. 즉 협상 윤리의 차원에서 진실 또는 거짓말의 판단 기준이 절대적이지는 않다. 또한 거짓말의 판단에 있어서 진실에서 벗어난 정도도 문제가 될 수 있다. '새빨간' 거짓말은 허용되지 않지만 '사소한' 거짓말은 허용될 수 있느냐이다. 그리고 거짓말이 항상 허용되지 않는지, 아니면 예외적으로 '선의의' 거짓말은 허용되는지도 문제가 될 수 있다.

협상 윤리를 포함한 기업 윤리의 문제는 미국의 에너지 대기업인 엔론(Enron)이 2001년 잇단 회계부정 파문을 불러일으키고 그 후 파산 전에 각종 편법으로 최고 50억 달러의 자산을 빼돌린 것으로 드러나면서 다시 큰 관심을 모으게 되었다.

미국의 금융 중심지인 월가에서 '최후의 정직한 증권분석가'(the last honest analyst)라 칭송을 받은 샐리 크로체크(Sallie Krawcheck) 사장이 경영자가 거짓말을 하는 것을 어떻게 알 수 있느냐는 질문을 받았다. 그녀는 "그들의 입술이 움직일 때"라고 대답하였는데, 협상 윤리의 관점에서도 시사하는 바가 크다. 아마도 미국의 비즈니스 사회에서도 거짓말의 사용이 상당한 모양이다.

협상은 그 속성상 당신과 상대방 사이의 비공개적 행위이다. 종종 '밀실' 협상이 비난받지만, 협상은 들판이나 운동장이 아닌 공개되지 않은 장소에서 하기 마련이다. 따라서 당신은 물론 상대방도 서로에게 거짓말을 하거나 술수를 사용하고 싶어 한다. 당신이나 상대방의 거짓이나 술수가 서로에게 쉽게 알려지지 않을 것이라 믿기 때문이다. 실제로 상대방이 당신에게 거짓말을 한 경우 당신은 오직 우연히 그 거짓말을 알 수 있게 된다.

성공적인 협상가와 그렇지 않은 협상자와의 차이는 협상 상대방을 오도하면서 자신은 상대방에 의하여 오도되지 않는 능력이라 한다. 그런데 문제는 협상에서 당신이 어떻게 상대방을 '정당하게'(?) 오도할 수 있느냐이다. 군인이 전장에서 적군을 '인간적으로'(?) 죽이는 것처럼……. 그럼에도 일반적으로 상대방이 당신의 생각을 제대로 읽지 못하게 하는 행위는 허용될 것이다. 예컨대 당신이 자동차를 구입할 결심을 하였는데도 겉으로는 구입하지 않을 수 있는 것처럼 보이는 것은 문제가 되지 않을 것이다. 그러나 협상 사안의 중요한 사실에 대한 거짓말은 하지 않는 것이 좋다.

우리의 생활이 협상이라면, 협상에서 윤리의 준수는 일상적인 사회생활의 건전한 발전을 위한 핵심 요소가 된다. 또한 당신의 협상자로서 윤리는 자연인으로서 당신의 정체성의 핵심 요소가 된다. 따라서 가정이나 직장에서 윤리적인 당신이 협상에 참여하여 비윤리적으로 달라질 이유는 없을 것이다.

당신의 협상 윤리 유형은?

미국 와튼스쿨의 리처드 셸(Richard Schell) 교수에 따르면, 일반적으로 협상 윤리를 포커게임주의, 이상주의 및 실용주의의 세 개 이론으로 구분할 수 있다고 한다. 포커게임주의의 협상관은 '협상은 게임에 불과하다'는 것이다. 이상주의의 협상관은 '손해를 보아도 바르게 행동하라'

는 것이다. 실용주의의 협상관은 '(인생은) 돌고 돈다'는 것이다.

포커게임주의: 협상은 게임에 불과하다

포커게임주의는 협상을 스포츠나 포커게임과 같이 '규칙을 수반한 게임'으로 간주한다. 여기서의 규칙은 현실의 법규범을 의미한다. 따라서 합법적인 행동은 윤리적이며, 불법적인 행동은 비윤리적이다. 법을 위반한 것이 아니라면, 허세적이거나 달리 오도하는 술수도 협상 게임의 주요 부분으로 수용된다. 속임수는 포커게임에서처럼 협상에서도 효과적인 요소이기 때문이다.

포커게임에서는 필요한 카드가 없으면서도 마치 가지고 있는 것처럼 보이게 하거나 반대로 가지고 있으면서도 없는 것처럼 보이게 한다. 협상을 포함한 기업 활동에서도 관련 정보의 은폐나 일정한 사실의 과장 또는 허세가 허용될 수 있다는 것이다. 협상의 이러한 속성을 무시하는 협상자는 현실에서 자신에게 또한 자신의 소속 기관에게 불이익을 자초하는 것이라고 한다.

포커게임주의에 따르면, 당신은 상대방을 믿을 수 없으며, 당신과 상대방의 우정도 무시되어야 한다. 다만 법을 위반할 정도로 거래의 핵심적 사실에 대한 거짓말(불법)과 자신의 입장을 정당화하기 위한 목적으로 오도하는 언급(불법은 아님)은 구별한다. 예컨대, 판매할 중고차의 기계적 결함에 대한 거짓말은 포커게임주의 협상자에게 위법이며 비윤리적이다. 그러나 위 판매자가 1000만 원에 팔 수 있음에도 2000만 원 이

거짓말 탐지기

거짓말을 하면 자율신경계의 급격한 변화로 평소보다 맥박이 빨라지고 얼굴이 붉어지고 침이 마른다고 한다. 불안감 때문이다. 심지어는 피노키오처럼 코가 커지기도 한다. 또는 거짓말을 할 때 특정 호르몬이 분비되어 코 조직이 근질근질해진다고 한다. 자연히 손이 코를 만지게 된다. 클린턴 미국 전 대통령은 청문회에서 르윈스키와의 '부적절한 관계'에 대해 거짓말을 하면서 평균 4분에 한번 꼴로 코를 만졌다고 한다.

하로 팔 수 없도록 지침을 받았다는 거짓말은 위법이 아니며 비윤리적이지 않다.

  정치인들의 말이 신뢰받지 못하는 것은 세계적인 현실이다. 이러한 현상에 대한 영국에서의 연구 결과가 흥미롭다. 고위 관료와 정치인들이 거짓말을 할 수밖에 없는 가장 큰 이유는 유권자들이 정치인에게 너무 많은 질문을 던지기 때문이라는 것이다. 미국의 클린턴 전 대통령의 스캔들에서 거짓말이 탄로났었는데, 그 전임 대통령들의 경우 문제가 되지 않은 것은 아무도 그들에게 바람기에 대한 질문을 하지 않았기 때문이라고도 한다. 이런 점에서 정치인들이 불가피하게 포커게임을 하는 사람처럼 행동할 수밖에 없다는 지적이 있다.

  협상에서 거짓말 등을 하지 않는 윤리적인 당신은 포커게임주의를 따르기 어려울 것이다. 또한 이러한 당신은 포커게임주의를 따르는 상대방과 어려운 협상을 하게 될 것이다. 노약자나 사회 경험이 없는 사람일 경우 역시 어려운 협상을 하게 될 것이다. 이 점에서 위에서 소개된 술수에 대한 올바른 이해가 요구된다. 상대방의 술수를 포착하여 마땅한 대응을 해야 하기 때문이다. 예컨대 정치인이나 고위 관료들은 대체로 부정적인 말을 하지 않는다. 그렇다고 협상에서 이들에 대하여 낙관적인 생각을 가질 수 있는지 진지하게 검토할 필요가 있다.

이상주의: 손해를 보아도 바르게 행동하라
이상주의는 협상을 사회생활의 일부라고 간주한다. 여기서 당신은 윤리적인 인격자로서 도덕을 준수하도록 기대된다. 일반 사회에서 거짓말이 나쁘다면 협상에서도 거짓말은 나쁜 것이다. 따라서 협상에서의 거짓말이나 술수는 비윤리적이다. 그리고 이상주의는 포커게임주의와는 달리 협상을 게임으로 보는 데 반대한다. 협상은 사회에서 중요한 의미를 갖는 결과를 수반하는 행위이기 때문이다.

그러나 현실의 세상에서는 이상주의를 따르는 사람이 그렇게 많지 않다. 많은 사람들이 협상에서 술수나 거짓말을 당연한 요소로 간주하기 때문이다. 엄격한 협상 윤리를 따르는 이상주의 협상자는 그렇지 않은 술수를 즐기는 포커게임주의를 따르는 협상자를 만나면 협상에서 실패할 가능성이 매우 높게 된다.

이상주의를 따르는 협상자는 협상에서 상대방을 너무 신뢰하게 되어 합의를 이루기 위하여 필요 이상으로 양보하기 쉽다. 당신이 협상에서 이상주의를 따른다면, 상대방이 당신처럼 항상 이상주의를 따르지 않는다는 것을 명심해야 한다. 상대방의 술수 사용을 경계해야 한다.

실용주의: 인생은 돌고 돈다

실용주의는 위의 포커게임주의와 이상주의의 중간에 위치한 입장으로 생각할 수 있다. 실용주의는 속임수가 협상자들의 현재와 미래의 관계에 미칠 부정적 효과를 우려한다. 거짓말 또는 술수가 그 자체로서 나쁘기 때문이 아니라 속임수를 사용하는 협상자의 미래 관계에 나쁜 영향을 주기 때문에 문제가 있다고 한다. 실용주의는 포커게임주의와 마찬가지로 속임수를 협상 과정의 필요한 부분으로 간주한다.

그러나 포커게임주의와 달리, 현실적인 대안이 있는 경우에는 상대방을 오도하는 언급이나 공공연한 거짓말의 사용을 거부한다. 즉 술수를 사용하더라도 경우에 따라 드물게 사용한다. 실용주의를 따르는 협상자는 중고차 판매 딜러에게 보다 강압적으로 술수를 사용하더라도, 노약자나 경험이 적은 상대방에게는 술수를 사용하지 않을 것이다.

그래도 높은 윤리 의식이 필요하다

협상 윤리에 관한 3개 이론 중에서 당신이 어떤 원칙을 따를 것인지 고민될 것이다. 실제의 협상에서 자신의 윤리와 타협하려는 유혹이 크기 때문이다. 윤리적 협상의 여부는 협상자인 당신이 결정할 문제이다. 결국 당신 자신의 인격 또는 믿음에 따르게 될 것이다.

속임수나 술수가 현실에서 협상의 일부분이 되고 있는 것은 사실이다. 그럼에도 윤리의 차원에서 협상 중의 거짓말이나 속임수는 피하는 것이 좋다. 현명한 협상은 당신과 상대방의 협상 목표와 동기를 최적으로 충족시킬 수 있는 옵션을 개발하여 객관적인 기준을 충족하는 것을 합의하는 것이다. 그렇다면 협상의 가장 중요한 요소는 당신과 상대방의 진실된 정보의 교환이다. 거짓말이, 법에 저촉되지 않더라도, 협상에서 허용된다면, 당신과 상대방은 결코 높은 수준에서 서로에게 이익이 되는 현명한 협상을 하지 못하게 된다.

속임수의 허용 여부 및 한계는 협상의 주제, 협상자, 협상이 수행되는 지역과 문화마다 사정이 다를 것이다. 변호사, 회계사, 전문적 중개인 등 전문직의 윤리 기준은 일반적인 사람들의 경우보다 높을 것이다. 그러나 단 한 번의 비윤리적 행위는 다른 협상에서도 기억될 수 있다. 비윤리적 협상자의 훼손된 명성과 신뢰는 쉽게 회복되기 어렵다. 이러한 명성과 신뢰의 훼손은 다음의 협상에서 당신에게 큰 부담이 될 것이다. 반대로, 당신의 협상 상대방의 윤리 기준이 낮을수록 당신은 상대방의 비윤리적 술수의 사용 가능성에 경계하며 더 많은 주의를 기울여야 한다.

물론 속임수나 술수를 사용하지 않는 윤리적 협상을 하게 되면 협상력이 손상될 수 있다. 즉 협상을 불리하게 수행할 수 있다. 그러나 협상자의 정체성 유지, 자아 존중도 역시 중요하다. 가능하면 보다 높은 윤리 기준을 준수할 필요가 있다. 특히 포커게임주의에서 생각하는 것보다 낮은 수준의 윤리 기준은 법적 책임을 부담하게 될 수 있음에 유의해야 한다. 심각한 경우에는 거짓말 또는 술수가 법에서 금지되는 사기나 강박에 해당하기 때문이다. 어떠한 경우에도 우리 사회의 실정법은 준수해야 한다. 예컨대 최근에 시행된 건설산업기본법은 건설사 임직원이 시공이나 수주와 관련하여 금품수수 등을 한 경우에 당사자 처벌은 물론 회사가 영업정지 처분을 받을 수 있게 규정하고 있다. 건설업계의 시공이나 수주(협상)와 관련하여 이 법이 반드시 준수되어야 할 것이다.

당신이 윤리적으로 협상을 하더라도 상대방이 당신처럼 윤리적이라고 믿을 수는 없다. 상대방의 말이나 행실을 액면 그대로 받아들일 수는 없다. 이 점에서 상대방, 상대방의 말과 행동을 검토하고 다시 검토해야 한다. 한편 상대방의 비윤리적 협상의 위험을 상쇄하는 데 인간관계의 사용이 도움이 될 수 있다. 당신이 신뢰할 수 있는 사람과 협상하거나, 이러한 사람을 통하여 협상 상대방을 소개받는 것이다.

당신이 상대방에게 거짓말을 하거나 술수를 부리고 싶을 때가 있다. 이럴 경우 잠시 생각과 행동을 멈추는 것이 좋다. 그리고 당신은 협상에서 상대방의 모든 질문에 대답할 의무는 없다. 모든 질문에 대답할 부담을 느끼면서 필요 이상의 정보를 상대방에게 공개해서는 안 된다고 생각할 때 거짓말 내지 속임수를 사용하려 할 것이다. 따라서 침묵을 지키는 것도 좋다. 침묵을 지킴으로써 인격자인 당신은 거짓말을 하지 않을 것이다. 또한 당신에게 유리하도록 진실을 사용할 수 있는 방법을 찾는 것이 좋다. 상대방에게 협상의 목적, 동기, 기준 등 협상의 기본 요소를 확인하는 것도 유용하다. 적어도 윤리에 관한 한 보다 높은 목표를 가지는 것이 바람직하다.

**협상테이블
커피브레이크**

협상에서 술수가 자주 사용된다. 윈-윈협상을 추구하는 협력적 협상에서는 술수가 바람직하지 않다. 따라서 술수는 적극적으로 사용하지 말아야 한다. 그럼에도 술수에 대한 이해가 필요하다. 상대방이 술수를 사용하고 있는 상황을 인식하여 이에 대응해야 하기 때문이다. 술수의 이해는 상대방의 술수 사용 가능성에 대한 방어의 차원에서 필요하다.

상대방이 술수를 사용한다면, 일반적으로는 이러한 술수에 적극적인 반응을 보이지 않고 무시하는 것이 좋다. 상대방의 술수가 작용하지 않게 하는 것이다. 그럼에도 계속 술수를 사용한다면, 상대방에게 단호하게 술수의 사용을 중단하라고 요구해야 한다. 그럼에도 계속된다면, 당신은 이런 상대방과의 협상을 해야 하는지 심각하게 고민해야 한다. 최선의 대안이 있다면 이 협상은 중단하는 것이 좋을지 모른다.

협상의 수행은 커뮤니케이션이고, 협상 중에는 거짓말이 종종 사용된다. 법의 영역 내에서, 법을 위반하지 않는 범위 내에서 사용되는 거짓말을 어떻게 볼 것인가가 협상의 윤리 문제이다. 이는 전적으로 협상자의 개인적인 문제라고 볼 수 있다. 다만 일상생활에서 올바른 당신이 협상에서 거짓말을 남발하는 방식으로 돌변하는 것이 바람직한지 크게 고민할 부분이다. 또한 윈-윈협상을 위한 협력적 협상에서 비윤리적으로 거짓말을 사용하는 것은 바람직하지 않을 것이다. 다만 상대방의 거짓말 사용 가능성에 대해서는 경계할 필요가 있다. 상대방이 항상 당신과 같은 수준의 윤리 의식을 가지고 있지 않을 수 있기 때문이다.

● 이것만은 챙깁시다 ●

1. 술수는 가능하면 사용하지 말자.
2. 상대방의 술수 사용은 인식할 수 있어야 한다.
3. 상대방이 술수를 사용하면, 일단 무시하라.
4. 상대방이 술수를 계속 사용하면, 단호하게 그 중단을 요구하자.
5. 그럼에도 상대방이 계속 술수를 사용한다면, 협상의 중단을 심각하게 고민하라.
6. 협상에서의 윤리는 당신의 평소의 윤리와 크게 다르지 않을 것이다.
7. 상대방이 당신과 동일한 협상 윤리 의식을 가지고 있다고 속단하지 말라.

제5장

국제협상과 국내협상은 크게 다르지 않다

국제협상과
국내협상은 크게
다르지 않다

세계화가 진행될수록 한국 정부와 외국 정부 또는 한국 기업과 외국 기업 사이의 국제협상이 일상화되고 있다. 일반인들은 협상은 으레 정부 또는 기업의 국제협상을 의미한다고 생각하고, 우리의 국제협상은 대부분 실패하기 일쑤라고 생각하는 경향도 있다. 한미 FTA에 대한 반대도 우리의 국제협상 능력에 대한 우려에 기인할 것이다. 이렇다 보니, 국제협상도 한번 성공적으로 해보자는 목소리가 커지고, 국제협상의 성공을 위한 고유한 전략이나 지침이 모색되고 있다.

그러나 국제협상은 상대방이 외국인, 외국 기업 또는 외국 정부라는 점을 제외하고는 국내협상과 크게 다르지 않다. 언어 및 문화적 차이를 제외하고는 대체로 앞에서 설명한 협상에 적용되는 기본 원칙이 국제협상에 적용되기 때문이다. 물론 이러한 언어 및 문화적 차이는 국제협상의 수행에 큰 영향을 주기 때문에 무시할 수 없다.

국내협상을 잘하면 국제협상도 잘하게 된다. 마치 우리말을 잘하는 학생이 영어나 다른 외국어도 잘하는 것과 같다. 다시 말하면 우리의 국제협상의 실패는 우리 국내에서의 다양한 협상이 실패하고 있다는 반증이 될 수 있다. 아래에서는 국제협상에서 특별히 주의를 기울여야 할 몇 가지 내용을 간략히 검토한다.

국제협상은 무엇이 다른가

비공식협상을 활용하라

국제협상에서는 공식적 측면과 비공식적 측면이 확연하게 구분된다. 공식협상은 정해진 협상 장소에서 격식에 따른 협상을 의미한다. 비공식협상은 격식에 따르지 않는 협상을 의미하며, 종종 협상이라는 의식이 없이 수행된다. 예컨대 공식협상의 중간 또는 다른 시간에 협상자들이 복도에서 커피를 들거나, 아침·점심·리셉션이나 칵테일파티에서 대화를 나눌 수 있다. 이러한 대화는 사실상 협상의 연속이라 볼 수 있다. 또는 공식협상의 장소를 벗어나 일부 주요 협상자들 사이에서 협상이 비공식적으로 수행될 수 있다. 이러한 경우에 협상자들은 공개적으로 거론할 수 없는 값진 정보를 교환하는 등 보다 솔직하게 사실상의 협상을 진행할 수 있다. 비공식협상에서 합의된 내용은 공식협상에 회부되어 큰 어려움 없이 채택될 수 있다.

예를 들면 2006년 10월 말 미국, 중국과 북한은 3자회담을 통하여 북핵 6자회담을 속개하기로 전격 합의하였다. 6자회담이라는 공식협상을 가동하기 위하여 이들 세 국가가 비공식협상을 수행한 것이다. 한국은 이러한 비공식협상에서 배제되어 역설적으로 북핵 해결에 있어 주요 국가가 아닌 점이 확인되었다고 볼 수 있다.

대외협상을 성공시키기 위한 대내협상

국제협상에서 대부분의 경우 협상자는 자신이 속한 조직, 기업이나 정부를 대표한다. 이 경우 협상자는 자신의 상대방과의 협상인 대외협상을 할 때 자신의 조직 내부에서의 논의와 같은 대내협상을 동시에 수행한다. 미국 하버드대학교의 로버트 퍼트남(Robert Putnam) 교수가 지적하였듯이, 이 같은 협상의 이중적 구조는 국제협상에서 보다 확연하게 구분된다.

대내협상은 본래의 상대방과 협상을 수행함에 있어 내부적으로 입장을 조정하는 논의를 의미한다. 예컨대 한국이 미국과 FTA협상을 수행하기 전에 대외경제장관회의에서 협상 사안에 대한 관련 정부 부처의 입장을 조정하기 위한 논의가 대내협상이다. 또는 이 협상에 실질적 이해를 가지는 농민 단체 등과의 협의 내지 협상도 대내협상이다. 한편 한국과 미국의 FTA협상에서 한국 정부 대표와 미국 정부 대표가 서울과 워싱톤 등에서 수행한 협상은 대외협상이다. 실제에서 대외협상보다 대내협상이 더 어렵고 시간이 더 많이 소요된다고 한다. 미국 존스홉킨스대학교의 윌리엄 자르트만(William Zartman) 교수에 따르면, 미국의 경우에도 정부간 국제회의에 소요되는 시간의 90%가 대외협상이 아닌 대내협상에 사용된다고 한다.

국제협상에서 대내협상이 특히 중요한 것은 협상 사안에 이해를 가진 다양한 이해집단과의 입장 조정이 필요하기 때문이다. 미국과의 FTA협상을 수행하면서 한국 정부는 외교통상부, 산업자원부, 농림부 등 다양한 부처 사이의 대내협상을 수행하면서, 이 과정에서 농민 단체, 소비자 단체, 기업 협회 등의 다양한 이해를 반영하고 조정해야 한다. 궁극적인 협상 결과로 영향을 받을 이해집단이 수용할 수 있는 협상을 정부가 수행해야 하기 때문에 대내협상에서 이러한 이해의 조정은 필연적이다.

우리 정부가 국제협상에서 실패하는 경우를 보면 대체로 외국 정부와의 협상 그 자체에만 문제가 있는 것이 아니다. 협상을 준비하고 수행하는 과정에서 우리 정부 내부에서 종종 문제가 발견된다.

2000년 수입 마늘로 피해를 입은 국내 마늘 재배 농가를 보호하기 위하여 다분히 정치적 고려에 따라 세이프가드조치가 발동되었다. 이 과정에서 재경부, 농림부 등 경제 부처와 외교통상부의 협의가 제대로 수행되지 않은 것으로 알려졌다. 더구나 중국의 보복 조치를 해결하기 위한 중국과의 협상에서도 이 협상에 참여한 관련 부처들 사이에서 협의가 제대로 수행되지 않은 것으로 알려졌다. 급기야 2003년 이후 마늘에 대한 세이프가드조치를 연장하지 않겠다는 한국 정부의 약속이 2002년 7월 뒤늦게 공개되었는데, 이때도 관련 부처들이 저마다 다른 소리를 하였다.

또한 오렌지와 포도 등의 국내 농업에 대한 피해가 주장되어 4년 넘게 질질 끌던 칠레와의 FTA협상이 2002년 10월 제네바에서 타결되는 순간, 재경부가 금융 시장의 개방 문제를 '불쑥' 제기하여 동 협상 타결이 위기의 순간을 맞은 것으로 보도되었다. 협상대표단이 제네바로 출발하기 전에 서울에서 대외경제장관회의가 개최되었는데, 이 회의에서 그동안 거론되지 않은 사안이 불쑥 제기되었다는 것이다. 이렇게 국가적으로 중요한 협상에서 우리 정부의 내부적인 입장 조정 내지 대내 협상의 실패는 다른 협상에서의 우리 정부의 모습을 암시한다고 주장해도 달리 반박하지 못할 것이다.

문화적 차이를 이해하라

이 책에서 설명된 협상의 기본 원칙은 국제협상에서도 그대로 활용될 수 있다. 다만 상대방이 외국인, 외국 기업 또는 외국 정부라는 점에서 문화적 차이가 국제협상에서 특별하게 고려되어야 할 것이다. 언론에서도 보도되었지만, 중동의 한 국가를 방문한 어느 국가 정상이 현지 상공회의소 초청으로 연설을 하는 중에 비행기에서 내려다 보인 사막을 두고서 "신의 축복이 비켜간 자리가 아닌가" 생각했는데 "신이 이나라에 석유를 주셔서" 자신의 생각이 틀렸다고 언급하였다고 한다. 이러한 덕담에 해당국 현지 주재원들이 깜짝 놀랐다고 한다. 이슬람 국가에서 알라를 가리키는 신은 아주 조심스럽게 사용되는 용어인데, 자칫 알라를 함부로 언급한 것으로 보일 수 있었기 때문이다.

또한 특별한 행동이 문화적으로 용납되지 못할 수도 있다. 예컨대 이라크에서는 엄지와 검지로 동그라미를 만드는 'OK' 사인이 사악한 악마의 눈을 상징한다고 한다. 이라크 사람과의 협상에서 합의가 잘 되었다고 이런 사인을 보내면, 십중팔구 협상의 모든 노력이 수포로 돌아가게 될 것이다. 이슬람 국가들에서는 다른 사람이 자신의 머리를 만지는 것을 불쾌하게 생각한다고 한다. 따라서 현지에서 협상 상대방의 자녀에게 귀엽다고 머리를 쓰다듬는 행동은 조심해야 한다. 이슬람 국가에 파견된 북한 군사자문관들이 당나귀를 직접 도살하여 구워 먹고 현지 경찰에 체포된 일이 보도되었다. 이슬람법이 '타는 동물'인 당나귀의 도살이나 식용을 금지하고 있는 것을 몰랐을 것이다. 또한 특정 국가의 신분제도에도 유의해야 한다. 예컨대 파키스탄은 외부인들이 인식하기 어려운 신분제도를 가지고 있다. 상대방이 고위 공무원 또는 군 장성 출신이더라도 하층민인 경우가 있다고 한다. 이러한 상대방을 통하여 다양한 계층과의 거래 확대는 어려울 것이다.

종종 영국 등 서부 유럽과 미국의 사회나 그 문화를 동일하게 생각한다. 또는 별로 차이가 없다고 생각한다. 그러나 반드시 그렇지는 않다. 예컨대 유럽은 미국보다는 역사가 깊고 문화가 다양하다. 이런 차이에서 WTO에서 새롭게 인정된 지리적 표시라는 지적재산권의 인정에 있어서도 큰 차이를 보인다. 와인, 치즈 등 농산물에 있어 특정 지역에 고유하면서 유명한 특산물을 다양하게 보유한 유럽 국가들은 이들 농산물에 대한 특별한 대우를 강조하지만, 미국은 그렇지 않다. 자동차에 대하여도 유럽과 미국의 반응은 다르다. 미국은 실용적인 측면을 중요시하기 때문에 자동차의 안락함, 크기 등을 중요시한다. 그러나 유럽은 품위나 브랜드 가치를 중요시한다. 이런 차이에서 미국을 석권한 일본의 대표적 최고급 승용차가 유럽에서는 고전을 면치 못하였다.

협상의 기본이 상대방의 입장에서 상대방을 고려하는 것이라면, 국제협상에서 특히 상대방의 문화적 차이를 올바로 이해하여 활용하는 것이 중요하다.

국제협상의 다양한 결과

국제협상의 결과는 일반적인 협상과 크게 다르지 않다. 즉 다음의 3가지 중의 하나이다. 첫째, 국제협상의 결과로 합의가 도출될 수 있다. 특별한 협력의 목적을 가진 협상이라면 그 결과 두 국가 또는 두 기업이 특별한 협력을 수행하게 될 것이다. 또는 두 국가 또는 기업 사이에 발생한 분쟁을 해결하려는 목적의 협상이라면 그 결과 이들 사이에 분쟁이 해소되어 긴장이 해소될 것이다. 둘째, 국제협상이 수행되었지만 합의가 도출되지 않을 수 있다. 일반적으로 사람들은 협상을 하면 합의가 도출되어야만 한다고 생각한다. 그러나 협상을 수행하여 얻을 수 있는 결과가 최선의 대안보다 좋지 않은 경우에는 협상을 계속할 필요는 없다. 셋째, 국제협상의 결과 다음 기회에 협상하기로 약속하는 합의가 도출될 수 있다. 이 경우 당해 협상에서 합의가 도출되지 않았지만, 다음의 협상 개최를 약속한 점에서, 협상은 진행 중이다.

국제협상의 10가지 준칙

국제협상에서 준수되어야 할 협상의 원칙이 있다. 이러한 원칙은 국내 협상에서도 적용될 수 있다. 이들 원칙은 협상에 직접 참여하는 협상팀 및 그 소속 국가나 기업의 신뢰성을 보호하기 위한 것이다.

첫째, 성실하게 협상을 수행해야 한다. 둘째, 명백한 거짓말은 하지 말아야 한다. 셋째, 협상 중에 부분적으로 합의된 내용을 포함한 명시적인 약속은 준수해야 한다. 넷째, 협박이나 위협은 하지 말아야 한다. 다섯째, 협상 상대방의 신변 안전은 보장되어야 한다. 여섯째, 사전에 합의된 의제는 준수되어야 한다. 일곱째, 상대방의 국내 또는 내부의 어려움을 악용하는 것은 삼가야 한다. 여덟째, 협상 중에 논의되고 검토된 사항은 비밀로 유지한다. 2004년에 수행된 쌀에 대한 관세화유예 협상을 놓고서 국회에서 진상 조사가 수행되는 과정에서 이 협상에서 주고받은 내용이 공개되었는데, 국제협상에서 한국의 신인도에 부정적 영향을 주었을 것이다. 아홉째, 상대방에 대한 직접적인 비난은 삼가야 한다. 열째, 발언 또는 표명된 의견의 반복은 최소화해야 한다.

국제협상의 언어는 협상 결과를 좌우한다

UN이나 WTO와 같은 국제기구에서 정부간 협상은 물론 외국 기업과의 국제협상에서 대체로 영어가 사용되고 있다. 한국 정부나 기업을 대표하여 협상에 참여하는 협상자들은 원칙적으로 영어를 잘 구사해야 하지만, 한계가 있게 마련이다. 특히 국제협상에서 사용되는 영어의 속뜻이나 뉘앙스를 올바로 이해하지 못하면 협상의 국면 전환 등을 올바로 이해하지 못하게 된다. 특히 외교에서는 대체로 'yes'는 'perhaps'(아마도), 'perhaps'는 'no'를 의미한다. 'no'라고 하는 외교관은 더 이상 외교관이 아니라고 한다.

협상에서 사용되는 'certainly'와 'likely' 및 'probably' 등의 미묘한 차이의 올바른 이해 여부는 협상 결과에 큰 영향을 줄 수 있다. 또한 다른 문화의 국가들에서 말의 진정한 의미가 다를 수 있는데, 그러한 차이를 이해하는 것도 중요하다. 예컨대 스페인어 '시'(Si)는 '그렇다'는 긍정의 뜻이다. 그런데 협상에서 사용될 경우 반드시 '승낙'을 의미하지는 않고 일종의 '검토하겠다' 정도로 이해된다. 스페인어를 사용하는 상대방의 '시'를 합의로 이해한다면, 그 협상은 상당히 어렵게 될 것이다.

국제협상에서 영어 등 외국어를 사용하는 한 이러한 미묘한 차이를 이해해야 효과적으로 협상에 참여할 수 있다. 따라서 국제회의에서 사용되는 영어 등 외국어에 자신이 없으면 통역을 수반하는 것이 합리적이다. 다만 통역이 영어 등 해당 외국어 자체는 잘 알고 있어도 협상의 대상인 사안에 대한 전문성이 없다면 역시 문제가 된다. 영어를 잘하는

국제협상에서 사용되는 언어의 유희

국제회의에서 자주 사용되지만 우리 입장에서 올바르게 이해하기 어려운 회의 영어 일부를 소개한다. 이러한 표현이 언급되었을 때는 표면적인 뜻에 현혹되지 말고 발언자의 속뜻을 정확하게 간파할 수 있어야 한다.

■ 의장의 발언

"I thank the distinguished and honorable delegate":
의장이 생각할 때 그는 초강대국 협상대표이다!
"I feel that delegates may find a ten minute coffee break useful":
의장이 화장실에 가고 싶은 모양이다!
"Let me summarize":
의장으로서 내가 중요하다고 생각하는 것을 강조하고 싶다.
"I call upon the Secretariat to explain the point":
의장으로서 내가 잘 모르는 내용이다.

■ 협상 대표의 발언

"My delegation wishes to strongly identify itself with the remarks of the distinguished delegate of …":
우리가 발언하려는 것을 그 협상 대표가 먼저 발언하였다!
"In principle I can agree…":
나는 전적으로 반대이다.
"If I understood correctly,":
나는 이해하질 못하였다.

"With your permission, Mr. Chairman, I'd like to say…":
의장이 말리든 말든 발언하겠다.
"I will be brief."
내 발언은 간단하지 않을 것이다.

■ 제안의 수식어
"This is a detailed proposal":
아주 긴 제안이다.
"This is a concrete proposal":
당신에겐 좋지 않겠지만, 우리에겐 좋은 제안이다.
"This is an unrealistic proposal":
당신에겐 좋겠지만, 우리에겐 좋지 않은 제안이다.
"This is a realistic proposal":
우리에게 전혀 해롭지 않은 제안이다.
"This is a constructive proposal":
이제 시작일 뿐인 제안이다.
"This is a positive proposal":
우리가 제안한 것이다.
"This is a negative proposal":
당신이 제안한 것이다.
"This is a balanced proposal":
우리도 수용할 수 있는 제안이다.
"This is a satisfactory proposal":
합의문에 포함시키자.

통역보다 내용을 잘 아는 통역이 더 낫다. 따라서 협상자 또는 협상 대표가 협상에서 사용되는 언어를 어느 정도 이해하면서 통역의 도움을 받는 것이 바람직하다.

가끔 국제협상에서 재미있는 상황이 발생하기도 한다. 영어 또는 특정 언어를 통하여 협상을 하는 중에 상대방 앞에서 '한국어'로 무엇인가 논의를 하였는데, 휴식 시간에 상대방 협상팀의 구성원이 한국어로 인사를 하는 경우이다. 얼마 전에 한국에서 유학했었다는 것이다. 아마도 협상 중에 한국어로 논의된 내용을 알아들었을 수도 있으니 참으로 당혹스러웠을 것이다. 한국의 위상이 높아진 결과 한국어를 이해하는 외국인이 많이 있다는 점에서 좋은 현상이지만, 국제협상에서는 유의해야 할 일이다.

협상팀의 구성과 운영

국제적으로는 협상자 1인의 단독협상이 아닌 협상자 다수로 구성된 협상팀에 의한 협상이 종종 수행된다. 협상팀에 의한 국제협상은 문화적 차이 등을 고려한 복잡한 사안에 특히 필요하다. 협상팀이 구성되면 협상 대상인 사안의 전문가를 포함할 수 있고, 구성원 사이에서 업무가 분담되어 협상 대표의 유연성이 보장될 수 있기 때문이다. 점보제트기의 운항에서 조종은 기장이 하지만, 안전한 운항을 위하여 부기장, 항

해사, 여객승무원 등이 필요한 경우와 같은 이치이다.

협상팀의 구성

일반적으로 국가들 사이의 국제회의에서 정부대표단은 수석대표, 교체수석대표, 대표, 자문관 및 옵저버로 구성된다. 예컨대 2000년 한국과 중국의 마늘협상에서 외교통상부 국장이 한국 정부대표단의 협상 대표를 맡았고, 재경부, 산업자원부, 농림부 관리가 협상팀을 구성하였다. 정부간 국제회의에 참석하는 대표단에 관하여 1975년 3월 14일 비엔나에서 「보편적 성격의 국제기구와의 관계에서 국가의 대표권에 관한 협약」이 채택되었으나 아직 발효되지는 않았다. 국내에서는 「정부대표 및 특별사절의 임명과 권한에 관한 법률」이 국제협상과 관련한 정부 대표의 역할과 권한을 규정해 놓은 법률이다.

협상팀의 구성은 협상에 필요한 전문성 및 능력과 성품의 구체적인 기준에 따라야 한다. 따라서 구성원 개인에 대한 검증이 요구된다. 간혹 국제협상이 해외출장의 '외유'로서 잘못 인식된다. 그 결과 당해 협상과 직접적으로 관련이 없는 사람이 협상팀에 배속되기도 하는데 이는 크게 잘못된 일이다. 협상에 기여하지 못하는 사람이 구성원이 되면 능력과 전문성 등에 있어 자격이 있는 다른 구성원들은 그만큼 힘들어질 것이고 협상팀은 물론 그 국가나 기업에게 피해를 주게 된다.

협상팀의 구성에서 중요하게 고려해야 할 점은 상대방 팀과의 상응성이다. 협상팀에 참여하는 구성원의 수는 물론 수석대표의 격이 서로 상응해야 한다. 우리 협상팀은 10명으로 구성되어 있는데 상대방 협상팀은 30명으로 구성된다면, 우리 협상팀의 구성원 각각은 '1당 3'의 힘겨운 협상을 수행하게 된다. 2000년 5월 산티아고에서 개최된 한국과 칠레의 자유무역협정(FTA)을 위한 제3차 공식 협상에서 한국 협상팀은 협상 대표인 통상교섭조정관 이외에 40여 명의 분야별 민관 전문가들로 구성되었고, 칠레 협상팀은 국제경제차관보 이외에 60여 명의 전문가들로 구성되었다. 칠레 협상팀의 구성원이 한국 협상팀보다 많지만 칠레 현지에서 개최된 점을 고려하면 적어도 협상팀의 규모에 있어서 상응하였다고 볼 수 있다.

협상팀의 구성원들은 서로를 충분히 이해하고 동료로서 인정해야 한다. 구성원 모두 서로 단결과 조화를 유지해야 하기 때문이다. 또한 구성원들 사이의 서열과 권한 관계가 분명해야 한다. 협상팀의 구성원들이 동일한 부처나 부서에 소속되지 않고 다른 부처나 부서에서 선발되어 합류한 경우 팀 내의 권력 투쟁 가능성을 경계해야 한다. 예를 들면 개인적인 이유나 조직의 속성상 협상팀 내에서 부처 내지 부서 사이의 관할권 내지 협상의 주도권을 놓고 다툴 수 있다.

또한 협상팀의 구성원들은 자신이 소속된 부처나 부서의 입장만을 고려하고 그 소속 기관의 지침만 따를 수 있다. 이렇게 되면 자칫 협상팀이 대표하는 국가나 기업의 이익이 훼손되게 된다. 이 점에서 협상팀의 구성원 각자는 자신의 직접적인 소속에 관계없이 협상팀 전체의 목적과 그 목적의 달성을 위한 자신의 임무를 생각해야 한다. 일단 협상팀을 구성하게 되면 팀 차원의 목표와 활동이 우선이기 때문이다.

이 점에서 1998년 한국의 외채 상환 기한의 연장을 위한 협상에서 한국 측 대표단의 활동이 비판을 받기도 하였다. 실무협상 책임자가 협상단의 대표들에게 협상의 과정 전체에서 필요한 정보를 제공하지 않았다는 것이다. 협상단 대표들은 정보를 독점한 실무협상 책임자를 따라갈 수밖에 없었다고 한다. 물론 실무협상 책임자의 입장에서는 국운이 달린 중요한 협상에서 자칫 협상의 기밀이 누설될 것을 깊이 우려한 사정도 인정된다. 협상의 진행 상황이 언론에 보도라도 되면, 종종 그 보도에 대한 대응에 협상자들이 혼쭐나는 예도 많이 있었기 때문이다. 그럼에도 원칙의 문제로서, 협상단의 일사불란한 활동이 아쉽다고 할 수 있다.

종종 국제협상의 진행 시간이 협상팀 구성원의 보직 임기를 넘기도 한다. 가능하다면 협상이 완료될 때까지 협상팀 구성원들은 그대로 협상에 참여할 수 있어야 한다. 특히 한국 정부는 협상팀에 참여하는 여부에 관계 없이 일반적으로 인사이동을 실시하여, 과장급 이상의 고위직에서는 1년 이상 하나의 보직에 머물지 못하는 경우도 있다. 심지어는 양해각서를 체결하기 불과 한 달여를 남겨두고 본인의 의사나 조직의 상황에 따라 협상 책임자가 바뀌기도 한다. 특히 능력이 출중하다고 인정되는 공무원일수록 순환 근무의 혜택을 입게 된다. 그러다 보니, 국내에서는 차관, 장관이 될 수 있는 제너럴리스트가 되길 바라지, 스페셜리스트가 되길 바라지 않는다. 현안에 대한 깊은 이해보다는 소제목 정도만 파악하면 되는 수준이다. 실제로 한미 FTA협상에서도 1차 협상이 끝난 후 특정 부처의 인사이동에 따라 일부 협상 분과장이 교체되었다.

　미국과 같이 협상을 잘 하는 국가들의 경우 협상 등 특정 사안을 담당하는 관리들의 인사가 그렇게 급변하지 않는다. 따라서 이들 국가의 협상자들은 대체로 오랜 동안 지속적으로 협상에 참여함으로써 협상 사안에 대하여 풍부한 지식과 경험, 전문성 및 긴밀한 관계를 가지게 된다. 미국이나 영국 등 전통적인 외교 강대국들이 국제협상을 주도하는 이유도 이런 점에 있다.

　그러나 한국의 협상자들은 그렇지 못하다. 잦은 인사 교체를 피할 수 없다면, 상대측 협상자들에 대한 지속적인 분석과 정보 정리가 도움이 될 수 있다. 상대방과 협상의 진행 경과에 대한 축적된 정보는 한국 정부처럼 자주 교체되는 협상팀 구성원들에게 중요한 역할을 할 것이다. 협상자들의 인수인계가 "어쩌다 협상을 맡게 되었다."와 "이제 고생 좀 하시오."라는 악수 한 번이 되어서는 안 된다.

수석대표의 지위

협상팀의 구성에서 또 다른 중요한 요소는 수석대표의 지위이다. 협상에 참여하는 국가 또는 기업이 동일한 지위를 가진다면, 협상팀의 대표인 수석대표도 동일한 지위에 있어야 한다. 주권평등의 기본 원칙이 적용되는 국제 사회에서 미국과 같은 초강대국도 태평양의 섬국가와 평등하므로 협상 대표는 적어도 형식적으로는 동일한 지위를 가지는 것이

상례이다. 그러나 기업과 기업 사이의 협상에서는 사안의 중요성 내지 필요성에 따라 중소기업의 사장이 대기업의 사장이 아닌 중역이나 그 하위직과 협상을 하는 것은 큰 무리가 아니다.

협상 대표의 지위와 관련하여 한국과 북한과의 협상에서 흥미로운 점이 발견된다. 1999년 6월 15일 연평도 해전에서 북한이 참패한 이후 6월 22일 베이징에서 한국과 북한이 대북 비료 제공을 논의하고자 차관급회담을 개최하였다. 당시 한국 통일부의 차관과 북한 조국평화통일위원회의 서기국 부국장이 협상 대표로 참석하였다. 한국의 차관이 북한의 비정부기관 부국장과 협상을 한 것이다. 또한 2002년 8월 12일 제7차 남북 장관급회담에서 한국의 대북 쌀 지원이 논의되었다. 한국 통일부의 장관과 북한 내각의 참사가 대표로 참석하였다. 내각 참사인 김령성의 본래 직함은 민족화해협의회 부회장이라고 알려졌다. 한국의 장관이 북한의 사회단체 부회장과 동급으로 협상을 한 것이다. 이렇게 한국과 북한의 당국자 협상의 일부는 정부 기관과 정부 기관 사이가 아니고, 또한 직급도 이에 상응하지 않은 특별한 협상이었다.

한편 수석대표는 협상의 총괄적인 책임을 진다. 협상의 구체적인 사안 또는 분과별 사안에 대한 협상은 해당 구성원에게 맡겨야 한다. 그럼에도 종종 수석대표가 협상이 수행되는 도중에 특정 사안에 대하여 구체적인 약속을 하거나, 협상이 시작되기도 전에 해당 사안에서 양보가 가능할 것이라고 언질을 주기도 한다. 이런 경우 실제 협상을 담당하는 협상자는 원하지 않는 양보를 할 수밖에 없으며 또한 상대방에게서 신뢰를 잃을 수도 있다. 이렇게 하려면 수석대표 혼자서 협상을 하면 될 것이다. 수석대표는 전체 협상을 마무리하는 데 있어 결정적인 움직임에 대한 판단을 하면 된다.

협상팀의 사전 준비

협상팀은 협상 시뮬레이션을 통하여 협상 수행 중에 발생할 수 있는 문제와 어려움 등을 미리 검토할 수 있어야 한다. 이 점에서 실제의 협상 전에 협상팀 전체가 참여하는 총연습이 필요하다. 일본의 고이즈미 총리는 2002년 9월 17일의 김정일 국방위원장과의 회담을 위하여 북한에 대한 배상과 핵미사일 등에 대하여 구체적인 일문일답의 모의협상을 수행한 것으로 보도되었다. 또한 김 위원장이 고이즈미 총리와의 회담을 선전장으로 이용하는 것을 방지하기 위하여 김 위원장과 포옹을 하지 않고, 김대중 대통령처럼 승용차에 동승하지 않는 등의 협상 방침을 세운 것으로 알려졌다.

협상팀은 협상이 개시되기 전에 상당한 시간적 여유를 두고 구성되어야 한다. 협상 사안을 구성원들이 충분히 검토할 필요가 있기 때문이다. 구성원들은 자기의 전문적 입장에서 다른 시각을 제시할 수 있고, 구성원들 사이에서 입장의 조정이 필요하기 때문이다. 이렇게 다양하고 심도 있게 준비된 협상의 성공 가능성은 높을 수밖에 없다.

국제협상의 경우, 자신의 본거지에서 협상을 수행하기도 하지만 상대방의 소재지에서 협상을 수행하기도 한다. 중국이나 일본, 또는 동남

아시아의 경우와 달리, 유럽이나 미국 또는 아프리카나 남미에서 협상을 수행해야 할 경우 시차 극복의 문제가 발생한다. 시차 극복은 개인적 능력에 따라 다르지만, 대체로 시간적 여유를 가지는 것이 시차 극복에 도움이 된다. 그런데 현실에서 비용 문제와 본인의 시간적 제약 등을 이유로 많은 경우 정부 협상팀은 협상 바로 전날 도착한다. 이렇게 되면 장거리 여행의 피로를 풀지도 못하고 시차에 전혀 적응하지도 못하고 협상에 참여하게 된다. 이렇게 여독에 지친 협상자는 현지에서 최선의 신체적 상태를 유지하고 있는 상대방과의 협상에서 불리한 처지에 있게 된다.

필자도 한국과 칠레의 FTA협상에 참여하였는데, 비행 시간만 만 하루가 넘는 거리에 위치한 산티아고를 세 번 방문하였다. 이때 한국의 협상자들은 협상의 성공에 대한 불타는 의지를 가지고 있었지만, 일부는 시차는 물론 장거리 비행만으로도 협상이 시작하기 전에 많이 힘들어 있었던 것이 사실이다. 따라서 단거리가 아닌 장거리를 이동해야 하는 국제협상에 참여하는 협상자들은 직급에 관계없이 비즈니스클라스로 출장을 가거나, 아니면 협상 전후 최소한 이틀 정도의 여유를 가지고 움직여서 최적의 컨디션으로 국제협상에 임하여 협상을 성공적으로 마무리지을 수 있도록 해야 할 것이다.

협상테이블
커피브레이크

국제협상과 국내협상의 차이는 별로 없다. 협상자들의 문화적 차이가 영향을 줄 수 있지만, 협상의 기본 요소와 그 수행은 크게 다르지 않기 때문이다. 따라서 국제협상에서 상대방의 문화적 특성 등에 대한 이해와 고려가 필요하다. 서로의 문화적 차이를 이해하고 원만한 협상의 개시를 위하여 협상이 아닌 개인적인 만남, 즉 비공식협상이 유용할 수 있다. 이 경우에 상대방이 가지고 있는 관심 사항을 미리 챙겨 두면 상대방과의 좋은 관계의 유지에 큰 도움이 될 것이다.

또한 국제협상의 경우 내부적인 대내협상과 본연의 국제협상인 대외협상으로 구별될 수 있다. 대외협상이 기본이지만, 대외협상의 성공을 위해서도 대내협상이 성공해야 한다. 즉 대외협상의 결과에 큰 영향을 받게 되는 국내의 이해관계자들 및 관련 정부 부처 사이의 성실하고 효율적인 논의와 의견 통일이 요구된다.

국제협상에서 언어의 사용이 종종 문제가 된다. 대체로 영어가 사용되는데, 필요에 따라 통역을 사용하는 것이 바람직하다. 다만 통역이 협상 사안에 대한 지식을 가져서 정확한 의사 전달이 이루어져야 할 것이다.

종종 국제협상에 참여하는 것이 외유로 비치기도 한다. 이 같은 인식은 협상팀의 목적 달성에 큰 장애가 된다. 가능한 한 협상 사안을 전담하는 인사가 협상에 참여해야 한다. 또한 가능하다면 해당 협상이 완료될 때까지 협상에 참여해야 할 것이다.

● 이것만은 챙깁시다 ●

1. 국제협상과 국내협상의 큰 차이는 없다.
2. 문화적 차이는 이해해야 한다.
3. 본부와 협상자 자신의 협상에 대한 이해가 일치하지 않을 수도 있다.
4. 협상팀 구성원들 사이에서 협상의 목적과 역할 등이 분명하게 인식되어야 한다.
5. 영어 등 국제협상에서 사용되는 언어에 유의하고, 필요하면 통역을 사용하는 것이 바람직하다.

마치며

협상의 왕도는 있는가?

협상의 왕도는 있는가?

　　협상론을 강의할 때 즐겨 듣는 질문은 협상의 '왕도' 또는 '확실한 협상 전략'이 존재하느냐에 관한 것이다. 이러한 질문을 하는 것은 누구나 성공적인 협상을 바라기 때문이다. 결론부터 말하자면, 모든 상황에 적용 가능한 하나의 협상 전략 또는 모델은 있을 수 없다. 동일한 범주에 속하는 어느 구체적인 사안도 결코 동일하지 않고, 동일한 사안으로 다시 만나는 동일한 협상자들도 결코 동일하다고 볼 수 없기 때문이다. 이렇게 상황의 다양한 변수와 협상자의 심리적인 개인적 차이 때문에 모든 경우에 적용될 수 있는 마법과 같은 하나의 협상 전략은 존재할 수 없다. 그럼에도 이 책에서 설명한 협상의 기본 요소를 중심으로 협상의 기본 원칙을 올바로 이해하고 실제의 협상에서 제대로 활용하면 당신은 나름대로 협상의 '왕도'를 터득할 수 있다.

그런데 협상을 잘하기 위해서는 협상의 기본 요소를 이해하는 것으로 충분하지 않다. 협상의 경험이 필요하다. 협상을 하면서, 협상의 기본 요소를 적용하면서, 당신의 성격과 품성에 따른 협상 스타일을 개발하면 당신은 협상을 잘하게 된다. 우리의 생활은 협상 그 자체이다. 가정은 물론 직장이나 사회에서 우리의 많은 시간은 사실상 협상에 사용되고 있다. 따라서 비록 거창하지 않더라도 실생활에서의 협상을 인지하고 그러한 협상에서도 앞에서 검토한 협상의 기본 요소를 활용하도록 노력해야 할 것이다.

이 책에서 설명된 협상의 기본 원칙을 활용하는 것은 다름 아닌 독자 자신을 위한 것이다. 만일 상대방이 협상의 기본 원칙을 전혀 이해하지 못하고 있다면, 당신은 협상의 기본 원칙을 상대방에게 이해시키면서 협상을 수행할 수 있다. 또는 당신의 목적 달성을 위한 수단이 협상인데, 상대방이 당신과 제대로 협상을 수행하려 하지 않는다면, 당신에게 도움이 되지 않는 그 상대방과 굳이 협상을 해야 할지 깊이 고민해야 한다.

성공적인 협상가

협상을 잘하기 위해서는 협상의 기본 요소를 이해하고 그것을 적용해 보는 경험만으로는 충분하지 않다. 협상의 대상인 사안에 대한 전문성과 올바른 이해가 필요하기 때문이다. 간단한 예로서 물건을 사고파는 거래에서 아무리 협상의 기술이 뛰어나더라도 그 물건의 특성이나 정확한 값을 알지 못한다면, 성공적인 협상이 될 수 없다. 협상을 잘하기 위하여 협상하는 기술이 뛰어난 것으로 충분하지 않고 협상 사안에 대한 전문성과 이해가 반드시 필요하다는 점이 인식되어야 한다. 협상에서 협상하는 방법에 대한 전문성은 물론 협상 사안에 대한 전문성, 즉 아는 것이 힘이다.

우리에게 씁쓸한 기억이 있다. 1999년 J은행이 N금융에게 인수될 때 N금융은 협상의 막판에 '풋백옵션'(put back option)이란 규정을 요구하였다. "J은행의 부실 정도를 충분히 파악할 수 없으니 인수 후 일정 기간 내에 부도가 나는 기업에 대한 채권은 한국 정부가 책임지라."는 규정이다. 5000억 원에 넘긴 은행에 정부는 무려 총 18조 원 이상을 투입할 수밖에 없었다. 만일 당시 한국 측 협상자들이 미래에 발생하는 부실채권을 되사 주는 '풋백옵션'이 무엇인지, 실제로 적용되면 어떠한 결과를 가져올지 등에 대한 이해가 있었더라면, 이를 그대로 받아들이지 않았을 것이다. 물론 당시의 사정이 국가 전체로서 위기 상황인 점이 고려되어야 하겠지만, 국제자본에 대한 무지의 소치인 점은 인정해야 할 것이다.

1993년 말 GATT의 우루과이라운드 협상이 사실상 타결될 당시 국내 언론은 우리 정부의 협상력 부재와 통상법 전문성의 결여를 질타하였다. 1986년 개시된 우루과이라운드에서 우리 정부 협상 대표들은 제네바, 브뤼셀 및 워싱톤에서 발이 부르트도록 열심히 뛰어다녔다. 그러나 GATT는 물론 새롭게 제안된 협상의 제인 서비스무역과 지적재산권에 관한 전문성이 부족하여, 미국과 유럽의 주장에 끌려다닐 수밖에 없었다.

협상의 기본 요소, 경험 및 사안에 대한 전문성이 갖추어진다면, 당신은 협상가로서 인정받을 수 있다. 당신이 이 책을 잘 이해하였다면, 사실 국내에서 당신과 같은 협상가도 많지 않을 것이다. 그럼에도 '성공적인' 협상가가 되기에 2%가 부족하다. 이 2%는 당신의 창의력과 인내이다. 당신이 협상을 하게 되는 것은 이미 상대방과의 관계에서 서로 다른 생각을 서로에게 이익이 되도록 일치시키지 못하였기 때문이다. 즉 그 분쟁이 달리 해결되지 못하였기 때문이다. 이렇게 해결되지 못한 분쟁이 해결되려면 무엇인가 창의적인 해결책이 요구된다. 당신과 상대방의 쟁점이 무엇인지, 입장 뒤의 동기가 무엇인지, 서로 합의할 수 있는 옵션이 무엇인지, 최선의 대안이 무엇인지를 찾아내는 데 당신의 창의성이 요구된다. 또한 이러한 창의적인 해결책을 찾아가는 데 있어 꾸준하고 중단없는 인내력도 요구된다.

성공한 협상의 평가

종종 협상이 성공한 것인지 평가를 어떻게 할 수 있느냐는 질문을 받는다. 사실 답하기 어려운 문제이다. 한 가지 최근의 예를 보자. 2006년 봄 국내에서 개봉된 영화 〈크래시〉(Crash)의 운명이다. 국내 영화사가

2005년 11월 미국에서 〈크래시〉를 7500만 원이라는 낮은 가격에 구입하였다. 아카데미상 후보가 발표되기 전이어서 가능하였다. '크래시'는 '킹콩'의 1/30 제작비인 650만달러(약 65억 원)로 제작한 저예산 독립영화였다. 그런데 국내에서 〈크래시〉를 상영하겠다는 극장을 구하기 어려웠다. 흥행 가능성에 대한 의문이 있었기 때문이다. 이에 〈크래시〉를 구입한 국내 영화사는 "미국 왕복 비행기표 값만 추가해주면 그냥 넘기겠다."고 다른 영화사에 제안했지만, 아무도 거들떠보지 않았다. 상당한 액수의 부채를 가진 이 영화사는 50개 정도의 극장에서 상영할 영화 개봉에 필요한 마케팅 비용의 여력이 없었다. 자포자기 끝에 원가만 받고 국내 TV방송국에 넘기려고 논의하던 중이었다. "차라리 TV에서 틀면 100만~200만 명은 보지 않을까?" 그러던 차에 아카데미 작품상의 영예를 안게 되고, 결국 전국 70여 극장에서 상영되었다.

만일 이 영화사가 〈크래시〉를 다른 영화사에게 재판매하는 협상에 성공하였다면, 또한 국내 TV방송국에 재판매하는 협상에 성공하였다면, 어떤 상황이 되었을까? 앞서 두 번의 협상이 실패를 하고, 시간이 지나면서, 아카데미상 수상이라는 좋은 여건이 조성되고, 결국 처음 계획대로 국내에서 상영하게 된 것이다.

따라서 협상의 성공 여부를 그 협상 타결의 결과로서만 평가하기는 어려울 것이다. 협상 당시의 상황과 협상 종결 후의 상황이 달라질 수 있기 때문이다. 1997년 금융위기 시 구조조정을 위하여 많은 기업들이 앞을 다퉈 매각되었는데, 그 매각에 성공한 기업들과 그렇지 않은 기

성공하는 협상가의 10가지 관점

01. 협상에 대한 긍정적 생각을 갖자.
02. 충분한 준비 후에 협상을 개시하자.
03. 협상의 최선의 대안(BATNA)을 검토하자.
04. 필요한 경우 협상이 결렬될 수 있음을 이해하자.
05 입장이 아닌 그 배후의 동기를 이해하자.
06. 창의적인 협상자가 되자.
07. 자신의 명성을 지키자.
08. 서면으로 합의하자.
09. 협상 사안의 내용을 숙지하자.
10. 상대방을 이해하자.

업들의 현재 위상이 어떨지 자못 궁금하다. 특히 2001년 마이크론의 집요한 인수협상의 대상이었던 하이닉스는 그 협상이 실패한 후 워크아웃에서 조기 졸업하여 경영 정상화를 이룩하였다. 만일 그 인수협상이 성공하였다면 하이닉스는 물론 한국 반도체 산업이 어찌 되었을까? 따라서 이 책에서 제시한 기본 원칙들이 협상에서 제대로 적용되었는지를 가지고 성공 여부를 평가하는 것이 그나마 최선의 평가라 볼 것이다.

협상의 왕도는 있다. 협상의 기본 요소를 이해하고, 실제의 생활에서 활용하여 자신의 것으로 만들고, 자신의 경험과 개인적 특성을 반영하는 것이 협상의 왕도이다. 즉 협상의 올바른 교육과 꾸준한 실행이다. 여기에 협상의 기본 요소를 활용함에 있어서 필수적인 창의력과 인내력이 결부되어야 한다. 머리를 써서 생각하고 또 생각하고, 또 생각하는 것이다. 이렇게 하여 성공적인 협상가는 태어나기보다 만들어지는 것이다. 따라서 당신도 성공적인 협상가가 될 수 있다. 그리고 협상을 즐기자!

협상의 기본 요소 확인표

협상을 개시하기 전에 다음의 표를 작성하고 협상하는 과정 중에 다시 확인해 보아야 한다.

	나		상대방	
	기관	협상자 : 직책	기관	협상자 : 직책
관계	1. 조직의 관계		1. 조직의 관계	
	2. 상대방과의 관계		2. 나와의 관계 (추측/확인)	
협상에서 이루어야 할 목적	(중요 순서대로)		(중요 순서대로, 추측/확인)	
	1.		1.	
	2.		2.	
	3. …		3. …	
협상을 하는 이유	상대방과의 협상 이유		나와의 협상 이유 (추측/확인)	
	1.		1.	
	2.		2.	
	3. …		3. …	
쟁점	(중요 순서대로)		(중요 순서대로, 추측/확인)	
	1.		1.	
	2.		2.	
	3. …		3. …	
쟁점1의 입장 및 동기	입장:		입장 (추측/확인):	
	동기 (중요 순서대로)		동기 (중요 순서대로, 추측/확인)	
	1.		1.	
	2.		2.	
	3.		3.	
쟁점2의 입장 및 동기	입장:		입장 (추측/확인):	
	동기 (중요 순서대로)		동기 (중요 순서대로, 추측/확인)	
	1.		1.	
	2.		2.	
	3. …		3. …	
쟁점3의 입장 및 동기	…		…	

	나		상대방	
	기관	협상자: 직책	기관	협상자: 직책
옵션의 창의적 개발	가능한 많이 개발		(추측/확인)	
	1.		1.	
	2.		2.	
	3. …		3. …	
브레인스토밍	O, X, △	1.	O, X, △	
	O, X, △	2.	O, X, △	
	O, X, △	3.	O, X, △	
	O, X, △	4. …	O, X, △	
객관적 기준 (법령, 선례, 관행 등)	(중요 순서대로)		(중요 순서대로, 추측/확인)	
	1.		1.	
	2.		2.	
	3. …		3. …	
최선의 대안 (협상의 결렬 등에 대한 대안)	(중요 순서대로)		(중요 순서대로, 추측/확인)	
	1.		1.	
	2.		2.	
	3. …		3. ….	
의사소통 (경청/진술)	1. 잘 하고 있음		1. 잘 하고 있음	
	2. 잘 하지 못함		2. 잘 하지 못함	
약속	합의문 초안은 누가 작성?			
	제3자 검토 여부			

1. 협상의 개시 전에 추측한 상대방에 대한 정보는 협상의 수행 중에 확인되어야 함.
2. 협상의 기본 요소는 창의력과 인내력을 가지고 가능한 한 많이 생각해 내어야 함.

협상 단계별 체크리스트

협상의 준비, 개시, 수행, 종결의 단계마다 수시로 아래의 체크리스트를 확인해야 한다.

		확인 내용	체크
협상 준비 단계	협상 목적	나(상대방)의 협상 목적은 무엇인가?	
		상대방(나)은 나(상대방)의 협상 목적을 이루게 할 수 있을까?	
	협상의 기본 요소	나(상대방)의 최선의 대안(BATNA)은 무엇인가?	
		쟁점별 나(상대방)의 입장 및 그 동기가 무엇인가?	
		쟁점별 나(상대방)의 옵션이 무엇인가?	
		쟁점별 나(상대방)의 객관적 기준이 무엇인가?	
	나와 상대방의 관계	상대방의 협상 스타일이 무엇인가?(경쟁적 또는 협력적 등)	
		지난 협상에서 상대방과 어떻게 합의 또는 결렬하였는가?	
		나와 상대방 사이에 다른 협상이 진행 중인가?	
	쟁점	협상 쟁점이 무엇인가?	
		협상 쟁점의 우선 순위는 무엇인가?	
협상 개시 단계	상대방의 협상 권한	상대방의 협상 권한이 충분한가?	
	상대방의 전략	상대방의 협상 전략이 무엇인가?(협력적 또는 경쟁적)	
	협상의 기본 요소(나와 상대방)	협상 준비 단계에서 검토한 나(상대방)의 기본 요소가 수정 또는 유지되고 있는가?	

		확인 내용	체크
협상 수행 단계	의사소통	합의를 위한 정보가 공유되고 있는가?	
		나는 진술보다 경청에 집중하는가?	
		협상의 목적 달성에 필요한 질문을 하는가?	
		나는 상대방의 진술에 적극 호응하는가?(메모, 눈맞춤 등)	
	술수의 사용	상대방이 술수를 사용하는가?	
		나는 상대방의 술수에 대하여 적극 대응하는가?	
		나는 술수를 사용하려 하는가?	
	상황 파악	나는 상대방에게 계속 끌려 다니고 있는가?	
		나는 상대방에 대한 지는 분위기에서 탈피하는가?	
		양보가 균형되게 교환되는가?	
협상 종료 단계	협상의 기본 요소	내(상대방)의 기본 요소가 협상 중에 모두 충분히 검토되었는가?	
	합의의 서면 작성	내가 초안을 작성하는가?	
		상대방의 초안을 적극적으로 검토하였는가?	
		이행 가능하고 구체적인 내용을 합의하였는가?	
		분쟁 해결 규정이 포함되어 있는가?	
	종료의 방식	협상을 공식적으로 종료하는가?	
	협상 경과의 기술	협상 경과(협상 후기)를 기술하는가?	
이행 단계	합의의 이행	합의가 제대로 이행되는가?	

어려운 상대를 내 편으로 만드는
협상교과서

1판 1쇄 발행 2007년 1월 9일
1판 4쇄 발행 2010년 9월 20일

지은이 박노형

발행인 양원석
편집장 김은영
영업 마케팅 김성룡, 백창민, 윤석진, 김승헌

펴낸 곳 랜덤하우스코리아(주)
주소 서울시 금천구 가산동 345-90 한라시그마밸리 20층
편집문의 02)6443-8842 구입문의 02)6443-8838
홈페이지 www.randombooks.co.kr
등록 2004년 1월 15일 제2-3726호

ⓒ 박노형, 2007

ISBN 89-255-0370-0 13320

※ 이 책은 랜덤하우스코리아(주)가 저작권자와의 계약에 따라 발행한 것이므로
  본사의 서면 허락 없이는 어떠한 형태나 수단으로도 이 책의 내용을 이용하지 못합니다.
※ 잘못된 책은 구입하신 서점에서 바꾸어 드립니다.
※ 책값은 뒤표지에 있습니다.